# 古典文獻研究輯刊

## 三六編

潘美月・杜潔祥 主編

# 第 43 冊

## 傳統中國：劉咸炘研究專輯

司馬朝軍 主編

國家圖書館出版品預行編目資料

傳統中國：劉咸炘研究專輯／司馬朝軍 主編 -- 初版 -- 新北
市：花木蘭文化事業有限公司，2023〔民112〕
目 2+262 面；19×26 公分
（古典文獻研究輯刊 三六編；第 43 冊）
ISBN 978-626-344-301-3（精裝）
1.CST：劉咸炘 2.CST：學術思想 3.CST：史學
011.08 111022067

ISBN-978-626-344-301-3

古典文獻研究輯刊
三六編 第四三冊 ISBN：978-626-344-301-3

# 傳統中國：劉咸炘研究專輯

| | |
|---|---|
| 本冊主編 | 司馬朝軍 |
| 主　　編 | 潘美月、杜潔祥 |
| 總 編 輯 | 杜潔祥 |
| 副總編輯 | 楊嘉樂 |
| 編輯主任 | 許郁翎 |
| 編　　輯 | 張雅淋、潘玟靜　美術編輯　陳逸婷 |
| 出　　版 | 花木蘭文化事業有限公司 |
| 發 行 人 | 高小娟 |
| 聯絡地址 | 235 新北市中和區中安街七二號十三樓 |
| | 電話：02-2923-1455 ／傳真：02-2923-1452 |
| 網　　址 | http://www.huamulan.tw 信箱 service@huamulans.com |
| 印　　刷 | 普羅文化出版廣告事業 |
| 初　　版 | 2023 年 3 月 |
| 定　　價 | 三六編 52 冊（精裝）新台幣 140,000 元 |

# 傳統中國：劉咸炘研究專輯

司馬朝軍　主編

## 作者簡介

　　司馬朝軍，上海社會科學院歷史研究所研究員、《傳統中國》主編、《文澄閣四庫全書》總編纂，原任武漢大學國學院經學教授、歷史學院專門史教授、信息管理學院文獻學教授、中國傳統文化研究中心研究員、四庫學研究中心主任、武漢大學珞珈特聘教授。著有《四庫全書總目研究》《四庫全書總目編纂考》等四庫學系列著作，主撰《辨偽研究書系》，此外出版國學系列著作多種，著述遍及四部。組織主持「經學論壇」與「江南學論壇」，主編學術集刊《傳統中國研究集刊》。

　　邱勳聰，武漢大學碩士畢業，現為深圳某公司業務經理；陳開林，鹽城師範學院文學院副教授，著述甚富；童子希，黃岡師範學院圖書館館員，著有《高似孫文獻學研究》。

## 提　　要

　　本書二十餘萬字，分為三編：

　　上編《劉咸炘目錄學部類觀研究》，邱勳聰著。這是前人研究未透徹的一個重要選題。所謂目錄學部類觀，實際上就是分類。分類問題不僅是目錄學的核心問題，也是傳統學術的核心問題，甚至可以說是中國人的核心問題。此書內容充實，由主編逐字逐句審閱修訂。

　　中編為陳開林等人有關劉咸炘學術思想的專題論文。徵得他的同意，將他所發布的論文一併收入。

　　下編是《劉咸炘研究論文篇目索引》。編者為童子希，便於讀者參考利用。

天才學者劉鑒泉先生

# 目次

# 上編　劉咸炘目錄學部類觀研究

邱勳聰

# 緒　論

## 一、研究現狀

　　劉咸炘（1896～1932），字鑒泉，號宥齋，祖籍湖北麻城，生於四川雙流。高祖劉漢鼎，曾祖父劉汝欽，皆精研《周易》，洞徹性理。祖父劉沅，為道光、咸豐年間川中巨儒，著有《槐軒全書》。他受到家學的薰陶，尤其是繼承和發展了其祖父的學問。劉咸炘是舉世公認的近代學術史上的天才學者，五歲能屬文，稍長就學於家塾，習古文，讀四史，得章學誠《文史通義》而細讀之，曉然於治學方法與著述體例，遂終身私淑章氏，讀書必考辨源流，初作劄記，積久乃綜合為單篇論文，然後逐步歸類而集成專書。弱冠之年撰著《漢書知意》《後漢書知意》《太史公書知意》《三國志知意》。歐陽禎人教授稱他為「先覺覺後覺」的天才，其學問介於天人之間，察勢觀風，獨具慧眼，具有超乎異常的觀察能力、認知能力、體悟能力、表達能力，是一位百科全書式的通人。享年僅有三十六歲，但著述甚豐，其《推十書》竟然多達 231 種 475 卷，廣泛涉及哲學、諸子學、史志學、文藝學、校讎目錄學、方志學等領域，且多所創獲。同時大儒張爾田先生稱其目光四射，如珠走盤，自成一家之學云；蒙文通先生亦稱其持論每出人意表，為漢學家所不及知云云。其目錄學理論主要集中在《續校讎通義》《劉咸炘論目錄學》之中。

### （一）劉咸炘著作出版情況概述

　　劉咸炘雖英年早逝，但其短暫的一生卻為我們留下了一部空前絕後的《推十書》。學界對劉咸炘的關注與《推十書》的整理出版密切相關。自 1926 年《推十書》開始刊刻至上世紀九十年代末，研究劉咸炘學術成就及其思想的

成果寥寥無幾。隨著《推十書》的大規模整理出版，對劉咸炘的研究也隨之展開。劉咸炘著作大規模的整理出版大致可分為兩個階段。

第一階段：2009 年之前。流傳的劉咸炘著作主要有兩部分：1926～1937 年刊刻的 69 種；1996 年成都古籍書店影印出版的《推十書》已刊本。

《推十書》於 1926 年開始刊刻與世人見面，至 1937 年共刊刻發行 69

種，此部分稱為已刊本。後因戰亂停止了對劉咸炘未刊手稿的整理刊刻，而這部分未刊手稿長期與世隔絕。1996 年，成都古籍書店重新影印出版《推十書》已刊本。但是影印版《推十書》無標點，部分書品較差，辨讀較為困難。

　　第二階段：2009 年上海科學技術文獻出版社出版《推十書》增補全本；2010 年廣西師範大學出版社亦刊行《劉咸炘學術論集》。前者由武漢大學著名學者歐陽禎人教授擔任總策劃，後者由滬上著名出版人黃曙輝先生董理其事，最近即將推出新版。

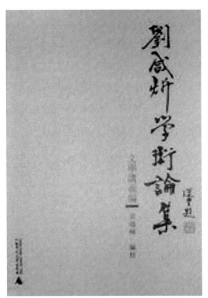

　　從 1991 年開始，劉咸炘先生之子劉伯穀先生陸續整理未刊手稿，進行抄寫、標點，於 2005 年基本完成，並於 2009 年初在上海科學技術文獻出版社整理刊行。此版《推十書》為目前較為完整的版本，基本反映了劉咸炘先生著作的全貌與體例。2010 年由廣西師範大學出版社出版的《劉咸炘學術論集》分為哲學、子學、史學、校讎學、文學講義等五編，收錄了劉咸炘先生主要的學術論著，亦有助於劉咸炘著作的推廣傳播。

### （二）劉咸炘目錄學研究現狀概述

　　劉咸炘治學於經、史、子、集均有涉獵，因而學界目前對劉咸炘的研究亦具有多樣性的特點。但就研究成果的集中程度而言，則主要在史學、哲學方面。與史學、哲學方面的研究結果相比，對劉咸炘目錄學的研究成果則較為薄弱。

　　王化平《劉咸炘先生目錄學成就淺述》介紹了劉咸炘的主要目錄學著作：
《續校讎通義》《校讎述林》《目錄學》《內樓檢書記》《推十書類錄》《歷史目
錄學教本》《舊書別錄》。並從「啟於章學誠，超越章學誠」「對《七略》和『四
部』之精義的貫通和革新」「試圖以中國古典目錄學為基礎，創制能夠包納古
今中外一切圖書的分類體系」三個方面介紹劉咸炘的目錄學思想。〔註1〕大致
勾勒了劉咸炘目錄學思想之中的閃光點，認為劉咸炘目錄學思想堅持了中國
目錄學的傳統──辨章學術，考鏡源流。實際上，在「考鏡源流」的具體內涵
上，劉咸炘已遠遠不同於章學誠，二者的不同不侷限於「持源流之說」的程度，
更在於對「流」的看法之上。

　　劉咸炘治學服膺章學誠，亦頗有自身特色。王化平、周燕《劉咸炘和章學
誠的目錄學思想比較研究》從四個方面進一步論述了劉咸炘與章學誠目錄學
思想的異同：一是《七略》與四部之關係、二是目錄分類的標準、三是對四部
的革新、四是劉咸炘對章學誠羅列出的五點瑕疵。認為「劉咸炘的目錄學思想
雖然承自章學誠，但卻開闢出了與之完全不同的局面」，「劉咸炘之所以能在
目錄學上開闢出新局面，正是他能博且約；既能就《漢志》《隋志》等名著名
家進行較章學誠更為細緻的考證，又能簡約地提煉出分類標準和《七略》、『四
部』的大義」。〔註2〕劉咸炘之所以能夠在目錄學上開出新局面，是因為其對
「考鏡源流」之「源」「流」的認識較章學誠開放，劉咸炘不僅重視對「源」
的探明，更重視對「流」的疏通，因而對《漢志》《隋志》的細緻考證及其分
類標準乃是基於此。

　　滑紅彬《劉咸炘與汪辟疆的目錄學思想比較研究》亦從四個方面勾勒了
劉咸炘與汪辟疆目錄學思想的異同：一是目錄學的定義；二是《七略》與四
部開合異同；三是辨章學術，考鏡源流；四是讀書指導。認為劉咸炘與汪辟疆
均是舊目錄學派中的佼佼者，劉咸炘研究的重心在目錄部次，而汪辟疆則側
重對目錄學史的總結。〔註3〕僅簡要勾勒了二者之間的異同，而對於劉咸炘研
究的重心──目錄分類則並未多加分析。

　　解題、分類、互著、別裁均屬目錄學方法。陳開林博士以書錄解題為角

〔註1〕王化平：《劉咸炘先生目錄學成就淺述》，《中華文化論壇》，2009年第1期。

〔註2〕王化平、周燕：《劉咸炘和章學誠的目錄學思想比較研究》，《四川圖書館學
　　　　報》，2009年第2期。

〔註3〕滑紅彬：《劉咸炘與汪辟疆的目錄學思想比較研究》，《圖書館界》，2012年第
　　　　2期。

度，認為劉咸炘對於書錄解題有兩個評價的標準：一是「考證」，二是「批評」。依照這兩個標準，劉咸炘對歷代目錄學著作作出了評論，分析其得失；並且在觀覽典籍時，他自己也撰寫了大量的書錄解題，且有自身的特色：一是縱橫交錯，剖判學術；二是標明主旨，撮其篇義；三是探賾索隱，貫串全書。〔註4〕周燕認為劉咸炘對四部分類體系的改造可分三部分：一是在前人的基礎上，調整子目，使經、史、子、集四部收錄圖書更為合理；二是另立外編，專收考證書、雜記等難以歸入四部的圖書；三是增多類目。並且認為劉咸炘雖然在古典目錄學方面眼光卓越，但對學術發展趨勢的估計顯然是保守的，原因有三：第一，過於崇信四部；第二，對中國傳統目錄學的弊病認識不足；第三，文化上的保守主義立場。〔註5〕從整體上看，劉咸炘堅持四部分類體系的同時，其對目錄部類的改造已經超出了傳統四部分類體系，其外編的設置也已經打破了傳統的四部分類法。劉咸炘對於四部的堅持與改造，歸根在於他對「考鏡源流」的繼承以及在認識上對於章學誠的突破。傅榮賢教授《〈漢書・藝文志〉研究源流考》中第十一節《劉咸炘的〈漢志〉研究》討論了劉咸炘《目錄學》中關於《漢志》的論述，並且認為「就《漢志》部分來說，他集中討論了互著別裁問題，所論雖時有不確，然亦每有心得，在巴蜀一帶影響較大」〔註6〕。曾紀綱博士認為劉咸炘撰《續校讎通義》，系統地辨正《總目》圖書分類體系的立場、方法、觀點，認為劉咸炘在辨正四部分類上堅持著四部分類其實與《七略》體系無異的立場與「尊經」「廣史」「狹子」「卑集」的方法，並且認為劉咸炘堅持籍辨體以明學術源流，尊重專門之學。〔註7〕

馬千里考證了劉咸炘《目錄學》有兩種版本——木刻本和鉛印本，並且得出結論：《推十書》本是在鉛印本的基礎之上修訂、補充起來的，是相對完善的版本。〔註8〕

〔註4〕陳開林：《試析劉咸炘的書錄解題思想及實踐》，《西華大學學報》，2015年第6期。

〔註5〕周燕：《略論劉咸炘對四部分類體系的改造》，《古籍整理研究學刊》，2014年第2期。

〔註6〕傅榮賢：《劉咸炘的〈漢志〉研究》，《〈漢書・藝文志〉研究源流考》，黃山書社，2007年，第195～204頁。

〔註7〕曾紀綱：《論劉咸炘對〈四庫全書總目〉圖書分類體系之辨正》，《書目季刊》，2008年第2期。

〔註8〕馬千里：《劉咸炘〈目錄學〉鉛印本的繫年問題及其他》，《四川教育學院學報》，2010年第12期。

## （三）小結

就目前的研究成果而言，專言劉咸炘目錄學的文章不多。從目前的研究來看，我們認為，劉咸炘目錄學研究存在以下不足：

第一，學界對劉咸炘校讎目錄學領域的研究重視不足。劉咸炘治學方法論與其校讎目錄學聯繫密切，其目錄學部類思想亦相當豐富。劉咸炘雖自稱治學私淑章學誠，但在具體的研究中，劉咸炘多有突破，在章學誠校讎學的基礎之上演化出自己的一套校讎哲學理論〔註9〕。並且劉咸炘處在中國古典目錄學總結時期，在堅持傳統的立場之上，又有鮮明的時代特點。總之，劉咸炘目錄學可挖掘之處甚多，應當廣受研究者重視。

第二，分類研究未受足夠重視。部類在劉咸炘的目錄學中佔有重要地位。在總數不多的研究成果當中，缺乏對劉咸炘部類觀作深入研究的成果。劉咸炘極為強調部類在「辨章學術，考鏡源流」中的作用，其《續校讎通義》大部分都是針對分類而言。不管是劉咸炘對於《七略》與四部分類體系的疏通，還是對待俗書、外學書籍的態度，都是有一個完整的理論體系的。但是目前已有的研究成果更著重於對劉咸炘的論述進行梳理，並對其進行組織簡介，角度、內容都較為分散。

隨著《推十書》的大規模出版，劉咸炘及「推十學」研究逐漸成為研究者的關注點。因此，在這一背景下，研究劉咸炘目錄學部類觀顯得尤為重要，疏通了劉咸炘目錄學部類觀的理論框架及成就，相關領域的研究能更順利地拓展及深化。

## 二、選題意義

劉咸炘目錄學主要有以下特徵：

第一，劉咸炘治學服膺章學誠，其校讎目錄學亦深受章學誠影響。校讎目錄學在劉咸炘的學術體系中具有重要的方法論意義，《劉咸炘先生傳略》稱：「先生治學，先從校讎目錄學入手，著重辨章學術，考鏡源流。」〔註10〕劉咸炘亦自稱：「校讎者，乃一學法之名稱，非但校對而已。不過以此二字代

---

〔註 9〕 楊伯：《劉咸炘的「校讎哲學」與民初史學的範式競爭》，《國際中國文學研究叢刊》，2013 年 00 期。

〔註 10〕 劉伯穀、朱炳先：《劉咸炘先生傳略》，《〈推十書〉導讀》，上海科學技術文獻出版社，2010 年，第 21 頁。

表讀書辨體知類之法。章實齋先生全部學問都從校讎出,我全部學問亦從校讎出。」〔註11〕因而,劉咸炘對於《七略》與四部關係的疏通、對章學誠「考鏡源流」說的繼承都還在章學誠校讎學的框架之內。但是劉咸炘對歷代目錄部類源流的疏通、對章學誠目錄學的匡正等方面(如劉咸炘認為章學誠持源流之論太過,持別裁、互著之論太過等),亦體現了劉咸炘對章學誠的超越,值得探究。

　　第二,存古通今,注重對部類古今源流的疏通。劉咸炘治學私淑章學誠,這是劉咸炘學術方法的起點之一。但是他同樣認為「章氏探源而不通流,紀氏(紀昀)節流而未知原,存古不能通今,救今或背於古」〔註12〕。對於「考鏡源流」,劉咸炘不僅重視探源,堅持以《七略》之義治四部之學,同時注重對「流」的疏通,考究《七略》至四部的遷變軌跡。從《中經》《中經新簿》《七志》《七錄》至《隋志》,劉咸炘認為《七略》之義尚存,而《舊唐志》《新唐志》出,後世目錄則不能通《隋志》之義,《七略》之大義便湮沒了。因而,必須存古通今,疏通古今源流,使《七略》之義不沒。

　　第三,在外來學術文化面前,堅持主客之辨。劉咸炘一生,從清末走到民國時期,在西學東漸之勢強烈的背景下堅持四部分類體系,並對其進行改造以合「考鏡源流」之義。但是在此背景下,又不能忽視外來文化對中國固有學術文化體系的衝擊。劉咸炘對四部分類法的改造,乃是針對中國固有學術而言,對於外來學術,劉咸炘則堅持主客之辨,試圖將外來學術融入於四部分類體系之中,這體現了劉咸炘目錄學中的時代特徵。

　　總之,劉咸炘基本堅持了章學誠校讎學的理論框架,並將其作為自身治學的方法論,但又富有鮮明的時代特徵。劉咸炘將部類視為治目錄學的第一要事,因而,研究劉咸炘目錄學部類觀,有助於我們深化以下兩方面的研究:

　　第一,「推十學」研究。

　　劉咸炘治學服膺章學誠,並且自認學問全由校讎之學出,治學領域頗為廣泛。研究者從其校讎目錄學入手,有利於從方法論基礎上把握劉咸炘的學術成就。部分研究者對劉咸炘校讎目錄學的方法論意義有一定的認識。如徐

〔註11〕劉咸炘:《中書》,黃曙輝編校:《劉咸炘學術論集·哲學編》,廣西師範大學出版社,2010年,第30頁。

〔註12〕劉咸炘:《續校讎通義》,黃曙輝編校:《劉咸炘學術論集·校讎學編》,廣西師範大學出版社,2010年,第106頁。今按:劉咸炘「捨經而言史,捨儒而言道」,以校讎為門,史、子為堂,這是對傳統目錄學的巨大挑戰。

有富指出「關於校讎學，劉氏強調它作為方法論的意義」〔註13〕。楊柏亦認為「劉咸炘具有明確的方法論自覺，他對章學誠的解讀，帶有明顯的將其方法論化的傾向」〔註14〕。劉伯谷、朱炳先也注意到「先生治學，先從校讎目錄學入手，著重辨章學術，考鏡源流」〔註15〕。但從目前學界對劉咸炘的研究來看，研究成果主要集中於哲學、史學等方面。劉咸炘對於章學誠校讎學的繼承與突破，目前卻並未得到疏通。劉咸炘學問從校讎之學出，而研究劉咸炘亦當重視其校讎目錄學的方法論功用。而部類一事，又可助我們瞭解劉咸炘如何看待校讎目錄學的方法論功用。

第二，民國目錄學的研究。

民國時期正是我國古典目錄學走向現代目錄學的過渡時期。李小緣曾把目錄學家分為四派：「考書目之歷史者，研究目錄之淵源歷史或考證一書版刻之歷史者，是謂史的目錄學家……精研一書板刻異同得失，是為版本學家……就校讎二字表面言之，研究某一書籍與其他一書內容字句上之訛異，是謂校讎之學……依鄭樵、章學誠二氏之論則以分類義例，編目義例，辨章學術，考鏡源流，皆為校讎……界乎以前數者之間，自鳴新舊俱全者……」〔註16〕喬好勤認為「史的目錄學家」一本「辨章學術，考鏡源流」的宗旨，重點研究古典目錄學和總結古典目錄學史，發揚中國古代目錄學的優良傳統；「版本目錄學家」重在古籍版本的考訂和版本研究歷史與理論的總結；「校讎目錄學家」則上承鄭、章之名，將目錄學和校讎學融為一體；「新舊俱全者」界乎以上三者之間，是中國目錄學在繼承和借鑒的基礎上開闢新的方向。〔註17〕劉咸炘兼有「史的目錄學家」與「校讎目錄學家」的特性。劉咸炘堅持了「辨章學術，考鏡源流」的宗旨，將校讎目錄學作為自身治學的方法論，「重鑄中國學術的存有形態」（從歐陽禎人教授說），並且對四部分類法的堅持與改造時代特徵尤為明顯。從這點看，研究劉咸炘目錄學部類觀亦有助於拓展民國目錄學的研究。

---

〔註13〕徐有富：《試論劉咸炘的成才之路》，《古籍整理研究學刊》，2009 年第 1 期。
〔註14〕楊柏：《劉咸炘的「校讎哲學」與民初史學的範式競爭》，王曉平主編：《國際中國文學研究叢刊》第二集，上海古籍出版社，2013 年。
〔註15〕劉伯穀、朱炳先：《劉咸炘先生傳略》，《〈推十書〉導讀》，第 21 頁。
〔註16〕李小緣：《中國圖書館事業十年之進步》，《圖書館學季刊》，1936 年第 4 期。
〔註17〕喬好勤：《略論我國 1919～1949 年的目錄學》，《行走書林——喬好勤文集》，華東師範大學出版社，2011 年，第 256～257 頁。

# 第一章　劉咸炘對部類源流之疏通

　　自劉向、劉歆父子奉詔校書，《別錄》《七略》面世，我國便出現了最早的圖書分類目錄。《七略》演變為後世之四部，章學誠對此持悲觀的態度，並認為：「四部之與《七略》，亦勢之不容兩立者也。」[註1] 章學誠之說未被劉咸炘接受，卻為劉治理四部之學提供了方向。《七略》至後世四部分類法的演變過程，備受劉咸炘重視。劉氏探源通流，存古通今，提出《七略》無異於四部，並為治四部提出了一套方法理論。

## 第一節　《七略》與四部分類之關係

### 一、《七略》之大義與四部之大義

　　在《和州志・藝文書》中，章學誠一用《七略》舊法分類編目，而在其後的《校讎通義・宗劉》中提出了四部不能重返《七略》的五大原因：

> 《七略》之流而為四部，如篆、隸之流而為行、楷，皆勢之所
> 不容已者也。史部日繁，不能悉隸以《春秋》家學，四部之不能返
> 《七略》者一。名、墨諸家，後世不復有其支別，四部之不能返《七
> 略》者二。文集熾盛，不能定百家九流之名目，四部之不能返《七
> 略》者三。抄輯之體，既非叢書，又非類書，四部之不能返《七略》
> 者四。評點詩文，亦有似別集而實非別集，似總集而又非總集者，
> 四部之不能返《七略》者五。

---

〔註 1〕章學誠著，葉瑛校注：《文史通義校注》，中華書局，1985 年，第 959 頁。

他據此推斷《七略》流變為四部是不可逆轉的。若能疏通《七略》之大義，使之體現於四部分類之中，亦有補於四部。《校讎通義》又云：

> 凡一切古無今有、古有今無之書，其勢判如霄壤，又安得執《七略》之成法以部次近日之文章乎？然家法不明，著作之所以日下也；部次不精，學術之所以日散也。就四部之成法，而能討論流別，以使之恍然於古人官師合一之故，則文章之病可以稍救，而《七略》之要旨其亦可以有補於古人矣。〔註2〕

從分類的角度看，如何以「《七略》之家法」治四部，章學誠並未提出明確的方法，而以《七略》之義治四部的觀點，則為劉咸炘所繼承。劉咸炘認為：「《七略》經數變而後成四部，同異紛然，四部之勢已成，萬不能復於《七略》，章先生之所定，未可用也。若仍用四部法，但於敘錄略加數語，而不問四部分目之當否，《七略》舊法之何在，則又空言而已矣。」〔註3〕在劉咸炘看來，《七略》分類演變成為四部（今按：這就是一部中國古籍分類史大綱，也是我們計劃中的一個項目），是勢之必然，用《七略》之義治四部，首先需要梳理《七略》與四部分類之關係，需疏通《七略》到四部之間的古今之變；欲通古今，則需梳理《七略》與四部之大義。

何為《七略》之大義？《七略》將所收之書分為六大類，即六藝略、諸子略（今按：我們先期已經完成《漢志諸子略通考》）、兵書略、術數略、方技略、詩賦略。對此六者的關係，劉咸炘認為：

> 六藝統群書，幹也。諸子、詩賦、兵書、術數、方技，支也。
> 諸子出幹為支，猶之小宗別立門戶也。詩賦、兵書、術數、方技則
> 附幹之支，猶之正宗之中有一室焉，人繁而異宮也。〔註4〕

劉咸炘利用大宗、小宗之比喻，將六者關係形容為幹、支：六藝為主幹，統攝群書；諸子為出幹之支；詩賦、兵書、術數、方技則為附幹之支。此為六者之間的主次關係，為《七略》之大義。

何為四部之大義？四部為經、史、子、集四大部，對於四部之間的關係，劉咸炘則認為：

> 以史、子為幹。六藝者，幹之根也。別為經部，但收附經之傳

---

〔註2〕 章學誠著，葉瑛校注：《文史通義校注》，第 956 頁。
〔註3〕 劉咸炘：《續校讎通義》，《劉咸炘學術論集·校讎學編》，第 3 頁。
〔註4〕 劉咸炘：《續校讎通義》，《劉咸炘學術論集·校讎學編》，第 3 頁。

說，六藝之流則歸之史焉，別出則子焉，文集者由詩賦一略而擴大

之，兼收六藝之流者也，則殿焉，是幹之末也。〔註5〕

在劉咸炘看來，四部之間亦有主次、源流關係。經、史、子、集四部，史部、
子部為幹，而集部為末，經部則為「幹之根」，是史部、子部、集部三者之源。
若以大宗、小宗之關係比附，「史為大宗，子為小宗，經則廟也，集則小宗而
又雜居者也。」〔註6〕此為四部之大義。如此劉咸炘則將四部關係轉換為「史、
子為主，經在上而集在下」〔註7〕的一種關係架構。〔註8〕

從內容的角度切入，劉咸炘則將天下之文分為事、理、情三類：

事則敘述，理則論辯，情則抒寫。方法異而性殊，是為定體。

表之以名，敘事者謂之傳或記等，史部所容也；論理者謂之論或辨

等，子部所容也；抒情者謂之詩或賦等，古之集部所容也。〔註9〕

蓋天下之文，以內容分不外三者，事為史，理為子，情為詩；

以體性分別，不外記載與著作。史，記載也。子、詩則著作也。詩

不關知識，知識之所在則史與子而已。〔註10〕

劉咸炘將內容劃分為事、理、情三類，並以此建立四部之間的關係：「天下之
學惟事、理，故天下之書惟史、子矣。集則情、文而兼子、史之流者也。經則

---

〔註5〕劉咸炘：《續校讎通義》，《劉咸炘學術論集·校讎學編》，第3～4頁。

〔註6〕劉咸炘：《續校讎通義》，《劉咸炘學術論集·校讎學編》，第4頁。

〔註7〕劉咸炘：《續校讎通義》，《劉咸炘學術論集·校讎學編》，第4頁。

〔註8〕司馬朝軍按：四部關係從中古開始就呈現遞減之趨勢，部類的升降起伏反映
　　　出學術地位的高低關係，經部最高，集部最低，史部、子部一度存在較強的競
　　　爭關係，史部原本低於子部，後來居上，反而將子部踩在腳下。劉咸炘認為，
　　　史部、子部為幹，而集部為末，而經部為「幹之根」，表面上有所變通，其實
　　　也是對經部地位大權旁落的曲折表達，因為「幹之根」是隱藏在地下的！原來
　　　高居廟堂之上的經學在近代遭遇滑鐵盧，隨著科舉制的廢除，孔家店的打倒，
　　　聖人偶像的跌落，經學的神聖地位不復存在。劉咸炘調整四部框架，深層次的
　　　原因大概就是如此。又按：在近代之前，部類之間的主次關係非常重要，得其
　　　法者，往往事半功倍，以簡馭繁。這也可以說明，為何從漢代到清代二千年之
　　　間經學一家獨大。經學是主，其他是賓，豈可喧賓奪主？只是到了新文化運動
　　　興起之後，才平視古今，博古厚今，甚至反古尊今，更有甚者徑將經學視為無
　　　用之垃圾，破除之，橫掃之。

〔註9〕劉咸炘：《文學述林》，《劉咸炘學術論集·文學講義編》，第4頁。

〔註10〕劉咸炘：《續校讎通義》，《劉咸炘學術論集·校讎學編》，第4頁。司馬朝軍
　　　按：事、理、情可以與歷史、哲學、文學溝通，這是近代附會西學的根本大法。
　　　所謂學貫中西、打通古今，正是如此如此。

三者之源也。此四部之大義也。」〔註11〕《認經論》亦云：「書籍雖多，不外子、史兩種，集乃子、史之流，不能並立，經乃子、史之源……」〔註12〕《經今文學論》亦云：「世間止有事與理，故書亦只有史與子。」他據此提出：「吾常言吾學乃儒家兼道家。儒家是橫，中合兩為一；道家是縱，觀其兩，知兩乃能合一。」他提出的分類方案就是一個重鑄中華民族的學術體系，有其合理的成分，但其立足點就是章學誠的「六經皆史」說，此說本是似是而非的東西，在乾嘉時期無法拿出手，到了晚清末世，如同被打翻的潘多拉魔盒，引起無窮無盡的禍患。潘多拉照眾神之王宙斯的旨意趁希望沒有來得及釋放時，又蓋上了盒蓋，最後把它永遠鎖在盒內。劉咸炘沒有蓋上了盒蓋，而是沿著章學誠的路子繼續撕裂。四部之學的核心是經，從章學誠（向前還可以追溯到楊慎、王陽明、李卓吾）到劉咸炘，「六經皆史」說的實質是否定經。「六經皆史」，夷經為史，皮之不存，毛將焉附？經之不存，史、子將焉附？化經為史，無異於釜底抽薪。如此「去經化」的學術體系，既否定了中國傳統學術的根基，也否定了道。殊不知事與理之上還有道！從漢至清，經學居於主導地位，無法否定。劉咸炘與胡適之終生為論敵，其實二者殊途同歸，都是旨在否定中華文化的根本與魂魄。論者以為，劉咸炘的學術具有原創性，致廣大而盡精微。我們認為，其學缺少原創性。劉咸炘的路子是雜家的路子。他認為，道家執兩，儒家用中，於是乎在此基礎上提出折衷方案——執兩而用中，也就是他的所謂「守一」，合儒、道，合史、子，最終整合而成的不正是新形態的雜家嗎？令人遺憾的是，他抽空了經，失掉了根，所走的是一條不歸之路。這也是百年來的迷途。《復卦》上六云：「迷復，凶。」「迷復」成為百年常態，在一個超級大的鐵屋子裏面沉睡了百年。我們反思其學術思想，正是為了走出困境，走出荒經時代，走出蔑古時代。

劉咸炘認為，在事、理、情的內容劃分下，《七略》亦同理：

六藝者，六部最古之書耳。何以能統群書邪？蓋後世之群書六

---

〔註11〕劉咸炘：《續校讎通義》，《劉咸炘學術論集・校讎學編》，第4頁。
〔註12〕劉咸炘：《中書》，《劉咸炘學術論集・哲學編》，第31頁。司馬朝軍按：「經則三者之源」的說法是對的，但「集乃子、史之流」的說法難以成立。集者，亼也；亼者，三合也，正是合經、史、子於一爐。經學家之集可與經部相通，子家、史家之集與子部、史部相通。試看歷代別集之編纂情形，定知吾言之不虛。於此可見，劉咸炘持之未必有故，言之未必成理。又按：如果捨棄源流，忽略經、集，劉氏之論難以成立。

藝已具其雛形，六經皆史，古人不離事而言理，史之於經，如子之
於父，子之於經，如弟之於師……《書》《春秋》《禮》之流為史甚
明。《易》雖言理，而意在藏往知來，《詩》雖言情，而意在觀風俗，
其用皆與史同。若論其體，則《易》之流為術數，《詩》之流為詩賦，
詩賦則為一略，以情文與事理並立也。術數與方技、兵書不與諸子
同編者，固由專門各校，亦以其體實微與諸子殊也……蓋諸子皆言
大理，舉一義以貫眾事（即陰陽家亦非止言術數之理），兵書、方技、
術數則局於一事者也。故六藝外之五支，凡分三類焉，而皆統於六
藝。此《七略》之大義也。〔註13〕

如此，劉咸炘則疏通了《七略》之大義與四部之大義。從表面上看，劉咸炘所
說的《七略》與四部之大義就是部類之間的主次、源流關係。而《七略》與四
部之間的聯繫，亦由二者部類之間的關係確定：「經、史者，《七略》之六藝。
子者，《七略》之諸子、兵書、術數、方技。集者，《七略》之詩賦。如此則四
部猶《七略》也。」〔註14〕疏通《七略》與四部之大義，建立二者之間的聯繫，
則是為了「明四部之無異於《七略》耳」〔註15〕。

因而，我們可看出《七略》與四部之大義的特徵：其一，「六藝」統群書，
在四部之中則以經部為根；其二，諸子與術數、兵書、方技等存在「舉一義以
貫眾事」與「局於一事」的區別，即虛理與實用之區別。梳理《七略》與四部
之間的共通之處，是以《七略》之大義治四部的第一步。

## 二、以《七略》之大義治四部

疏通《七略》與四部之大義，乃是為了證明《七略》與四部之間具有共通
性，四部雖不能重返七略，但可以《七略》之大義治四部之學，使《七略》大
義得以留存。

如何以《七略》之法治四部？劉咸炘先立四義，即「尊經」「廣史」「狹子」
「卑集」。經、史、子、集四部之間，「以史、子為幹。六藝者，幹之根也。別
為經部，但收附經之傳說，六藝之流則歸之史焉，別出則子焉，文集者由詩賦
一略而擴大之，兼收六藝之流者也，則殿焉」〔註16〕。很明顯，劉咸炘所立的

〔註13〕劉咸炘：《續校讎通義》，《劉咸炘學術論集・校讎學編》，第4頁。
〔註14〕劉咸炘：《續校讎通義》，《劉咸炘學術論集・校讎學編》，第4頁。
〔註15〕劉咸炘：《續校讎通義》，《劉咸炘學術論集・校讎學編》，第3頁。
〔註16〕劉咸炘：《續校讎通義》，《劉咸炘學術論集・校讎學編》，第3頁。

「四義」，正是為《七略》與四部之大義而發。

何為「尊經」？《七略》以六藝略為先，六藝略演變為後世之經部，《治四部》云：「經既以尊而別出為部，部中所收當限於經之傳說。」〔註17〕因此，「尊經」便是要限定經部所收之書，將妄附之書從經部剔除出去，經部所收應當限於「經之傳說」。但是自《七略》後，後世經部所收愈加泛濫，《七略》大義漸失。因而確定「經」「傳」的界限範圍尤為重要。《校讎述林·經傳定論》云：

辨經傳之體者，校讎之首務也。劉向敘六藝為九種，後沿以立經部，漸失其旨，經之數至十三，其名益濫，而傳記之名則經、史兩用，其名益狹。〔註18〕

就後世經部而言，妄入之書主要集中在禮、樂二類。如《隋書·經籍志》（以下稱《隋志》）《樂類小序》云：「魏晉以後，雖加損益，去正轉遠，事在《聲樂志》。今錄其見書，以補樂章之闕。」〔註19〕《隋志》樂類所收之書，已非上古所傳，不當入經部。劉咸炘評道：「既為四部，凡六藝之流皆入史、子部而獨存律呂於經部，亦可謂不善學《七略》矣。譬之伯仲皆析居，而季獨守宗祠，此得為平乎？」〔註20〕《樂經》早已失傳，但《漢書·藝文志》（後稱《漢志》）六藝略《樂》類有六家一百六十五篇，劉咸炘解釋為：

《漢志》以六藝並立而附入其流，故以《樂記》代經，今《樂記》已入《戴記》，其樂學諸書宜入子部，如不欲缺六藝，則以《樂記》別為一類而附以說《樂記》者，以足六藝之目可也。〔註21〕

《漢志》以《樂記》代經，以足六藝，較後世律呂之書入經部得當。又如《四庫全書總目》（以下稱《四庫總目》）云：

今區別諸書，惟以辨律呂、明雅樂者仍列於經，其謳歌末技，絃管繁聲，均退列雜藝、詞曲兩類中。用以見大樂元音，道侔天地，非鄭聲所得而奸也。〔註22〕

---

〔註17〕劉咸炘：《續校讎通義》，《劉咸炘學術論集·校讎學編》，第5頁。今按：有一種極端的說法，六經只有經可入經部，傳非經，宜入子部。

〔註18〕劉咸炘：《校讎述林》，《劉咸炘學術論集·校讎學編》，第111頁。

〔註19〕魏徵等：《隋志》，王承略、劉心明主編：《二十五史藝文經籍志考補萃編》第13卷，清華大學出版社，2013年，第26頁。

〔註20〕劉咸炘：《續校讎通義》，《劉咸炘學術論集·校讎學編》，第5頁。

〔註21〕劉咸炘：《續校讎通義》，《劉咸炘學術論集·校讎學編》，第53頁。

〔註22〕永瑢等：《四庫全書總目》卷38，中華書局，1965年，第320頁。

《四庫總目》於音樂又有雅、俗之分，將雅樂列於經部。劉咸炘則斥責其收律呂之書於經部：「惟誤隸於經，故覺其瀆古樂耳。不循自然之統系，遂使首尾橫絕，此類是也。」〔註23〕

又如《禮》類之妄附，《四庫總目》云：

公私儀注，《隋志》皆附之《禮》類。今以朝廷制作，事關國典者，隸史部政書類中。其私家儀注，無可附麗，謹匯為雜禮書一門，附《禮》類之末，猶律呂諸書皆得入經部《樂》類例也。〔註24〕

《四庫總目》關於《隋志》將公私儀注附於《禮》類一說，劉咸炘直斥《四庫總目》「是太誣矣」〔註25〕，並為《隋志》辯護道：

禮類之雜禮論議答問，皆依經立義，非後世四部目錄之通禮、雜禮書也。通禮、雜禮書別入史部，《隋志》分明不謬，後世乃混之耳。惟樂類全收後世之作，譜記聲調曲簿樂名當入子部，而仍列於此，則不善學《漢志》也。〔註26〕

《隋志》雖有誤收律呂之書於經部之過，但於《禮》一類，並無不當之處。而對於《四庫總目》對儀注的公私之分，劉咸炘更是不滿：

凡書當論其體，同為儀注，何分公私，必若所言，兵家者司馬之流，法家者司寇之流，兵政律例既入政書，何不竟以兵家、法家附於周禮，曰此私也邪？儀注之體，非詭異也，何謂無可附麗邪？故去禮樂之妄附而經尊矣。〔註27〕

因此，「尊經」首當嚴劃書籍著錄之範圍，將《禮》、《樂》二類妄附之書剔除，使經部之尊得以凸顯。

「廣史」則為擴大史部著錄之範圍，史部著錄之範圍又當如何限定？劉咸炘在闡述《七略》之義時說道：「六經皆史，古人不離事而言理，史之於經，如子之於父，父之於經，如弟之於師。」〔註28〕從此義出發，劉咸炘主張六藝之流應當著錄於史部：「六藝之流皆入史部，苟非詩賦、子、兵、方技、術數，

〔註23〕劉咸炘：《續校讎通義》，《劉咸炘學術論集‧校讎學編》，第53頁。
〔註24〕永瑢等：《四庫總目》卷23，第182頁。
〔註25〕劉咸炘：《續校讎通義》，《劉咸炘學術論集‧校讎學編》，第5頁。
〔註26〕劉咸炘：《續校讎通義》，《劉咸炘學術論集‧校讎學編》，第26頁。
〔註27〕劉咸炘：《續校讎通義》，《劉咸炘學術論集‧校讎學編》，第5頁。
〔註28〕劉咸炘：《續校讎通義》，《劉咸炘學術論集‧校讎學編》，第4頁。今按：劉咸炘天資出眾，卻誤上章學誠之「賊船」，接著說「六經皆史」，主旨一偏，難以立論，因為修辭立其誠，心不誠則辭不靈，論亦不足立。

無不當入史部。」〔註29〕四部之中，特立史部一門，擴大史部著錄之範圍，此舉已經湮滅六藝之流，沒有清晰地疏通六藝傳業的學術流變。六藝之流皆入史部，皮之不存，毛將焉附？劉咸炘還為「廣史」辯護道：

> 從吾之法，經部為源，史部為流，申明源流，眾知史部之皆出六藝官守，奚必附六藝為一部而後明，又何至如章氏所謂全奪傳業乎？〔註30〕

因此，要做到「廣史」，則需要明確六藝之流，這也是《七略》之義的所在。《通古今》篇云：「《書》《春秋》《禮》之流為史甚明，《易》雖言理，而意在藏往知來，《詩》雖言情，而意在觀風俗，其用皆與史同。」〔註31〕《治四部》篇又云：「《官禮》流為政書，《禮經》流為儀注，《軍禮司馬法》流為軍政，《尚書》入於《春秋》，而為雜史之原，何一不入於史，使就《七略》之書而以四部法分之，六藝所附，無一不在史部也。」〔註32〕

「狹子」與「廣史」相對而言，乃縮小子部的著錄範圍。而子部的著錄範圍又如何限定？劉咸炘云：「子者，能成一家言者也。」〔註33〕在此限定下，子部宜縮小著錄範圍，有兩點原因。其一，九流衰弱，成家之學已少。張之洞《書目答問》云：

> 周、秦諸子，皆自成一家學術，後世群書，其不能歸入經史者，強附子部，名似而實非也。〔註34〕

張之洞所說甚是。班固撰《漢志》時，尤有諸子、兵書、術數、方技等略並立，阮孝緒撰《七錄》，因兵書數少，而將諸子與兵書總括為「子兵錄」，亦將術數、方技二略合為「術技錄，」《七略》諸子、兵書、術數、方技四略並

---

〔註29〕劉咸炘：《續校讎通義》，《劉咸炘學術論集・校讎學編》，第 5 頁。

〔註30〕劉咸炘：《續校讎通義》，《劉咸炘學術論集・校讎學編》，第 6 頁。章學誠《和州志・藝文書》紀載類序云：「紀載者，《七略》所無，荀勖丙部所收史記、舊事、皇覽、雜事及阮孝緒《七錄》之二，名為傳記，專記史傳者，皆不得其統紀。夫春秋家學不可亡，則馬班以下，不得別立史部也……書籍散者，若盡歸六藝，則部次實繁，難於條別。特立史部，則全奪六藝，傳業無復源流。」（章學誠：《章學誠遺書》，文物出版社，1985 年，第 558 頁。）

〔註31〕劉咸炘：《續校讎通義》，《劉咸炘學術論集・校讎學編》，第 4 頁。今按：如此夷經為史，顛倒源流，何以辨章學術、考鏡源流？劉咸炘中章學誠之毒太深，影響了他的天才發揮，使之偏離了正軌，惜哉！

〔註32〕劉咸炘：《續校讎通義》，《劉咸炘學術論集・校讎學編》，第 6 頁。

〔註33〕劉咸炘：《續校讎通義》，《劉咸炘學術論集・校讎學編》，第 6 頁。

〔註34〕張之洞撰，范希曾補正：《書目答問補正》，上海古籍出版社，2010 年，第 117 頁。

立演變成為二錄並立。《隋志》云：「《漢書》有諸子、兵書、數術、方技之略，今合而敘之，為十四種，謂之子部。」〔註35〕《隋志》合四為一而成子部，《七略》諸子、兵書、術數、方技四略並立之局面不存。劉咸炘評價道：

> 此已稍失古意，開後來濫子之端，然而律以子家之義，兵書、術數、方技固皆專家之術，不與史部相混，而《隋志》敘次亦猶存四略之舊，未嘗亂之。〔註36〕

其二，不應入子部之類別，應當剔除，如譜錄、類書、雜記等進入子部，劉咸炘頗為不滿：

> 迨類書、考證、雜記、譜錄相繼闌入，非理非術，亦據專門，而九流漸湮，門目並少，賓喧主奪，所以名似而實非也。〔註37〕

雜記多記雜事，並無宗旨，不成一家之言；而類書「兼收四部，而非經非史，非子非集」〔註38〕；譜錄類始於《遂初堂書目》，譜錄記實，並非立言，故劉咸炘指斥尤袤「妄分門目」〔註39〕。基於這兩點原因，要條別子部，縮小子部的著錄範圍，則需要做到「辨體明變」，《四庫子部》篇云：

> 一曰辨體。諸子之異於兵書、術數、方技及制度中之議論，……法家非律學，兵家非兵制。……陰陽家者鄒衍、董仲舒之流，非術數、雜占之說也；農家者許行、計然之流，非農事之書也；小說必有宗旨為顯意而非為記事，不可與傳記混也；雜家者兼採眾說，能成家而非徒能雜，不可與雜記混也，此體之當辨也。二曰明變。子術之興，始自周世，其流派甚繁，……劉向九流之目，特約其大略耳。……至漢而九流衰，小家多絕，而儒、道、法獨存，……漢以後道、法亦無顯傳，皆尊孔氏，然實非純一，不但儒者之中自分流別，或近於道，或近於法，即縱橫、名、墨亦偶有存者，但甚希少，不敵三流耳。……近世子學復興，後此當更多異軍，非九流所能該。〔註40〕

如劉咸炘所論，諸子、兵書、術數、方技等後世雖同入子部，但「亦以其

---

〔註35〕魏徵等：《隋書・經籍志》，《二十五史藝文經籍志考補萃編》第13卷，第142頁。
〔註36〕劉咸炘：《續校讎通義》，《劉咸炘學術論集・校讎學編》，第83頁。
〔註37〕劉咸炘：《續校讎通義》，《劉咸炘學術論集・校讎學編》，第83頁。
〔註38〕永瑢等：《四庫全書總目》卷135，第1141頁。今按：類書確實不應該入子部。
〔註39〕劉咸炘：《續校讎通義》，《劉咸炘學術論集・校讎學編》，第7頁。
〔註40〕劉咸炘：《續校讎通義》，《劉咸炘學術論集・校讎學編》，第83～84頁。

體微與諸子殊矣」〔註41〕，《七略》時，諸子、兵書、術數、方技四略並立，諸子與其餘三者存在虛理與實用之分。法家與法學、兵家與兵制等亦容易相混，並且子家遷變之跡頗為龐雜，若不知「辨體明變」，則容易導致子部繁蕪，不合「狹子」之義。只有條別各類體裁，嚴劃著錄範圍，方能將誤入子部之書剔除。

何為「卑集」？章學誠《文史通義・文集》云：「兩漢文章漸富，為著作之始衰。」〔註42〕章學誠對文集的出現持悲觀的態度，認為文集的出現是「專門之業」衰落的結果。其亦說：

> 嗚呼！著作衰而有文集，典故窮而有類書。學者貪於簡閱之易，而不知實學之衰；狃於易成之名，而不知大道之散。江河日下，豪傑之士，從狂瀾既倒之後，而欲障百川於東流，其不為舉世所非笑，而指目牽引為言詞，何可得耶？〔註43〕

專門之學衰落而文集興，劉咸炘繼承了章學誠的觀點，將集部冠以卑劣之名：

> 《漢》《隋》二《志》時集中無子、史專書……然既有此部，已成萬不可反之勢，知其為下流所歸可也……要之，集本卑名，非復《七略》詩賦之舊，既已卑矣，多容何害，必附諸子，不至於強鑿不止也。〔註44〕

對於集部，劉咸炘並不重視，認為集部乃是「下流所歸」，並且發出「多容何害」的調侃，與處理經部之妄附、史部之源流、子部之名實的態度不可同日而語。劉咸炘對集部的處理，是為史、子二部服務的，是為了保證史、子兩部的著錄得當不繁雜。

在《七略》之大義下，劉咸炘所立「尊經」「廣史」「狹子」「卑集」四義自成體系〔註45〕。如妄附於經部的通禮、雜禮書，不應入子部的譜錄等之書，皆當歸於史部，如此則經尊、史廣、子狹了。〔註46〕

---

〔註41〕劉咸炘：《續校讎通義》，《劉咸炘學術論集・校讎學編》，第4頁。
〔註42〕章學誠著，葉瑛校注：《文史通義校注》，第296頁。
〔註43〕章學誠著，葉瑛校注：《文史通義校注》，第297頁。
〔註44〕劉咸炘：《續校讎通義》，《劉咸炘學術論集・校讎學編》，第8～9頁。
〔註45〕司馬按：所謂廣狹尊卑，這是劉咸炘的四庫觀，但其三觀不正。「尊經」不夠，「廣史」「卑集」不必，只有「狹子」一門頗有奧義。
〔註46〕司馬按：劉咸炘表面上「尊經」，其實是借助「尊經」之名將經書雪藏起來，又以「卑集」將集部污名化，打入冷宮，聽其自生自滅，「狹子」完成了子部

以部類主次、源流的關係為角度，劉咸炘建立了《七略》與四部部類之間的聯繫，闡述《七略》與四部之大義，證明二者擁有共通之處。四部雖然不能重返《七略》的分類體系，但是因為二者部類之間的共通性，得以將《七略》之大義體現於四部之中。章學誠於《校讎通義》中提出了此觀點，劉咸炘則進一步詳細闡述了以《七略》大義治四部的方法論。

# 第二節　《七略》之義的流變

劉咸炘借部類之關係闡述《七略》與四部之間的共通性，《七略》向四部的演變過程，是以《七略》為代表的學術體系向以四部為代表的學術體系的學術源流變遷過程。既以部類為視角，那麼《七略》至四部的變遷，部類之分合增並則見證了學術源流之演變。為考察《七略》之義的遷變軌跡，劉咸炘提出了分類之標準。在此過程中，《隋志》承擔著承上啟下的作用，而《舊唐書‧經籍志》（後稱《舊唐志》）、《新唐書‧藝文志》（後稱《新唐志》）不明《隋志》對《七略》之義的繼承，《七略》之義遂逐漸流失。

## 一、定體明學術源流

劉咸炘論辯《七略》術數、方技、兵書與諸子之區別道：「術數與方技、兵書不與諸子同編者，固由專門各校，亦以其體實微與諸子殊矣。」〔註47〕《四庫總目》儀注有公私之分，劉咸炘亦批評云：「凡書當論其體，同為儀注，何分公私？」〔註48〕前述「尊經」「廣史」治四部之法，劉咸炘亦多有強調體裁區別各部類之功用。以《七略》之義治四部，簡而言之，則是闡明二者部類之間的區別與聯繫，並以此進行「辨章學術，考鏡源流」，《目錄學‧部類》開篇即言：

> 部類一事，於目錄學中最為重要，蓋所謂辨章學術，考鏡源流，

---

這一垃圾馬車的部分清理，使得子書由野轉正。惟有「廣史」是其根底所在，「廣史」似為「六經皆史」說張目。章學誠的這一偏執之論，既不符合歷史的邏輯，也不符合分類的邏輯，此怪妄之說在乾嘉時期沒有產生影響，在考據學的時代，章學誠沒有獲得多少發言權。但到了現代，居然得到章太炎、胡適之等人的鼓吹，劉咸炘也加入了合唱，幸耶？不幸耶？你可以說「六經皆史」，他也可以說「六經皆子」「六經皆文」「六經皆禮」「六經皆雜」。各執一端，言之似可成理，但全面而論，難以圓融無礙。立論之難不可不知。

〔註47〕劉咸炘：《續校讎通義》，《劉咸炘學術論集‧校讎學編》，第 4 頁。
〔註48〕劉咸炘：《續校讎通義》，《劉咸炘學術論集‧校讎學編》，第 5 頁。

關諸群學，此為最大……部中分類，類分子目，明揭之中復有暗敍，
支條流派，繁密比於律例，而前世官私著錄，各用己意，離合分併，
亦頗煩亂。〔註49〕

部類之分合，歷代無統一之標準，頗為雜亂，但事關學術源流之演變，因
而不得不嚴謹審視部類之間的區別與聯繫。分類必有標準，唯有統一標準，方
能於雜亂之中理清脈絡。對此，劉咸炘提出其分類標準，《定體》篇云：

既以標準者何？曰體與義。體者，著述之體裁也。義者，學術
之統系也。〔註50〕

劉咸炘主張以體、義作為分類之標準。體、義二者，是歷來論部類者所用之
標準，非由劉咸炘首倡，而劉咸炘又如何使二者歸於一個體系之內呢？《定
體》篇云：

既以體義為主，則自著述體裁、學術統系而外，一切分類之標
準皆不可用甚明，而昔之著錄家往往歧據他端以亂部類，此最當先
戒者也……條別著述雖以義為主，而分別部居則以體為主。〔註51〕

據劉咸炘所定，統一分類標準有兩個方面。其一，以體、義即著述體裁、學術
統系為標準，其他標準皆棄之不用。如《四庫總目》中，儀注有公、私之分；
律呂之學入經部《樂》類，「謳歌末技」「絃管繁聲」又入雜藝、詞曲類，又以
雅、俗為標準；記事之書，大者入於雜史，小者入於傳記小說，又以事之大小
為標準。諸如此類，劉咸炘皆認為標準歧出，導致著錄雜亂。其二，書籍分別
部類，應當依著作體裁為主，以學術統系為輔：

四部之分以大體，史與子與集是也，史、集之小類以體分，其
細目或以義分，然亦其所究而非其所立，兵書、術數、方技亦然，
惟九流乃以所立之旨義分耳。然子部雖以義，而子之為子，其體固
異於史、集矣。〔註52〕

據劉咸炘所言，史、子、集各部易分，史部與集部下小類應當以著述體裁分，
而小類下的細目之分可參考內容；子部具有特殊性，乃是以學術內容劃定類
別，雖然如此，但子部之體裁亦異於史部、集部。

劉咸炘執著於辨體，以此明學術源流，盡專家之業，必要時還應當考慮

---

〔註49〕劉咸炘：《目錄學》，《劉咸炘學術論集·校讎學編》，第305頁。
〔註50〕劉咸炘：《續校讎通義》，《劉咸炘學術論集·校讎學編》，第14頁。
〔註51〕劉咸炘：《續校讎通義》，《劉咸炘學術論集·校讎學編》，第14頁。
〔註52〕劉咸炘：《續校讎通義》，《劉咸炘學術論集·校讎學編》，第14頁。

體裁的正用與假用：

> 凡一文體各有其正用，或假作他用，非其本職，則不當依。〔註53〕

在此主張下，如王十朋《會稽三賦》、徐松《新疆賦》當入地理，吳淑《事類賦》當入類書，吳修《論印絕句》當入藝術，張竹簡《人倫大統賦》當入術數，葉昌熾《藏書紀事詩》當入傳記。〔註54〕上述著作為詩、賦之體，為何不依體裁入相應的部類，劉咸炘解釋道：

> 詩賦之體本非徵實，而張氏之作則以為歌括之用，本非賦之正體，王、徐、吳之作，所重亦在注，注皆最詳，且多溢出正文之外，是不當以注為主。葉氏之詩，每首詠人至二三人，注皆詳其爵里行事，不專注詩之文，其體實與傳記近，但惜不直為傳記耳。〔註55〕

體雖為詩、賦，但著述內容與體裁之正用不符，體裁被假作他用，此種情況下則不應當依體裁分別部居，而應根據著作所述之內容分類。再者，如《開元釋教錄》、《道藏目錄詳注》為目錄之體，若依體裁分類，二者皆應歸於目錄類，而這不是又與劉咸炘主張的盡專家之業矛盾了嗎？對此，劉咸炘又辯護道：

> 體之與義，固每成經緯之形，然分部固當以體，若以義，則一子部足矣，何七、四之紛紛乎……惟依體則求義或不便，故有互注之法以濟之……雖然，互注非本類也，本類固以體定，互注乃以通其義耳。章先生發明《七略》，特重學術統系，故發別裁互注之義。〔註56〕

因而，《開元釋教錄》、《道藏目錄詳注》依體裁固應歸入目錄類，但可互著於釋家、道家類，使學者得以觸類旁通，盡專家之業。對於體、義割裂之矛盾，劉咸炘則主張以互著之法進行協調。劉咸炘辨體分類的做法相當靈活，但是也稍顯繁雜，劉咸炘亦承認此法之弊端：

> 然介在兩歧、出入二類之事則恒有之，雖物質科學歸納所成之類例亦然，況於著錄之事。書籍之質素本多混合，而著錄者以一書為單位，又不能如治物質之隔離分析，其所分類例不過論其大體而已，故又有別裁互注之法以濟之。〔註57〕

---

〔註53〕劉咸炘：《續校讎通義》，《劉咸炘學術論集·校讎學編》，第16頁。
〔註54〕劉咸炘：《續校讎通義》，《劉咸炘學術論集·校讎學編》，第16頁。
〔註55〕劉咸炘：《續校讎通義》，《劉咸炘學術論集·校讎學編》，第16頁。
〔註56〕劉咸炘：《續校讎通義》，《劉咸炘學術論集·校讎學編》，第16頁。
〔註57〕劉咸炘：《續校讎通義》，《劉咸炘學術論集·校讎學編》，第13頁。

　　體、義之標準並非劉咸炘首創，但是劉咸炘極為重視部類在學術源流中的作用，鑒於歷代書目分類標準歧出，以義混體的亂象，在體、義之間，劉咸炘提出以體裁為主的分類標準，使分類之標準稍加齊整，亦為考察《七略》之義的流變貢獻了自己的視角。

## 二、《隋志》之前《七略》之義的遷變

　　《七略》之義在後世是如何遷變的，則需考察《七略》向四部演變的軌跡。從部類的角度看，《七略》之義變化的過程，則是六藝統群書，諸子與兵書、術數、方技四略並立，虛實之分，詩賦單純，史、子、集不相混等特徵的變化。《隋志》在《七略》向四部轉變的過程中承擔著承上啟下的作用，以《隋志》為界線，《七略》之義在此前後的遷變亦呈現不同的局面。在《隋志》以前，魏鄭默、晉荀勗相繼著《中經簿》、《中經新簿》，開四部之先河；後王儉、阮孝緒分別著《七志》、《七錄》。劉咸炘亦以此為考察對象，追溯《隋志》之前《七略》之義的遷變。

　　關於《中經簿》、《中經新簿》的部類情況，《隋志》云：

> 魏祕書郎鄭默，始制《中經》。祕書監荀勗又因《中經》，更著《新簿》，分為四部，總括群書。一曰甲部，紀六藝及小學等書。二曰乙部，有古諸子家、近世子家、兵書、兵家、術數。三曰丙部，有史記、舊事、皇覽簿、雜事。四曰丁部，有詩賦、圖贊、汲冢書。〔註58〕

鄭、荀二人，以甲、乙、丙、丁部次書籍，子在史前，猶存六藝略、諸子略相承之意。但是乙部將諸子與術數等合為一部，已開後世子部合併之趨勢。《皇覽》為類書之鼻祖，無處安放，後世史書漸多，合而為一部。劉咸炘評價鄭、荀二人：「蓋已不識劉氏之意，然不妄附入而別聚為類，猶不沒古人之舊。」〔註59〕《七略》詩賦獨立於《詩》自為一類，同理，後世史書富於《七略》之時，因而史書獨立自為一部，不能說是鄭、荀二人之獨創，因而猶存「古人之舊」。

　　《七志》、《七錄》均已佚，但《七錄》序言存於《廣弘明集·卷三》，部類情況，可參考大概。劉咸炘亦對二者部類的設置一一論辯，使《七略》之義

---

〔註58〕魏徵等：《隋書·經籍志》，《二十五史藝文經籍志考補萃編》第 13 卷，第 5 頁。
〔註59〕劉咸炘：《續校讎通義》，《劉咸炘學術論集·校讎學編》，第 22 頁。

遷變的軌跡得以彰顯。

《七錄》經典錄的設置，《七錄‧序》曰：

> 今所撰七錄，斟酌王、劉，王以六藝之稱不足標榜經目，改為經典，今則從之，故序經典錄為內篇第一。〔註60〕

劉咸炘對「經典」一名十分認可：「按六藝之稱本出漢儒治經取官，譬之樹藝，改之無害也，王志經典一部全用《漢志》之法加一典字，殆以該六藝之流、史記雜傳之類也，源出典章，立名頗當。」〔註61〕劉咸炘所說的「《漢志》之法」，則是指《漢書‧藝文志》的立名，《通古今》篇曰：「班孟堅可謂知劉氏意矣，名志曰藝文，藝者，六藝也，文者，該諸子以下，凡著述皆統名為文也，加藝於文，見文之本於藝也。」〔註62〕如此，尚有六藝統群書之義。

記傳錄的設置，《七錄‧序》曰：

> 劉、王並以眾史合於春秋，劉氏之世史書甚寡，附見春秋，誠得其例，今眾家記傳倍於經典，猶從此志，實為繁蕪，且《七略》詩賦不從六藝《詩》部，蓋由其書既多，所以別為一略，今依擬斯例分出眾史，序記傳錄為內篇第二。〔註63〕

《漢志》將史書附於《春秋》末，《七志》為仿古，亦將早已獨立出來的史部重新附於《春秋》，阮孝緒鑒於後世史書數量激增，援引《七略》詩賦略之例，將史書獨立於六藝而自成一錄。劉咸炘對此則認為：「援引詩賦例，明白無可疵，知此意則《七略》、四部固相通也。其命名記傳，殆取對經為稱乎？古書經外皆為傳記，凡六藝之流統用此稱，職宮、儀典不出此也。以此立名，洵精當矣。」〔註64〕劉咸炘從阮孝緒立論之依據與命名兩點為角度，認可《七錄》記傳錄的設立。但是記傳錄為內篇第二，亦打破了《七略》六藝、諸子相承的局面，已開後世四部經、史相承之先。

子兵錄的設置，《七錄‧序》曰：

> 諸子之稱，劉王並同。又劉有兵書略，王以兵字淺薄，軍言深廣，故改兵為軍。竊謂古有兵革、兵戎、治兵、用兵之言，斯則武

〔註60〕阮孝緒：《七錄‧序》，《廣弘明集》卷3，《乾隆大藏經》，中國書店，2010年，第67冊，第423頁。

〔註61〕劉咸炘：《續校讎通義》，《劉咸炘學術論集‧校讎學編》，第23頁。

〔註62〕劉咸炘：《續校讎通義》，《劉咸炘學術論集‧校讎學編》，第3頁。

〔註63〕阮孝緒：《七錄‧序》，《廣弘明集》卷3，《乾隆大藏經》，第67冊，第423頁。

〔註64〕劉咸炘：《續校讎通義》，《劉咸炘學術論集‧校讎學編》，第23頁。

事之總名也。所以還改軍從兵，兵書既少，不足別錄，今附於子末，
總以子兵為稱，故序子兵錄為內篇第三。〔註65〕

《七錄》因兵書減少，與諸子合為子兵錄，為內篇第三。兵書附於諸子，《七略》諸子略、兵書略、術數略、方技略並立的局面被打破。從命名上看，兵書雖附於子末，但不統稱為子，《七錄》猶知《七略》諸子、兵書二略並立之關係，而並無諸子統攝兵書之意，正如劉咸炘所說：「然猶稱子兵，不以兵為子也。」〔註66〕如此，諸子與兵書尚存虛實分立之義。

文集錄的設置，《七錄·序》云：

王以詩賦之名，不兼餘制，故改為文翰。竊以頃世文詞，總謂
之集，變翰為集，於名猶顯，故序文集錄為內篇第四。〔註67〕

文集為詩賦之流，《七志》以詩賦為文翰志，介於諸子與軍書之間，而《七錄》之經典錄、記傳錄、子兵錄、文集錄相承，已開後世經、史、子、集四部並立之先。雖然如此，劉咸炘亦認為：「阮時之集，亦止辭章，子、史專家，未嘗羼入，不得以後世文集為譏也。」〔註68〕

術技錄的設置，《七錄·序》曰：

王以數術之稱，有繁雜之嫌，故改為陰陽；方技之言，事無典
據，又改為藝術。竊以陰陽偏有所繫，不如數術之該通。術藝則濫
六藝與數術，不逮方技之要顯。故還依劉氏，各守本名。但房中、
神仙既入仙道，醫經、經方不足別創，故合故技之稱以名一錄，為
內篇第五。〔註69〕

《七志》陰陽志、術藝志相承，但稱呼並不為劉咸炘接受，王儉《七志》部類立名亦被劉咸炘斥為「朝三暮四耳」〔註70〕。《七錄》合數術、方技二略為術技錄，在名稱上向《七略》還原。至此，諸子、兵書合為一錄，數術、方技合為一錄，《七略》四略相承並立演變成《七錄》二錄並立，但《七錄》猶知四略相承之義，因而雖然四略合為二，但子兵、術技之稱並無統攝之意，《七略》四略並立之義隱約可尋，虛理與實用之分亦甚為明晰。

---

〔註65〕阮孝緒：《七錄·序》，《廣弘明集》卷3，《乾隆大藏經》，第67冊，第423頁。
〔註66〕劉咸炘：《續校讎通義》，《劉咸炘學術論集·校讎學編》，第83頁。
〔註67〕阮孝緒：《七錄·序》，《廣弘明集》卷3，《乾隆大藏經》，第67冊，第423頁。
〔註68〕劉咸炘：《續校讎通義》，《劉咸炘學術論集·校讎學編》，第24頁。
〔註69〕阮孝緒：《七錄·序》，《廣弘明集》卷3，《乾隆大藏經》，第67冊，第423頁。
〔註70〕劉咸炘：《續校讎通義》，《劉咸炘學術論集·校讎學編》，第24頁。

王儉《七志》還設有圖譜志，《七錄・序》云：

> 王氏圖譜一志，劉《略》所無。劉數術中雖有曆譜，而與今譜
> 有異。竊以圖畫之篇宜從所圖為部，故隨其名題，各附本錄。譜既
> 注記之類，宜與史體相參，故載於記傳之末。〔註71〕

阮孝緒此點尤為劉咸炘所賞識，其一，阮孝緒認為王儉所說之圖譜與《七略》
數術中的曆譜古今有別，這是識得《七略》之義的體現；其二，阮孝緒認為
譜是注記之類，應該與史體相互參照，這是辨體之體現，與劉咸炘的主張恰
恰吻合。

王儉《七志》與阮孝緒《七錄》都收有佛道之書，《七錄・序》云：

> 釋氏之教，實被中土，講說諷味，方軌孔籍。王氏雖載於篇，
> 而不在志限，即理求事，未是所安，故序佛法錄為外篇第一。仙道
> 之書，由來尚矣，劉氏神仙陳於方技之末，王氏道經書於《七志》
> 之外，今合序仙道錄為第二。〔註72〕

《七志》佛、道二家不在《七志》之限，《七錄》亦將佛、道二家設為外篇，
以區別於經典錄、記傳錄、子兵錄、文集錄、術技錄之內篇。蓋《七志》與《七
錄》均上溯《七略》，因而將佛、道二家之書區別於《七略》之義例。佛、道
二家之書雖入，但較後世入於子部而言，於《七略》之義尚有體現。因而劉咸
炘會說：「劉《略》時僅有神仙家，無後來道家科法之繁，齊末別集釋氏經論
於華林園，故王氏不以入《七志》，《隋志》猶但錄總數於四部之末，若收入四
部，則當別其門類也。」〔註73〕

《隋志》之前，劉咸炘以鄭、荀、王、阮四家目錄為依據，考察《七略》
向四部演變之軌跡。總的來說，史書擴張而子部之書減少，這體現在部類上
則是史書依《七略》詩賦之例獨立自成一部，諸子、兵書、術數、方技漸趨合
併，但四略並立之意依舊可尋。因此，劉咸炘如此評價此階段《七略》之義的
遷變：

> 究觀四家之遞變，可知《七略》之為四部，有由來也，雖漸趨
> 詳整，未嘗亂《七略》之法，講明其義，且可救後世四部之失，後
> 世泥於四部而不知《七略》，未究其源也。知其遷變之由，則四部固

---

〔註71〕阮孝緒：《七錄・序》，《廣弘明集》卷3，《乾隆大藏經》，第67冊，第423頁。
〔註72〕阮孝緒：《七錄・序》，《廣弘明集》卷3，《乾隆大藏經》，第67冊，第423～
424頁。
〔註73〕劉咸炘：《續校讎通義》，《劉咸炘學術論集・校讎學編》，第24頁。

未嘗背於《七略》明矣。定其門目，敘其源流，安在《七略》之不可
復也。〔註74〕

　　通過梳理此階段《七略》之義的遷變，劉咸炘亦拾得以《七略》之義治
四部的信心，只要明確《七略》之大義，考究《七略》之義遷變的軌跡，找出
《七略》之義湮沒的節點，在四部類目中進行溯源，便能將《七略》之義體現
在四部之中。

## 三、《隋志》與《七略》之義

　　《隋志》分經、史、子、集四部，在《七略》向四部演變過程中承擔著承
上啟下的作用，對後世影響至深。姚名達稱：「一千二三百年來，官簿私錄，
十九沿襲，視為天經地義，未敢推翻另創。」〔註75〕因而，主張以《七略》之
義治四部的劉咸炘極為重視《隋志》，《續校讎通義・明隋志》便為此而發。
《明隋志》開篇即云：「《隋志》因《七錄》以成書，猶《漢志》之因《七略》
也。」〔註76〕《七錄》未變亂《七略》之法，而《隋志》因《七錄》成書，《隋
志》在《七略》之義遷變過程中的地位，自不待言。劉咸炘評價道：

　　　　夫《七略》四部變遷不得不然，而此書實為中權，四部之體初
　　成，《七略》之意未失，必於此焉求之。不求於此而徒言《七略》，
　　則是校讎之學不通於今，但空言存古而已，其可乎？〔註77〕

劉咸炘認為《七略》之義在《隋志》中依然可尋，那麼《隋志》又是如何體現
《七略》之義呢？既以四部分類法部次書籍，按劉咸炘以《七略》之義治四部
的方法，《隋志》自然需要體現「尊經」「廣史」「狹子」「卑集」之義。

　　其經部分為《易》、《書》、《詩》、《禮》、《樂》、《春秋》、《孝經》、《論語》、
緯讖、小學十類，對於各類體裁、部次，《明隋志》云：「經部次第，略仿《七
略》。」〔註78〕對於《七略》六藝略的部次，《〈漢志〉餘義》云：

　　　　先漢經說有章句，有故，有內傳，為一類，隨經明詁，其體徑
　　直。有外傳，有微，則依經立義，其體旁通……《七略》先傳，故章
　　句而後，外傳與微，具有次第……〔註79〕

〔註74〕劉咸炘：《續校讎通義》，《劉咸炘學術論集・校讎學編》，第24～25頁。
〔註75〕姚名達：《中國目錄學史》，上海古籍出版社，2011年，第77頁。
〔註76〕劉咸炘：《續校讎通義》，《劉咸炘學術論集・校讎學編》，第25頁。
〔註77〕劉咸炘：《續校讎通義》，《劉咸炘學術論集・校讎學編》，第25頁。
〔註78〕劉咸炘：《續校讎通義》，《劉咸炘學術論集・校讎學編》，第26頁。
〔註79〕劉咸炘：《續校讎通義》，《劉咸炘學術論集・校讎學編》，第17頁。

　　《隋志》經部各類以體裁為次，劉咸炘認為：「家法分明，體裁詳晰，後世著錄家所不及，間有雜亂，或由寫訛，大體固可尋也，豈惟考經說者不惑，考傳說體裁亦得大略矣。」〔註80〕欲使經部體現《七略》之義，當將妄附於經部之書剔除，這便要求《隋志》經部體裁明晰，嚴劃著錄之範圍，如《隋志》之通禮、雜禮書並非如《四庫總目》所說附於經部《禮》類，而是歸於史部；又如經部緯讖一類，劉咸炘論道：「緯之立名，本與經對……緯非六藝之體，不可入之史部，附之於此，不背《七略》法也。」〔註81〕諸如此類皆符合劉咸炘所說「尊經」之義。

　　劉咸炘申述「廣史」之義時便讚賞《隋志》史部的設立：「《隋志》史部純潔無淆雜，而門目未備，條而別之，極其精，則史廣矣。」〔註82〕史部分為正史、古史、雜史、霸史、起居注、舊事、職官、儀注、刑法、雜傳、地理、譜系、簿錄等十三種。「史部純潔無淆雜」，自是說史部各類書籍部居得當，鮮有「以義混體」之亂象。劉咸炘劃分史部著錄範圍云：「六藝之流皆入史部，苟非詩賦、子、兵、方技、術數，無不當入史部。」〔註83〕既然劉咸炘以辨體明學術源流，《七略》之義亦當以此方式體現於《隋志》史部之中。

　　如阮孝緒《七錄》記傳錄有國史一類，劉咸炘則認為《隋志》之正史、古史、雜史則是由國史演變而來：

　　　　蓋阮《錄》惟有國史，今以其體分為正、古、雜三門，正為紀傳，古為編年，雜為雜體，三門既鼎立，而中有僭霸之國，其臣用正、古之體者，難於入正史、古史也，則別之為霸史。霸史者，霸國編年紀傳之書也，非概謂紀霸國事者也。〔註84〕

　　依體裁而論，正史為紀傳，古史為編年，雜史為雜體，霸史為記載僭霸之國的紀傳、編年體史書。姚名達論《隋志》雜史類「此篇最雜，幾不成類」〔註85〕。劉咸炘如此區分，卻饒有新意。何為雜體？《隋志》雜史類序云：「(《戰國策》、《楚漢春秋》、《越絕》、《吳越春秋》)其屬辭比事，皆不與《春秋》、《史記》、《漢書》相似，蓋率爾而作，非史策之正也。」〔註86〕雜體乃與

〔註80〕劉咸炘：《續校讎通義》，《劉咸炘學術論集‧校讎學編》，第26頁。
〔註81〕劉咸炘：《續校讎通義》，《劉咸炘學術論集‧校讎學編》，第27頁。
〔註82〕劉咸炘：《續校讎通義》，《劉咸炘學術論集‧校讎學編》，第5頁。
〔註83〕劉咸炘：《續校讎通義》，《劉咸炘學術論集‧校讎學編》，第5頁。
〔註84〕劉咸炘：《續校讎通義》，《劉咸炘學術論集‧校讎學編》，第29頁。
〔註85〕姚名達：《中國目錄學史》，第69頁。
〔註86〕魏徵等：《隋書‧經籍志》，《二十五史藝文經籍志考補萃編》第13卷，第54頁。

紀傳、編年二體相對而言，劉咸炘解釋道：「雜史者，異於紀傳、編年而自成
一體者也……雜之為名，與正、古鼎立而三者也」。〔註87〕劉咸炘以體裁論辯
各類之區別，反而避免了受「雜」字之誤導。霸史亦同理，採用紀傳、編年記
載霸國之事者，方可入霸史類。劉咸炘亦避免了受「霸」「偽」之影響。

　　《隋志》起居注類序亦云：「其偽國起居，唯《南燕》一卷，不可別出，
附之於此。」〔註88〕若類別不是以體裁區分，《南燕》應當歸於霸史類，而《隋
志》將其歸於起居注類，此處亦能佐證劉咸炘以體裁條別各類的合理之處。諸
如此類，則是劉咸炘對《隋志》史部各類體裁的辨明。辨明體裁，則可與六藝
之流建立聯繫，如《治四部》篇云：「《官禮》流為政書，《禮經》流為儀注，
《軍禮司馬法》流為軍政，《尚書》入於《春秋》，而為雜史之原，何一不入於
史。」〔註89〕因而劉咸炘才會說「條而別之，極其精，則史廣矣」。

　　《隋志》子部分為儒、道、法、名、墨、縱橫、雜、農、小說、兵、天
文、曆數、五行、醫方等十四類。《七略》之後，子部在目錄中是變化最大的
一部，《七略》時四略並立、《七錄》二錄並立，至《隋志》時則合為一部。因
而，欲使子部彰顯《七略》之義，則需要「辨體明變」，闡明源流。條別子部
各類序言，便可知《隋志》於「辨體明變」做得如何。

　　如《隋志》雜家類序云：

　　　　雜者，兼儒墨之道，通眾家之意，以見王者之化，無所不冠者
　　　也。古者，司史歷記前言往行，禍福存亡之道。然則雜者，蓋出史
　　　官之職也。放者為之，不求其本，材少而多學，言非而博是，以雜
　　　錯漫羨，而無所指歸。〔註90〕

「兼儒墨之道，通眾家之意」說明《隋志》知雜家兼採眾說，能自成一體；「蓋
出史官之職」為辨雜家之源流，明雜家之遷變。而後世所謂之雜家，「無所指
歸」，不成一家之言。又如名家類小序云：

　　　　名者，所以正百物，敘尊卑，列貴賤，各控名而責實，無相偕
　　　濫者也……拘者為之，則苛察繳繞，滯於析辭而失大體。〔註91〕

　　《隋志》追溯名家本義，回歸大體。顯然，《隋志》此類序言皆符合劉咸

〔註87〕劉咸炘：《續校讎通義》，《劉咸炘學術論集‧校讎學編》，第28頁。
〔註88〕魏徵等：《隋書‧經籍志》，《二十五史藝文經籍志考補萃編》第13卷，第58頁。
〔註89〕劉咸炘：《續校讎通義》，《劉咸炘學術論集‧校讎學編》，第6頁。
〔註90〕魏徵等：《隋書‧經籍志》，《二十五史藝文經籍志考補萃編》第13卷，第99頁。
〔註91〕魏徵等：《隋書‧經籍志》，《二十五史藝文經籍志考補萃編》第13卷，第94頁。

炘「辨體明變」的要求。此外，《隋志》名家僅四部七卷，墨家三部一十七卷，縱橫家僅僅兩部六卷，但《隋志》不以書少而並於他類，此法尤為劉咸炘所讚賞：「名、墨、縱橫雖數種，亦立一門，不沒其原流也。後世乃謂名、墨書少，難立門類，曷視此乎？」〔註92〕後世《四庫總目》沿《千頃堂書目》將縱橫、名、墨併入雜家，不僅隱沒三家源流，更混亂了雜家之本義。《隋志》時三家書已少，但各為一類，此亦合劉咸炘重源流之義。

　　《隋志》子部於「辨體明變」之義隱約可尋，但是相對於經、史二部，則稍顯不足。如小說家類所收，已多「諧笑猥瑣」之書，小說一家，自有其宗旨。《古今藝術》以下的書籍，多非古之小說，如《魯史欹器圖》、《器準圖》附於小說家類之末，又不知為何。又如雜家類小序雖闡明雜家本旨，但是雜記、書鈔、類書及佛家類書等亦附錄雜家類，開後世之謬。而醫方類於辨體則更為混亂，《明隋志》云：

　　　　亦有雜亂，自首至《明堂孔穴圖》，醫經也，《本草》至《陶氏
　　效驗方》，經方也。自《彭祖養性經》至《四時御食經》，服食也……
　　　　下又列《素問》《脈經》至《瘴論》，又醫也。又列《神農本草》至
　　《療婦人產後難方》，又經方也。〔註93〕

　　相對於經部各類依體裁部次有序的情況，子部部次書籍則稍顯雜亂。大體而論，《隋志》子部於「辨體明變」之義尚可追尋，固劉咸炘說道：「《隋志》嚴守《漢志》之法，猶能辨體明變，雜家附收雜記類書，名家附收辨人品之書，已稍失誤……」〔註94〕此乃《隋志》子部的大概情況。

　　《隋志》集部分為楚辭、別集、總集三類。《七略》、《漢志》詩賦略獨立自為一部，史部尚未獨立，而子家之說又在諸子、兵書、術數、方技之中，固子、史、集之區別明顯，因而劉咸炘論道：「集部本由《七略》詩賦一略恢廓而成，隋前之集中無子、史之流也。」〔註95〕其在論述「卑集」時說道：

　　　　九流既衰，後世皆貌儒術，不成家者十之八九，非兼儒、墨合
　　名、法如古之雜家也。其成家者亦未易別其為儒、道、法、縱橫也，
　　必強定之，則皮相而以為儒，難名而以為雜，固必然之勢，以儒、
　　雜二家為龍蛇之菹，非自言之而自蹈之乎？且後世文集雖甚雜，詩

<hr>

〔註92〕劉咸炘：《續校讎通義》，《劉咸炘學術論集·校讎學編》，第33頁。
〔註93〕劉咸炘：《續校讎通義》，《劉咸炘學術論集·校讎學編》，第35頁。
〔註94〕劉咸炘：《續校讎通義》，《劉咸炘學術論集·校讎學編》，第84頁。
〔註95〕劉咸炘：《續校讎通義》，《劉咸炘學術論集·校讎學編》，第35頁。

賦之流究猶多而為主，既用《七略》法，則不得不列詩賦專集，而

詩賦多者，反以為文集而混入雜家，其不可從明矣。〔註96〕

子家之術在後世漸趨衰落，鮮有能成一家之言而稱為子家的；而詩賦之流漸富，且越來越雜。鑒於此，為避免子、集相混，應當將詩賦之流別為專集，不成一家之言的書籍，全附於集部，也無大害。前鄭、荀之丁部，王儉《七志》之文翰志，阮孝緒《七錄》之文集錄，早已將詩賦之流獨立為一部。那麼對於《隋志》來說，「班固有《詩賦略》，凡五種，今引而伸之，合為三種，謂之集部」〔註97〕，詩賦之流亦列為專集，其是否符合《七略》之法，則需辯論集部之著錄是否得當。

《隋志》集部以楚辭為首，《明隋志》篇云：

阮《錄》集錄以《楚辭》部為首，《隋志》沿之，蓋探原詩賦之意，猶昭明選文，間及子、史，而以詩冠首，此所謂告朔之羊也。〔註98〕

以楚辭類為首，劉咸炘猜測《隋志》是為了「探原詩賦之意」，又援引《文選》之例，認為以賦為首乃是承自《七略》。以《文選》之例佐證《隋志》「探原詩賦之意」，劉咸炘對此亦是一種猜測。以《楚辭》一書別為一類，若按劉咸炘辨體之義，則《宋玉集》亦可入於此類，為何又入別集類？關於總集類著錄之體裁，《明隋志》篇云：

總集一門，先列不專一體者……次錄賦，次頌，次詩歌，次箴銘，次戒，次贊，次七，次碑，次設論，次論，次連珠、雜文，次詔，次表，次露布，次啟，次書，次策，次俳諧。〔註99〕

總集一類大體上是按體裁排列的，對於如此多的體裁，姚名達則認為：「《隋志》所載，五花八門，極凌亂滲雜之致。此豈『總集』？乃雜書耳。」〔註100〕或許姚名達「乃雜書耳」這一評論，正是劉咸炘想要的，後世之集部，已非

〔註96〕劉咸炘：《續校讎通義》，《劉咸炘學術論集・校讎學編》，第8～9頁。
〔註97〕魏徵等：《隋書・經籍志》，《二十五史藝文經籍志考補萃編》第13卷，第177頁。
〔註98〕劉咸炘：《續校讎通義》，《劉咸炘學術論集・校讎學編》，第35頁。劉咸炘《文學述林・文選序說》曰：「(《文選》) 先賦後詩，今覺其不可輕非，《七略》詩賦略亦先賦後詩，蓋當時自以漢賦直承《三百篇》，五言詩初興，境猶未廣，古人視詩、賦為一，不似後人之分別，昭明之敘次，實承《七略》。」(劉咸炘：《文學述林》，《劉咸炘學術論集・文學講義編》，第25頁。)
〔註99〕劉咸炘：《續校讎通義》，《劉咸炘學術論集・校讎學編》，第36頁。
〔註100〕姚名達：《中國目錄學史》，第76頁。

《七略》詩賦略之舊。所謂「卑集」,「多容何害」,劉咸炘所想做的,是辨明各部之範圍,不使集部與子、史相混,固其一再強調「隋前之集中無子史之流」。因此,如總集中《山公啟事》,事關國典,劉咸炘認為當歸入史部,又如《諸葛武侯誡》,《婦人訓誡集》等重出儒家,此等重儒家宗旨和教義的書籍宜入子部。

　　總體而論,《隋志》部次有序,著錄書籍體裁明晰,符合劉咸炘所說「尊經」「廣史」「狹子」「卑集」之義。《隋志》四部之間,經部、史部體裁詳晰,較為嚴整,子部則次之,集部則一本其「卑集」之說,並未多言。因而,對於《隋志》與《七略》之義,劉咸炘的總評價為:「《七略》亡而《隋志》存其遺意,未盡亡也。」〔註101〕

　　劉咸炘判定《隋志》是否遵循《七略》之大義,基本是以部類的著錄範圍為參考的,所收之書與所歸之部類是否得當,是評判是否遵循《七略》之大義的重要標準。在劉咸炘看來,每一個類目都有其本義,著錄書籍應嚴守類目疆域,不可相互牽涉,致使書籍著錄混亂。

## 四、《隋志》之後《七略》之義的漸失

　　《隋志》以後,書目雖然大體承用《隋志》之部類,但已不知《隋志》繼承《七略》之法的微意。《唐宋明志》篇云:

　　　　《舊唐書》《新唐書》出而《隋志》之意亦漸亡,二書固承用《隋志》之部次,而以亡《隋志》責之者,不能通《隋志》之意,守《隋志》之法,使後世循之而變,以至於幾不知《隋志》,而《七略》之意乃真亡也。〔註102〕

　　在劉咸炘看來,辨體乃是為了是明確部類之間的區別與聯繫,使書籍部次有序,體現學術之源流。《隋志》部次有序,著錄書籍體裁明晰,劉咸炘將《七略》大義漸亡歸咎於《舊唐志》與《新唐志》,認為二者雖然大體繼承了《隋志》的部次,但是已不知《隋志》辨體明源流之意。與《隋志》相比,劉咸炘認為《舊唐志》、《新唐志》在變亂部類方面有五大謬。

　　《舊唐志》一謬:

　　　　《江都集禮》《大唐新禮》《紫宸禮要》於禮類,沿《隋志》之

<hr>

〔註101〕劉咸炘:《續校讎通義》,《劉咸炘學術論集‧校讎學編》,第37頁。
〔註102〕劉咸炘:《續校讎通義》,《劉咸炘學術論集‧校讎學編》,第37頁。

濫樂類者而濫禮類也。自此而後世通禮、雜禮書之目興焉。經、史於是淆，四部於是不合於《七略》矣。〔註103〕

《隋志》將律呂之書收於《樂》類，不合「尊經」之義，而儀注皆歸於史部，《隋志》雖不明《樂》，尚明於《禮》。《舊唐志》將通禮、雜禮書目歸於經部《禮》類，劉咸炘認為其開了後世濫《禮》之先，使經、史二部淆亂。史為六藝之流，經、史二部淆亂，則混淆了「經則三者（史、子、集）之源」的四部大義。

《舊唐志》二謬：

改古史為編年，失《隋志》之意也。〔註104〕

劉咸炘認為《隋志》沿阮孝緒《七錄》之國史類，並依體裁分為正史、古史、雜史三門。正史為紀傳、古史為編年、雜史為雜體，三門鼎立，無主次之別。章學誠認為編年、紀傳皆史之正體〔註105〕，而劉咸炘亦依章學誠所說闡明《隋志》史部正、古、雜三門鼎立之意。《舊唐志》改古史為編年，失三門鼎立之意。

《舊唐志》三謬：

收道、釋二家書於道家中，而不別其體也。鄭樵廣取二家傳記，悉入子部，此實作俑。〔註106〕

王儉《七志》收釋、道兩家之書，但不在七志之限；阮孝緒《七錄》將釋、道兩家設為外篇，不與內篇之經典錄、記傳錄、子兵錄、文集錄、術技錄同篇。《隋志》亦將兩家之書附於四部之末，不與四部相混。《定體》篇云：「豈邊不若名、墨、縱橫、方技、術數，設名、墨、縱橫之家，記其同流者之事為匯傳，將亦歸之於子家乎？釋、道二家自古本別為錄，不入四部，《隋志》附之集後，但存總數，而錄高僧名僧諸傳於雜傳……此乃所謂能辨體也。」〔註107〕

---

〔註103〕劉咸炘：《續校讎通義》，《劉咸炘學術論集·校讎學編》，第38～39頁。
〔註104〕劉咸炘：《續校讎通義》，《劉咸炘學術論集·校讎學編》，第39頁。
〔註105〕章學誠《史考釋例》曰：「古史必先編年，而今以紀傳首編年者，自馬、班而下，《隋志》即以紀傳為正史，而編年則稱為古史矣。其實馬、班皆法《春秋》，命其本紀，謂之《春秋》考紀，而著錄家未之察也。《唐志》知編年之書後世亦未嘗絕，故改《隋志》古史之稱而直題為編年類，事理固得其實，然未盡也。《隋志》題古史，猶示編年之體之本為正也，《唐志》以紀傳為正史而直以編年為編年，乃是別出編年為非正史矣……」（章學誠：《章學誠遺書》，第616頁）
〔註106〕劉咸炘：《續校讎通義》，《劉咸炘學術論集·校讎學編》，第39頁。
〔註107〕劉咸炘：《續校讎通義》，《劉咸炘學術論集·校讎學編》，第15頁。

《舊唐志》將佛、道二家並歸於子部道家類，開後世兩家入子部之例。此外，釋、道二家之書亦當辨體，依體裁部居。道教之書入子部道家，又混道教與道家之別，「道教與古道家雖有因緣，然自《七略》已分之矣」〔註108〕，《舊唐志》此法，是不辨體的表現。

《舊唐志》四謬：

> 四則收相馬、相鶴、相貝諸書於農家也，後來《茶經》《酒譜》
> 悉入農家，皆原於此。〔註109〕

《四庫全書總目・農家類序》云：

> 農家條目，至為蕪雜。諸家著錄，大抵輾轉旁牽，因耕而及《相
> 牛經》，因《相牛經》及《相馬經》、《相鶴經》、《鷹經》、《蟹錄》至
> 於《相貝經》，而《香譜》、《錢譜》相隨入矣……觸類蔓延，將因《四
> 民月令》而及算術、天文，因田家五行而及風角、鳥占，因《救荒
> 本草》而及《素問》、《靈樞》乎？〔註110〕

《四庫總目》指出農家一類「蕪雜」之弊端。按劉咸炘所言，能成一家之言者，方能入子部，《舊唐志》將《相鶴經》、《相馬經》等入子部農家類，乃無理牽涉，失子家本旨，使子部無理擴充，失「狹子」之義，開後世子部農家類「觸類蔓延」之先。

《舊唐志》五謬：

> 別立事類一門，以收類書，使《隋志》之不得已而附錄者竟得
> 立專門於子部也。〔註111〕

荀勖之《中經新簿》丙部有皇覽簿，劉咸炘解釋道：「於六藝諸子皆無當，無可位置，故並而為一部也。」〔註112〕《隋志》類書歸於雜家類，劉咸炘認為已「開後世之謬」〔註113〕。類書非子家，不成一家之言。以體例論，類書體例又頗為繁雜，「有兼該事文者，有以偶語隸事文但取華藻者，有加考證者，有專錄一門者……」〔註114〕《舊唐志》將《皇覽》等類書獨立為類事一類，

---

〔註108〕劉咸炘：《續校讎通義》，《劉咸炘學術論集・校讎學編》，第 36 頁。
〔註109〕劉咸炘：《續校讎通義》，《劉咸炘學術論集・校讎學編》，第 39 頁。
〔註110〕永瑢等：《四庫全書總目》卷 102，第 852 頁。
〔註111〕劉咸炘：《續校讎通義》，《劉咸炘學術論集・校讎學編》，第 39 頁。
〔註112〕劉咸炘：《續校讎通義》，《劉咸炘學術論集・校讎學編》，第 22 頁。
〔註113〕劉咸炘：《續校讎通義》，《劉咸炘學術論集・校讎學編》，第 34 頁。
〔註114〕劉咸炘：《續校讎通義》，《劉咸炘學術論集・校讎學編》，第 91 頁。

歸於子部，則更為劉咸炘鄙視。此為《舊唐志》之五謬，「此五者為《隋志》
大法失墜之原，後世四部所以不同於古之四部也。」〔註115〕

《新唐志》一謬：

> 收《隋志》所謂鈔撮舊史者於編年也……後世綱鑒、刪纂悉混
> 編年，由此啟之。〔註116〕

編年一體之含義，前文已說。《舊唐志》改古史為編年，已失《隋志》正、古、
雜三門鼎立之意，而《新唐志》又將「鈔撮舊史者」混於編年類之中，則更為
混亂。《隋志》雜史類序云：「又自後漢以來，學者多鈔撮舊史，自為一書，或
起自人皇，或斷之近代，亦各其志，而體制不經。」〔註117〕《隋志》將此類
歸於雜史類。劉咸炘於「體制不經」四字，認為《隋志》明白史抄非史之正體，
此正是《隋志》辨體之體現。《新唐志》將「鈔撮舊史者」歸於編年類，又亂
了編年之體例，使《隋志》正、古、雜三門鼎立之意更趨混亂。

《新唐志》二謬：

> 偽史一門妄收《隋志》所謂雜史、編年（雜史如《鄭洛鼎峙記》，
> 編年如蕭方等《三十國春秋》。）也。《舊志》猶無此謬，後來認霸
> 為凡紀編霸事皆可入，實歐陽氏啟之。〔註118〕

阮孝緒《七錄》有偽史一類，《隋志》改偽史為霸史，《舊唐志》又改稱偽史，
《新唐志》因之。劉咸炘辨體甚嚴，其認為霸史並非偏記霸國之事者：「霸史
者，霸國編年紀傳之書也，非概謂紀霸國事者也。」〔註119〕記載霸國之事，
為紀傳、編年二體，滿足這兩項條件方能入霸史類。《新唐志》將雜史、編年
納入霸史，使體例之區別更加晦暗。故劉咸炘云：「後世偽史一門，大失《隋
志》之意，其所收者異二體之雜史及短書小記皆入其中。夫著錄不過論體，
《隋志》辨體甚嚴，後世不解，乃泥於雜霸二字，凡雜記者入雜，凡紀偏霸者
入霸，於是傳記小說出入混淆，此非不知論體之弊邪？」〔註120〕《新唐志》
此法，便是不知辨體之體現。

《新唐志》三謬：

---

〔註115〕劉咸炘：《續校讎通義》，《劉咸炘學術論集‧校讎學編》，第39頁。
〔註116〕劉咸炘：《續校讎通義》，《劉咸炘學術論集‧校讎學編》，第39頁。
〔註117〕魏徵：《隋書‧經籍志》，《二十五史藝文經籍志考補萃編》第13卷，第54頁。
〔註118〕劉咸炘：《續校讎通義》，《劉咸炘學術論集‧校讎學編》，第39頁。
〔註119〕劉咸炘：《續校讎通義》，《劉咸炘學術論集‧校讎學編》，第29頁。
〔註120〕劉咸炘：《續校讎通義》，《劉咸炘學術論集‧校讎學編》，第29頁。

　　雜史一門妄收傳記也。唐人隨筆記錄不成史體者甚多，皆吾所
謂當入傳記者也。開元以前猶少，故《舊志》未濫，歐氏乃以《大
唐新語》《國史補》諸書併入，傳記狹而雜史為蛇龍葅，歐陽氏啟
之。〔註121〕

雜史之義，前文已說。何為傳記？《四庫史部》篇云：「今斷以記事之書不成
史體者悉入傳記。」〔註122〕《新唐志》雜史類妄收傳記之書，又擾亂了雜史
與傳記之區別。劉咸炘又認為：「《新唐志》始著錄此類（傳記類）而混入雜
史，歧出小說，亦或歸於傳記，而散處不劃一，蓋《新唐志》新增之書本隨意
分隸，不可為法，後世目錄沿之，致使散亂。」〔註123〕雜史乃收雜體史書，
不成史體者自不當入雜史，此則需要辨體了。

　　《新唐志》四謬：

　　　故事全收傳記，開鄭樵之謬也。《隋志》故事中混入傳記，乃因
同名故事而誤，《舊志》因之而無所增，《新志》則增入十六家，無
非傳記矣，所收之書有事蹟、傳事、事錄諸名，何不思乎？〔註124〕

阮孝緒《七錄》舊事類有八十七種，《隋志》舊事類有二十五種，劉咸炘猜測
《隋志》將大部分《七錄》舊事類之書移往其他部類〔註125〕。但《隋志》舊
事類中尚有傳記，劉咸炘則認為是因「同名故事」而誤，《新唐志》反而又增
入一十六家，故事類與傳記類於是相混。

　　《新唐志》五謬：

　　　雜家、農家因舊誤而更濫之也。《舊志》多收書抄於雜家，沿
《隋志》之謬，又以譜錄入農家，《新志》則蒙求亦入雜家，《竹譜》
《錢譜》《四時纂要》《荊楚歲時記》亦入農家矣。〔註126〕

　　此處亦是《新唐志》不知子家之義，沿舊誤而又「觸類蔓延」，子部於是
更加混亂，子部各家之本旨則被隱沒。至此，《新唐志》雜史類、傳記類、
偽史類、編年類等相互出入，雜亂不已。《隋志》、《舊唐志》之舊誤未識別剔
除，新誤又出，因而劉咸炘評論《新唐志》道：「此五謬者，又並《舊志》而

〔註121〕劉咸炘：《續校讎通義》，《劉咸炘學術論集‧校讎學編》，第39頁。
〔註122〕劉咸炘：《續校讎通義》，《劉咸炘學術論集‧校讎學編》，第68～69頁。
〔註123〕劉咸炘：《續校讎通義》，《劉咸炘學術論集‧校讎學編》，第68頁。
〔註124〕劉咸炘：《續校讎通義》，《劉咸炘學術論集‧校讎學編》，第39頁。
〔註125〕劉咸炘：《續校讎通義》，《劉咸炘學術論集‧校讎學編》，第30頁。
〔註126〕劉咸炘：《續校讎通義》，《劉咸炘學術論集‧校讎學編》，第39～40頁。

不如。」〔註127〕

　　除此十謬之外，其餘著錄混亂之處亦多。綜《舊唐志》、《新唐志》之十謬，可知二者於《隋志》辨體之意已不甚瞭解。而往後之目錄則更為混亂。如《宋史‧藝文志》，劉咸炘更是指責道：

　　　　三禮三傳之依注人，他門之無暗目……史館列傳悉入正史，起居、實錄併入編年，乃至年表、《紀事本末》《通鑑總類》亦與《通鑒》同編，此皆謬誤顯然。編年之後特創別史一目，而所收乃隋、唐之雜史也，所謂偽史者亦入焉……蓋凡不入正史者皆統焉，而又不加詮次，謂之混史可也。別史之後特立史抄一目，則論事、纂辭、考異皆入焉，而年奏及刪鈔舊史、雜記見聞又或不入別史而入此，不知何意？何以為史，又何以為鈔。蓋至此而《隋志》正、古、雜、霸四門相次之意乃全亡矣。〔註128〕

　　在劉咸炘看來，《宋史‧藝文志》編次混亂，毫無章法，列傳、正史、編年、實錄、起居注、雜史、偽史等相互出入，部類之區別完全打亂，而又立別史一門，亂上加亂。不知辨體，後世即使承用了《隋志》之門類，亦不能疏通《隋志》之義，更不用說上溯《七略》之法。而至《千頃堂書目》時，名家、縱橫家、墨家一併歸入雜家，而《七略》時子家並立之義全亡。諸如不知辨體、著錄雜亂、編次無序之過錯，不勝究詰。

　　劉咸炘考察《七略》之義的遷變之跡，以《隋志》為界線，《隋志》以及《隋志》之前，著錄家尚知遵循《七略》之義，尚知辨體以承《七略》之源流；《隋志》時經、史、子、集四部之體初成，《七略》之義尚可追尋；《舊唐志》與《新唐志》變亂其法，不識《隋志》辨體之意，開啟混亂部類、著錄雜亂之亂象，而後世如《宋史‧藝文志》、《千頃堂書目》等更是毫無章法，《七略》之義遂全亡。

# 第三節　小結

　　章學誠在《校讎通義》中闡述了四部不能重返《七略》的五點原因，並提出用《七略》之法治四部的觀點，此觀點為劉咸炘所繼承。劉咸炘所論，乃以

---

〔註127〕劉咸炘：《續校讎通義》，《劉咸炘學術論集‧校讎學編》，第 40 頁。
〔註128〕劉咸炘：《續校讎通義》，《劉咸炘學術論集‧校讎學編》，第 43～44 頁。

此為中心點。

　　首先，在《七略》與四部之間，劉咸炘並未將二者分割獨立考察，而是從部類源流、主次關係的角度建立二者之間的聯繫，這也就是劉咸炘所說的《七略》之大義和四部之大義，進而闡明《七略》與四部其實是一致的，二者具有共通性，即劉咸炘所說的「經、史者，《七略》之六藝。子者，《七略》之諸子、兵書、術數、方技。集者，《七略》之詩賦」。但劉咸炘並不是簡單地將各部類相互比附，部類之間是存在統攝、源流關係的，即「史、子為主，經在上而集在下」的關係。四部既然不能重返《七略》，而二者又有如此聯繫，劉咸炘則提出了「尊經」「廣史」「狹子」「卑集」四主張，用來治四部，從而使四部體現《七略》之大義。

　　再者，從源流的視角來看。劉咸炘從辨體的角度，統一部類劃分之標準。既有方法治四部，則需明確《七略》至四部的演變過程中，《七略》之義是如何流變的。劉咸炘並未將二者之間的部類簡單對等，而是一一條別《七略》到四部的部類源流遷變。只有在整個遷變過程中找出《七略》之義轉變的節點，後世之四部才能有目的、有方向地進行溯源。而溯源之目的，則又回到了劉咸炘所說的以《七略》之法治四部。

　　很明顯，劉咸炘梳理《七略》大義的遷變軌跡，提出以《七略》大義治四部的方法，嚴辨各部類著錄之範圍，實質上是對部類本義的回歸。在劉咸炘看來，每一個部類，都有其相對的本義，而後世書目在部類上雖然有繼承、沿用之關係，但是在部類的本義上卻越走越遠。周彥文將此現象稱為「部類的質變」，即「意指同一名稱的部或類，因時代的演變或編目者的認定差異，以致使該部或類的內在意義有所轉變的現象」〔註129〕，「質變」的表現則是同一部或類中，著錄書籍之變化，如農家一類所收，由《七略》時所體現出來的一種學派、一種主張轉變而成後世之《相牛經》等。而劉咸炘所要做的，便是追溯各部、類的本義，解決因「質變」導致的部、類前後意義不一致的情況，方法則是通過辨體嚴辨各部、類的著錄範圍，使著錄之書與部、類本義相符。

〔註129〕周彥文：《中國目錄學理論》，臺灣學生書局，1995 年，第 69 頁。

# 第二章　劉咸炘對四部分類法的調整

　　劉咸炘談論的部類源流，本質是對《七略》之義流變的梳理。劉咸炘本著「尊經」「廣史」「狹子」「卑集」的理念，以《四庫總目》與張之洞《書目答問》為對象，對經、史、子、集各部類進行一一調整。對於類書、書抄等書，劉咸炘則認為不應歸入四部，應設立外篇；而對於外學書籍，劉咸炘則堅持主客之辨，主張將外來學術文化納入四部體系之中。

## 第一節　調整經史子集部類

　　《四庫總目》面世後，公私目錄大多沿用其部類，劉咸炘首先也肯定《四庫總目》之成就：「乾隆欽定《四庫提要》出而唐宋以來目錄家糾紛一清，自《隋志》以來未嘗有也。」這個評價不低，直接將它與《隋志》對接，將其間的一筆清空，可謂快刀斬亂麻。但他認為《四庫總目》的部類設置，雖然對後世影響深遠，但是並不能成為定例。從《七略》之義的角度來看，劉咸炘認為：「其立例分類實出紀昀一人之手，紀氏於校讎之學本未窮盡原委，不明《七略》四部大體，徒能於糾紛之中斟酌平安，使書不至無可歸，類例大小多寡不甚懸殊而已。私家目錄利其詳備，咸遵用之。若專門嚴究，則固未為定論也。」〔註1〕因而，劉咸炘以《四庫總目》部類為對象，輔以張之洞《書目答問》，對四部各部類一一進行調整。

---

〔註 1〕劉咸炘：《續校讎通義》，《劉咸炘學術論集・校讎學編》，第 50 頁。今按：劉咸炘認為《四庫總目》部類出自紀昀一人之手，與史實不符，且模糊了《四庫總目》出自欽定的性質。

## 一、經部的調整

劉咸炘對經部的調整如表 2.1。

表 2.1：《四庫總目》與劉咸炘所定經部類目比較表

| 《四庫總目・經部》類目 | | 劉咸炘調整的經部類目 | |
|---|---|---|---|
| 易 | | 易 | |
| 書 | | 書 | |
| 詩 | | 詩 | |
| 禮 | 周禮 | 禮 | 周官 |
| | 儀禮 | | 儀禮 |
| | 禮記 | | 禮記 |
| | 三禮總義 | | 三禮總義 |
| | 通禮書 | | 通禮書別入史部* |
| | 雜禮書 | | 雜禮書別入史部* |
| 春秋 | | 春秋 | 左傳 |
| | | | 公羊傳 |
| | | | 穀梁傳 |
| | | | 諸家經說 |
| 孝經 | | 孝經 | |
| 五經總義 | | 四書 | 論語 |
| | | | 大學 |
| | | | 中庸 |
| | | | 孟子 |
| | | | 四書總義 |
| 四書 | | 諸經總義 | 總義 |
| | | | 目錄 |
| | | | 文字 |
| | | | 音義 |
| | | | 石經 |
| 樂 | | 緯 | |
| 小學 | 訓詁 | 小學 | 字書 |
| | 字書 | | 形體 |
| | 韻書 | | 音韻 |
| | | | 訓詁 |
| | | | 總論 |

　　大體上，劉咸炘遵循了《四庫總目》經部的類目。在類目上，劉咸炘將「五經總義」類改稱「諸經總義」；樂類刪除，增加緯類；四書類陞於諸經總義之前。禮類、春秋類、四書類、諸經總義類、小學類再分細目。此為經部類目調整之後顯而易見的變化。

　　對於經部著錄的次序，劉咸炘讚賞《七略》《隋志》依體裁部次，因而使六藝略（經部）「家法分明，體裁詳晰」。從體裁變化上來看，劉咸炘認為：「先漢經說有章句，有故，有內傳，為一類，隨經明詁，其體徑直。有外傳，有微，則依經立義，其體旁通。」〔註2〕後世因體裁之變化，《四庫總目》自然不能如《七略》、《隋志》一樣依體次第，但是對《四庫總目》「不辨古經說之體」的行為亦大加斥責：

　　　　至於《尚書大傳》，述事之傳也，《韓詩外傳》，古外傳也，《春秋繁露》，微也，今之經說惟存章句故訓，於古傳例不備，獨三書僅存，《提要》乃置之附錄，謂與緯相類，是直不辨古經說之體矣。後進居正，而先進反居附錄，可乎？〔註3〕

　　對於《四庫總目》只以章句、訓詁之體部次書籍，隱沒「古經說之體」，劉咸炘大為不滿。對於著錄之次序，依照體裁，劉咸炘則主張：

　　　　先依經之注說校讀疏義，次集眾說，次統說不依經者，次條說，次專說一篇，次名物一端之專考，次校定文字音義，次圖譜。〔註4〕

依照上述主張，劉咸炘對《四庫總目》各類類目之著錄進行條別論辯。

　　對於易類、書類，《四庫總目》案語云：

　　　　今所編錄，於推演數學者略存梗概，以備一家。其支離曼衍，不附經文，於《易》杳不相關者，則竟退置於術數家……〔註5〕

　　　　蔡沈《洪範皇極數》諸書，雖以《洪範》為名，而實以《洛書》九數推行成文，於《洪範》絕無所涉。舊以為書類，於義殊乖。今悉退列子部術數類中，庶不使旁門小技淆亂聖經之大義焉。〔註6〕

---

〔註2〕　劉咸炘：《續校讎通義》，《劉咸炘學術論集·校讎學編》，第17頁。劉咸炘《文式·經傳說》一篇亦詳細介紹了傳、章句、記、微、說等「古經說之體」。（劉咸炘：《推十書》戊輯，上海科學技術文獻出版社，2009年，第701頁。）

〔註3〕　劉咸炘：《續校讎通義》，《劉咸炘學術論集·校讎學編》，第50頁。

〔註4〕　劉咸炘：《續校讎通義》，《劉咸炘學術論集·校讎學編》，第53頁。

〔註5〕　永瑢等：《四庫全書總目》卷6，第48頁。

〔註6〕　永瑢等：《四庫全書總目》卷12，第106頁。

　　《四庫總目》將宋人「術數之書支出經文外」者劃歸子部術數類，固無不可，經部所收，當限於「依經立說」者，但《四庫總目》將此類書籍劃出經部易類之外，亦不得當，劉咸炘認為：「當互著之而論其大要，著之敘錄，凡術數之出於《易》者悉載之，以見源流，乃為存《七略》之遺意，而不失尊經別部之義也。」〔註7〕此類劃歸子部術數類乃是「尊經」之意，互著於經部易類乃是為了明易類之源流。

　　對於禮類，《四庫總目》分為六細目，以時代先後為次。禮類最大的問題，則是前述雜禮、通禮之屬附於經部違背「尊經」之意。雜禮之屬案語云：

　　　　公私儀注，《隋志》皆附之禮類。今以朝廷制作，事關國典者，
　　隸史部政書類中。其私家儀注，無可附麗，謹匯為雜禮書一門，附
　　禮類之末，猶律呂諸書皆得入經部樂類例也。〔註8〕

　　《隋志》將律呂之書入經部樂類，此做法已被劉咸炘指責，《四庫總目》援引此例，將儀注分為公私二類，已不符合劉咸炘辨體之義，而私家儀注又附於經部禮類，乃妄附，儀注之體，都應歸於史部。儀禮之屬附錄《內外服制通釋》《讀禮通考》亦當劃歸史部。而通禮一門並非依經為說，不在「經之傳說」的範圍內，不當入經部。其他如《周禮》應改稱《周官》，遵循古稱；排次當依《隋志》先《周官》《儀禮》，後《禮記》。

　　《春秋》一類，《四庫總目》亦以時代先後為次，而《春秋繁露》則置於附錄，《四庫總目·春秋類》案語云：

　　　　《春秋繁露》雖頗本《春秋》以立論，而無關經義者多，實《尚
　　書大傳》《詩外傳》之類。向來列之經解中，非其實也。〔註9〕

如前文所述，《尚書大傳》《詩外傳》《春秋繁露》都是「古經說之體」，《四庫總目》將其置於附錄，是不辨體之表現。《四庫總目》又以時代先後為次，劉咸炘調整之後，則分左傳、公羊、穀梁、總義四類。

　　五經總義類，劉咸炘改稱為「諸經總義類」，並退於四書類之後。《舊唐志》設「七經雜解」一類，有「群經之解」之意，《新唐志》改「七經雜解」為「經解」，已失「群經之解」之意，與前設經部各類牴牾。從立名上看，劉咸炘主張「崇質」，即類名應當體現內容之本義。五經總義類所收，不侷限於

〔註7〕劉咸炘：《續校讎通義》，《劉咸炘學術論集·校讎學編》，第50～51頁。
〔註8〕永瑢等：《四庫全書總目》卷22，第182頁。
〔註9〕永瑢等：《四庫全書總目》卷29，第244頁。

五經範圍之內，當改稱「諸經總義」。張之洞《書目答問》則分諸經總義、諸經目錄文字音義、石經三類目，大致為劉咸炘沿用。依劉咸炘辨體之義，應當將目錄別為一類，並互著於目錄類中。《隋志》錄石經於小學類中，鑒於後世考證石經者繁多，應當別為一類，「亦《漢志》《爾雅》後列《古今字》一種之意」〔註10〕。

四書一類，從排次上看，《四庫總目》反而將《孟子》注排於《論語》注之前，編次無序。《大學》《中庸》二篇與《論語》《孟子》並立，劉咸炘解釋道：

> 《四書》皆群經之關鍵，《戴記》本可篇篇單行，與《漢志》立《論語》《孝經》之意初不相背。以體論，《論語》《孝經》亦非經，而《七略》別立者，亦以尊聖尊功令也。〔註11〕

《論語》《孝經》雖非「經之傳說」，但《漢志》將其立於六藝略，乃有「尊聖尊功令」之深意。因而《論語》《孝經》雖非「經」，卻有「傳」的性質，可列於經部，合「尊經」之義。

對於樂類，劉咸炘則認為可刪除此類：「宋鄭寅《七錄》經部不收樂書，曰：『儀注、編年不附禮、春秋，則後之樂書固不得列入六藝。』此論甚卓。」他打著「尊經」的旗號，採納《七錄》經部不收樂書的做法，似乎持之有故。《樂經》不傳，《隋志》以律呂之書入經部樂類。律呂之書非「經之傳說」，非「經」非「傳」，這在劉咸炘看來不合「尊經」之義。《漢志》六藝略中有樂類，乃是以《樂記》為首，劉咸炘解釋道：

> 《漢志》以六藝並立而附入其流，故以《樂記》代經，今《樂記》已入《戴記》，其樂學諸書宜入子部，如不欲缺六藝，則以《樂記》別為一類而附以說《樂記》者，以足六藝之目可也。〔註12〕

若想保留樂類，又不失「尊經」之義，則可依《漢志》之例，以《樂記》代經，保留六藝之目則可。而《四庫總目》「惟以辨律呂、明雅樂者仍列於經，其謳歌末技，絃管繁聲，均退列雜藝、詞曲兩類中」〔註13〕，此亦不辨體之表現。因而劉咸炘所定部類中刪除了樂類。平心而論，這在目錄學史上是一個很大的貢獻。四庫之經部失之過濫，我們認為，劉咸炘的做法還太保守，沒有將

---

〔註10〕劉咸炘：《續校讎通義》，《劉咸炘學術論集‧校讎學編》，第52頁。
〔註11〕劉咸炘：《續校讎通義》，《劉咸炘學術論集‧校讎學編》，第52頁。
〔註12〕劉咸炘：《續校讎通義》，《劉咸炘學術論集‧校讎學編》，第53頁。
〔註13〕永瑢等：《四庫總目》卷38，第320頁。

經部清理乾淨。《漢志》之《六藝略》以六藝為範圍，六藝之中《樂經》早已經失傳，不必以後起之樂書頂替。經本聖裁，豈可冒名頂替？

　　諸經總義類之後，劉咸炘立緯一類。《四庫總目》將《易》緯置於經部易類附錄，並對緯、讖有所區別〔註14〕。劉咸炘認為：「緯之立名，本與經對，後儒據說，《提要》正之詳矣。緯非六藝之體，不可入之史部，附之於此，不背《七略》法也。」〔註15〕劉咸炘認可《四庫總目》對緯、讖之區別，二者雖然不同，但「著錄者不能字句而析之」〔註16〕。《隋志》於經部立緯書類，《舊唐志》則改稱讖緯類，緯、讖於目錄中遂合而為一。劉咸炘遂從附錄中析出，獨立自成一類，並稱：「緯讖同在一書，讖豈得為經義哉？此當仍從《隋志》別立一門，不得以書少而省其目部次，不可因書籍之多寡而增減，校讎之要義也。」〔註17〕

　　小學一類，《四庫總目》分為訓詁、字書、音韻三屬目，劉咸炘認為《四庫總目》字書之屬沒有區別字書與體勢之書〔註18〕，因而劉咸炘所定小學類多形體這一細目。

　　此為劉咸炘對經部的調整，主要遵循「尊經」之意，如劉咸炘對禮類通禮與雜禮、樂類的處理，是嚴劃經部「經之傳說」之做法，對細目、次序的設置則主要依據體裁。為遷就《七略》，劉咸炘的解釋與其辨體的主張亦有牴牾之處，從此也可見其統一部類標準之做法亦有疏漏之處。

---

〔註14〕《四庫總目》《易》緯案語云：「儒者多稱『讖緯』，其實讖自讖，緯自緯，非一類也。讖者詭為隱語，預決吉凶，……緯者，經之支流，衍及旁義。」（永瑢等：《四庫總目》卷6，第47頁。）

〔註15〕劉咸炘：《續校讎通義》，《劉咸炘學術論集・校讎學編》，第27頁。

〔註16〕劉咸炘：《續校讎通義》，《劉咸炘學術論集・校讎學編》，第53頁。

〔註17〕劉咸炘：《續校讎通義》，《劉咸炘學術論集・校讎學編》，第53頁。

〔註18〕《續校讎通義》云：「自《說文》以來，諸字書出，皆兼該形、聲、義，如張揖《雜字》《字林》《玉篇》以下是也。至於辨正形體，別有專書，如《漢志》之《八體六技》，《隋志》次於音韻之後，名曰體勢，此固與排列諸字兼該形聲義者異矣，乃真形統也。今《四庫》之字書乃混此二種，《說文》《玉篇》《類篇》《六書故》《龍龕手鑒》《六書統》《說文字原》《六書正譌》《六書本義》《奇字韻》《古音駢字》《康熙字典》《清文鑒》《西域同文志》，字書也，《干祿字書》《五經文字》《九經字樣》《汗簡》《佩觿》《古文四聲韻》《鍾鼎款識》《漢隸字源》《字通》《周秦刻石釋音》《字鑒》《漢隸分韻》《俗書刊誤》《字孿》《篆隸考異》《隸辨》《復古編》則辨形體者也。雖亦列字，意主辨形，非備載形、聲、義也，猶之《廣韻》雖兼釋義，要以明韻部也。」（劉咸炘：《續校讎通義》，《劉咸炘學術論集・校讎學編》，第54頁。）

　　劉咸炘反覆強調「尊經」，其意究竟如何？只不過將經部限於「經之傳說」，將濫入者驅逐出去。章學誠謂「六經皆史」，又謂為政典為典章制度，在劉咸炘看來其實都是「窮於詞之詞」。六經是什麼？其實難以說清楚。劉咸炘將「六經皆史」說修正為：「經者，書之正者也。傳者，書之副著也。」正者為經，非正者為傳。劉咸炘將經與聖切割開來，他說：「不經孔子之裁，雖無經名而已可為經矣，無論經之名為孔子以前所已有，或為儒者尊之之詞，要其所以為經，固不因聖裁。」〔註19〕至此，《文心雕龍》之「原道——徵聖——宗經」的傳統被打破。

## 二、史部的調整

　　相對於經部而言，史部門目繁多，不易梳理。

　　劉咸炘對史部的調整如表 2.2。

**表 2.2：《四庫總目》與劉咸炘所定史部類目比較表**

| 《四庫總目·史部》類目 | 劉咸炘調整的史部類目 | |
|---|---|---|
| 正史 | 紀傳 | 正史 |
| | | 別史 |
| | | 國史 |
| | | 史稿 |
| 編年 | 編年 | 編年 |
| | | 注曆 |
| | | 實錄 |
| 紀事本末 | 紀事本末 | |
| 別史 | 雜史 | 異體 |
| | | 專紀 |
| | | 國別 |
| | | 方隅 |
| | | 編錄 |
| | | 補史 |
| 雜史 | 史學 | 搜補 |
| | | 表譜 |

〔註19〕劉咸炘：《續校讎通義》，《劉咸炘學術論集·校讎學編》，第 113 頁。

| | | | |
|---|---|---|---|
| | | | 考訂 |
| | | | 義例 |
| | | | 評論 |
| | | | 鈔類 |
| 詔令奏議 | 詔令 | 方志 | |
| | 奏議 | | |
| 傳記 | 聖賢 | 譜牒 | 專家 |
| | 名人 | | 總列 |
| | 總錄 | | 姓名 |
| | 雜錄 | | |
| | 別錄 | | |
| 史抄 | | 傳記 | 別錄 |
| | | | 匯錄 |
| | | | 專訪 |
| | | | 雜記 |
| 載記 | | 制度 | 訓誥 |
| | | | 奏議 |
| | | | 典要 |
| | | | 吏書 |
| | | | 戶書 |
| | | | 禮書 |
| | | | 兵書 |
| | | | 刑書 |
| | | | 工書 |
| | | | 時令 |
| | | | 官書 |
| 時令 | | 地理 | 總載 |
| | | | 分載 |
| | | | 水道 |
| | | | 邊疆 |
| | | | 外國 |
| | | | 雜記 |
| | | | 行記 |

| 地理 | 宮殿疏 | 簿錄 | 圖籍 |
|---|---|---|---|
| | 總志 | | 詩文 |
| | 都會郡縣 | | 書畫 |
| | 河渠 | | 器用 |
| | 邊防 | | 古物 |
| | 山川 | | 雜品 |
| | 古蹟 | | 飲食 |
| | 雜記 | | 動植 |
| | 遊記 | | |
| | 外紀 | | |
| 職官 | 官制 | 金石 | 圖像 |
| | 官箴 | | 目錄 |
| | | | 文字 |
| | | | 方錄 |
| | | | 專考 |
| 政書 | 通制 | | |
| | 典禮 | | |
| | 邦計 | | |
| | 軍政 | | |
| | 法令 | | |
| | 考工 | | |
| 目錄 | 經籍 | | |
| | 金石 | | |
| 史評 | | | |

劉咸炘極為讚賞《隋志》史部各類目的部次，並且認為只要仔細條別《隋志》史部各類目，「廣史」之義則自然明晰。因而，劉咸炘對《四庫總目》史部的調整，多以《隋志》史部為標準。首先，劉咸炘認為史部各體、各類之間沒有主次之分，如《隋志》正、古、雜乃三門鼎立，只有體裁之區別，無主次之區別。若分主次，則不合「廣史」之義，《四庫史部》篇云：

> 著錄史部之書，不當以正史為主，荀、王、阮以來，自《七
> 略》《春秋》中分紀傳書別為一錄，史乃有專部，後世逐流忘源，
> 遂若史部專為紀傳、編年而設，其他特其旁支，不知阮之紀傳錄、

《隋志》之史部，所收固已不限於《春秋》家學也。以二體為主，
則使史部狹，史部狹而群書分散，逃竄非所，《七略》之意乃不可尋
矣。〔註20〕

《四庫總目》云：「蓋正史體尊，義與經配，非懸諸令典，莫敢私增。」〔註21〕
對於《四庫總目》以正史為主之說，劉咸炘則嚴加指責。調整史部，首先應當
明白此義。因而，劉咸炘所定之史部類目，全依體裁部次。

正史一類，劉咸炘改稱紀傳，收紀傳體之史書，下分正史、別史、國史、
史稿四細目。《四庫總目》正史類所收，乃是歷代官定二十四部史書，這與劉
咸炘的辨體之意不合，《四庫史部》云：「正史者，對諸雜史、傳記之稱也，非
紀傳正，諸體不正也。自改編年為正史，限於二十四部之書，而二十四部外之
紀傳乃反無可歸矣。」〔註22〕在此意下，改《四庫總目》正史類為紀傳類更為
得當，以免受正史之「正」字的誤導。

劉咸炘所定紀傳、編年類目，乃是為了追溯《隋志》正、古、雜三門鼎立
之意。紀傳類之正史，乃收官定之二十四部史書，紀傳類之別史，則收二十四
部之外的「紀傳之別本」〔註23〕。別史一門，創自陳振孫《直齋書錄解題》，
「以處上不至於正史，下不至於雜史者」〔註24〕。若依《四庫總目》所說，偽
史一類書籍著錄則容易標準歧出，因而劉咸炘說道：「至於別史立目，自來所
收皆本未安，既立正史子目，則用別史之名以指紀傳之別本，正得其宜，次於
正史為一目可也。」〔註25〕紀傳類之國史，亦取義於章學誠之《史考釋例》
〔註26〕。對於此細目，劉咸炘則認為：

近代實錄之外，必勅撰本紀，而宗室王公表傳、將相大臣年表、
滿漢大臣、儒林、文苑、貳臣、逆臣諸傳亦有傳本，《提要》入之傳
記，亦未安也。雖流傳者有傳無紀，見於諭旨者有表無志，要是紀

〔註20〕劉咸炘：《續校讎通義》，《劉咸炘學術論集·校讎學編》，第56～57頁。
〔註21〕永瑢等：《四庫全書總目》卷45，第397頁。
〔註22〕劉咸炘：《續校讎通義》，《劉咸炘學術論集·校讎學編》，第57頁。
〔註23〕劉咸炘：《續校讎通義》，《劉咸炘學術論集·校讎學編》，第58頁。
〔註24〕永瑢等：《四庫全書總目》卷50，第445頁。
〔註25〕劉咸炘：《續校讎通義》，《劉咸炘學術論集·校讎學編》，第58頁。
〔註26〕章學誠《史考釋例》曰：「國史從無流傳之書，而史志著錄與諸書所稱引者歷
有可考，要以後漢班固與陳宗、尹敏諸人修《世祖紀》與《新市平林諸傳載紀》
為最顯著，自可依代編，與編年部之實錄、記注可以參互，皆本朝臣子修現行
事例也。」（章學誠：《章學誠遺書》，第616頁。）

傳之分，當入於此。此一子目即次別史一目之後，以彼為撰述成書
而此則及時修輯也。〔註27〕

　　記事之書，不成史體，方可入於傳記，既在紀傳類下立國史一細目，諸如
「宗室王公表傳、將相大臣年表、滿漢大臣、儒林、文苑、貳臣、逆臣諸傳」
等則應歸入。但是既然以紀傳體作為大類，那麼體裁不完備的，歸於此處似乎
又有些牽強，有將紀傳作為整體割裂之意。並且紀傳類國史之屬與史部傳記類
則又容易相互牽涉，可見劉咸炘在辨體之時也雜入其他標準。

　　紀傳類之史稿，亦沿用章學誠之《史考釋例》〔註28〕。史稿向來不被著
錄，章學誠所說，乃是重視史稿在辨別修史之人的才學方面的作用。劉咸炘藉
此發揮，認為「稿草固與成書不同，章氏為史家立法，著錄者亦當為目錄備
類，立一子目，無不可也」〔註29〕。

　　編年一類，《隋志》稱古史，自《舊唐志》改古史為編年，劉咸炘則認為
失其本意。從《四庫總目·編年類》序言看，《四庫總目》似乎知道紀傳、編
年並立為正史之古意，但《四庫總目·編年類》又說：「其不列為正史者，以
班、馬舊裁，歷朝繼作，編年一體，則或有或無，不能使時代相續，故姑置焉，
無他義也。」〔註30〕編年之史書在時代上不能前後相續，則被《四庫總目》排
出正史之外。對此，劉咸炘並不認可：

　　　　夫司馬《通鑒》上接《左傳》，繼而作者直至元、明，何為不相
　　續。《通鑒》之通古，固猶遷書也，且書不相續，不過言現存而已，
　　六代之書固無存矣，宋世編年之書足以相接，固具存也。《唐志》妄
　　改，何必曲為之說哉？〔註31〕

時代相續的原因無法成立，在劉咸炘看來，《四庫總目》亦是為《舊唐志》辯

〔註27〕劉咸炘：《續校讎通義》，《劉咸炘學術論集·校讎學編》，第59頁。
〔註28〕章學誠《史考釋例》云：「史稿向不著錄，今從諸書記載採取而成，乃屬創始
　　　　之事，蓋前人於此皆不經意故也。但古人作史，專門名家，史成不問稿也。自
　　　　東觀修書而後，同局之中，人才優劣，判若天淵，一書之中，利病雜見，若不
　　　　考求草稿所出，則功罪誰分。竊謂集眾修書，必當記其分曹授簡，且詳識其
　　　　草創潤色，別為一篇，附於本書之後，則史官知所激勸，今之搜輯史稿，正欲
　　　　使觀者感興也。但宋、元以來，文史浩繁，耳目恐有未周，姑立此門，以為權
　　　　輿。如有好學專搜此事，自為一書，亦佳事也。」（章學誠：《章學誠遺書》，
　　　　第616頁。）
〔註29〕劉咸炘：《續校讎通義》，《劉咸炘學術論集·校讎學編》，第59頁。
〔註30〕永瑢等：《四庫全書總目》卷47，第418頁。
〔註31〕劉咸炘：《續校讎通義》，《劉咸炘學術論集·校讎學編》，第57頁。

解，是不知辨體的表現，後世編年之作，足以使前後相接。因而，劉咸炘在編年類下又設編年、注曆、實錄三細目。編年類之編年，收編年體之撰述，注曆、實錄雖為編年之體，但與編年類之編年亦有區別。注曆、實錄為記注之體，與撰述有別。從源流上看，阮孝緒《七錄》有注曆一部，《隋志》、《舊唐志》、《新唐志》因之，設起居注類；《舊唐志》將實錄附於起居注類。二者雖同為記注之體，但起居注乃專記君主之事，實錄所記，君臣之事皆有。因而二者不能合併，於是與編年並立為三細目。這便是劉咸炘所說的「史、集之小類以體分，其細目或以義分」〔註32〕。

紀事本末一類，未設細目，但劉咸炘於此類著錄之範圍，多有論辯。《四庫總目》曰：

> 凡一書備諸事之本末，與一書具一事之本末者，總匯於此。其不標紀事本末之名，而實為紀事本末者，亦並著錄。夫偶然記載，篇帙無多，則仍隸諸雜史傳記，不列於此焉。〔註33〕

《四庫總目》紀事本末類著錄範圍並不明晰，不合劉咸炘辨體主張。如將「偶然記載，篇帙無多」者歸於雜史、傳記，而雜史、傳記之中具一事之本末者亦不少，在劉咸炘的分類標準下，一書具一事之本末，若成史體，則為雜史，不成史體，則為傳記，《四庫總目》所定之著錄範圍不合此意。紀事本末一體，真正的意義乃是「揉散編年、紀傳之書而以類分編，中有互見之妙……若偶記一事而具始末，雜史、傳記，誰不然邪」〔註34〕？相較而言，劉咸炘所定之著錄範圍更加重視對此類體裁本義的回歸。

別史一類為《四庫總目》沿用，《四庫總目》別史類所收之書介於正史與雜史之間，《四庫總目》正史類只收二十四部官定史書，而雜史則收「或但具一事之始末，非一代之全編；或但述一時之見聞，只一家之私記」〔註35〕，而「處上不至於正史，下不至於雜史者」〔註36〕則入別史類。各類著錄標準不一，難以嚴劃各類之界限，何為「上不至於正史下不至於雜史」，正史之範圍易定，雜史之範圍則難以界定，《四庫總目》如此安排類目，使得史部各類史體之區別更加混亂，自然不合劉咸炘辨體的主張。因而劉咸炘將別史類歸於紀

〔註32〕 劉咸炘：《續校讎通義》，《劉咸炘學術論集·校讎學編》，第 14 頁。
〔註33〕 永瑢等：《四庫全書總目》卷 49，第 437 頁。
〔註34〕 劉咸炘：《續校讎通義》，《劉咸炘學術論集·校讎學編》，第 62 頁。
〔註35〕 永瑢等：《四庫全書總目》卷 51，第 460 頁。
〔註36〕 永瑢等：《四庫全書總目》卷 50，第 445 頁。

傳類下成為細目，以收「紀傳之別體」。若仔細分析，劉咸炘雖以「紀傳之別體」界定別史之著錄範圍，但「別體」二字亦針對二十四部官定史書而言，從此角度來看，亦是「上不至於正史下不至於雜史」的體現，但於體裁上來看，劉咸炘所定則較為齊整。

　　《四庫總目》載記一類，經劉咸炘調整後刪除。劉咸炘於《明隋志》篇將霸史定義為霸國之紀傳、編年二體的史書。後世不知《隋志》此意，凡記載霸國之事的都歸於此類，失辨體之義。劉咸炘調整部類後，改正史為紀傳，依體裁立紀傳、編年二類，並無區別正統之意，因而《四庫總目》載記一類所收，自當依體裁之分歸於紀傳、編年二類。正如劉咸炘所說：「蓋史部著錄原主辨體，不在分別正偽，正統之論自古紛然，實無一當，偏方如季漢，不可加以偽，如云霸，則六代亦霸而非王，云偽僭，則曹、馬、劉、蕭何非僭也。」〔註37〕孰為正統，孰非正統，歷來無統一定論，若依正統觀念部次書籍，則歷代書籍之分類必然出入於各類之中，此不合劉咸炘辨體之主張。

　　雜史一門，《隋志》始創。對於雜史一類，劉咸炘於《明隋志》篇強調：「雜史者，異於紀傳、編年而自成一體者也……雜之為名，與正、古鼎立而三者也。」〔註38〕劉咸炘強調從體裁的角度確定雜史之義，避免受「雜」字的影響。《四庫總目》似乎知道《隋志》此意，乃稱「義取乎兼包眾體，宏括殊名」〔註39〕，而其後又稱「凡所著錄，則務示別裁。大抵取其事係廟堂，語關軍國。或但具一事之始末，非一代之全編；或但述一時之見聞，只一家之私記」〔註40〕，如此則又與傳記類相出入了。劉咸炘依《四庫總目》與《書目答問》所收，將雜史類又分為異體、專紀、國別、方隅、編錄、補史六個細目，並且認為：「凡此六目，皆非紀傳、編年及紀事本末，劃而明之，庶幾不失《隋志》正、古、雜三門鼎立之意」〔註41〕。劉咸炘所定的雜史六目，是依據《四庫總目》與《書目答問》所收之書來確定的，大概是排除史部其他類別，剩下的體裁便可歸於雜史。

　　傳記一類，《四庫總目》分為聖賢、名人、總錄、雜錄四細目，存目又有別錄。案語曰：「傳記者，總名也。類而別之，則敘一人之始末者為傳之屬，

---

〔註37〕劉咸炘：《續校讎通義》，《劉咸炘學術論集‧校讎學編》，第 66 頁。
〔註38〕劉咸炘：《續校讎通義》，《劉咸炘學術論集‧校讎學編》，第 28 頁。
〔註39〕永瑢等：《四庫全書總目》卷 51，第 460 頁。
〔註40〕永瑢等：《四庫全書總目》卷 51，第 460 頁。
〔註41〕劉咸炘：《續校讎通義》，《劉咸炘學術論集‧校讎學編》，第 68 頁。

敘一事之始末者為記之屬。」〔註42〕劉咸炘認為只要是記事之書又不成史體的都是傳記，《四庫總目》對傳記的定義似乎符合劉咸炘的辨體之義，但是《四庫總目》《孫威敏征南錄》案語曰：「然此書為表孫沔之功，非記儂智高之變，故入之傳記類中。」〔註43〕則可知《四庫總目》傳記類之著錄標準並不如劉咸炘定義的那樣。劉咸炘在傳記類下分別錄、匯錄、專訪、雜記四子目，《四庫史部》云：

> 今定傳記門目，一曰別錄，記一人事者皆入焉……此類凡暗分別傳軼事、年譜、祠廟書三類……二曰匯錄，暗分限地、斷代、家傳、品類、條記、名狀六類……三曰專記。記一事始末，舊誤入雜史及《提要》之雜錄一目所收者也。四曰雜記。雜書聞見而質實記事，不參評論瑣語，不與小說及外編之雜記相混，舊誤入雜史、小說者也。〔註44〕

在細目下，又可通過次序暗分細類，如《隋志》依體裁在各類下通過排次再暗分細目一樣。《四庫總目》以傳記所記載之人物對象稱呼細目，而劉咸炘則依正史改稱紀傳之例，多以體裁為細目之名，並且嚴劃各細目之間的區別。

地理一類，《四庫總目》分為十個細目：

> 其編類，首宮殿疏，尊宸居也。次總志，大一統也。次都會郡縣，辨方域也。次河防，次邊防，崇實用也。次山川，次古蹟，次雜記，次遊記，備考核也。次外紀，廣見聞也。〔註45〕

劉咸炘則在地理類下分七個細目：

> 一曰總載。二曰分載，限於統部郡縣山川專志。三曰水道。四曰邊疆。改防為疆者，章氏謂治水者當入工書，其言至當，則言邊防之計者亦當入兵書也。五曰外國。外紀之名嫌於紀傳，且不見為外國也。六曰雜記。中暗分京都、山水、古蹟、廟宇、風物五目……七曰行記。〔註46〕

---

〔註42〕永瑢等：《四庫全書總目》卷58，第531頁。
〔註43〕永瑢等：《四庫全書總目》卷58，第529頁。
〔註44〕劉咸炘：《續校讎通義》，《劉咸炘學術論集·校讎學編》，第70頁。
〔註45〕永瑢等：《四庫全書總目》卷68，第594頁。
〔註46〕劉咸炘：《續校讎通義》，《劉咸炘學術論集·校讎學編》，第71～72頁。章學誠《史考釋例》曰：「水道之書與地志等，但記自然沿革者方入地理，其治河、導江、槽渠、水利等類施人力者，概入於故事部工書條下。」（章學誠：《章學誠遺書》，第617頁。）

　　從二者對細目的敘述則可條別出二者的區別,《四庫總目》對細目的敘述
體現其經視崇實的思想,劉咸炘對細目的敘述則體現其對細目立名、區別體
裁的嚴肅性。如「邊防」改稱「邊疆」,亦是劉咸炘闡述《七略》大義時所說
的實用與處理之區別;改「外紀」稱「外國」,鑒於已立紀傳一類,不從立名
上使各體之間相混;改「遊記」為「行記」,大概覺得途中所記,並非全為遊
記,「行」字意義更廣;再如「總載」這一細目,類似於經部「總義」「總論」,
大概一書中有論述多項內容而不侷限於一項之書可入此細目,而「分載」則恰
恰與「總載」相對立名,乃限於「郡縣山川專志」,這亦是劉咸炘辨體之意的
體現。

　　目錄一類,《四庫總目》分為經籍、金石兩個細目。劉咸炘所定則分為圖
籍、詩文、書畫、器用、古物、雜品、飲食、動植等八個細目。《四庫總目》
譜錄類分為器用、食譜、草木蟲魚三細目。劉咸炘所定的簿錄類乃合《四庫總
目》子部譜錄類而成。《四庫總目》於子部有譜錄一類,不合劉咸炘「狹子」
之義,「夫子家立言,簿錄紀實,豈可同哉」〔註47〕。目錄為一種體裁,各類
各家都可用目錄之體編制自家書目,即後世所謂專科目錄,如金石、書畫等。
《隋志》簿錄類中亦收有文章、書畫目錄,劉咸炘解釋道:「藝術之家但當收
法訣目錄題跋,自當入於簿錄,蓋言術與記物異也。雖相牽涉,但可互注耳。」
〔註48〕對於其他專科目錄,依體裁分,自當入簿錄類,但是在內容上與各家相
互出入,則可以互著的方法協調辨體與通義之間的矛盾。此處劉咸炘又提出
了「言術」與「記物」兩個概念,如金石家之金石目錄乃是為了言術,著錄
家之金石目錄乃是為了記物,此亦是劉咸炘所說處理與應用之體現。調整簿
錄一類,則應明白「言術」與「記物」之區別。因而劉咸炘將簿錄類劃分為八
個細目:

　　　　今併合為簿錄一類,定其子目,一曰圖籍,此圖指天文地理諸
　　　圖,非藝術之畫也,不稱圖書,避書畫也。近世考據家之輯題跋為
　　　一書者附焉。釋、道目錄亦統入。二曰詩文,目錄而加評論者則入,
　　　互注集部評說。三曰書畫,題跋附焉。互注子部藝術。四曰器用。
　　　五曰飲食。六曰動植。〔註49〕

〔註47〕劉咸炘:《續校讎通義》,《劉咸炘學術論集・校讎學編》,第 77 頁。
〔註48〕劉咸炘:《續校讎通義》,《劉咸炘學術論集・校讎學編》,第 78 頁。
〔註49〕劉咸炘:《續校讎通義》,《劉咸炘學術論集・校讎學編》,第 79 頁。

> 近世金石學大昌，兼及錢幣印泥諸物……尚沿此稱，為斯學者
> 附庸，於金石學卒未嘗正其名……今定之曰古器物學……又《四庫》
> 雜品類所收《洞天清錄》數家乃兼論書畫器物，本不宜入雜家，而
> 又不能專隸，此類之一目宜用雜品之名為一子目，次於古物。〔註 50〕

眾多專科目錄歸於簿錄類，而為了體現「專家之學」，為了協調辨體與通義之間的矛盾，又得將眾多專科目錄互注於相對應的部類之下。劉咸炘依體辨類，如此則顯得簿錄類有些龐雜。

劉咸炘又從《四庫總目》目錄類、譜錄類中別出金石一類，分為圖像、目錄、文字、方錄、專考五個細目。劉咸炘解釋道：

> 書畫題跋尚以目錄為重，可附簿錄，若金石之書則圖像而兼考
> 證文字，類於總集，《四庫》收金石書入目錄而《考古》《博古》諸
> 圖又入譜錄器用之中，不知器用諸書專詳制度，此類書兼考文字，
> 其義與體皆不同也……目錄、文字每相兼……然既錄全文而考訂之，
> 則目錄為輕而文字為重，宜入文字，今定為圖像、目錄、文字、方
> 錄、專考五目……〔註 51〕

清中後期後，金石之學大昌，又因金石等書與器用等在體裁與內容上不同，則應當別處自為一類。「目錄為輕而文字為重」，既然同為一體之內，而又分輕重，是不是與劉咸炘此前「論體不論高下」之說相牴牾了呢？

《四庫總目》有史評、史抄二類，劉咸炘將其作為細目歸入史學類。史學類之設置亦沿章學誠《史考釋例》之史學部〔註 52〕，史學類下分搜補、表譜、考訂、義例、評論、抄類六個細目。史評不可單獨成為一類，劉咸炘解釋道：

> 《四庫》以史義例評論之書為史評一門，考訂附於本史……蓋
> 考訂之書晚出益多，史考無專部，史評何可立專部，正當同歸史學
> 耳。〔註 53〕

---

〔註 50〕 劉咸炘：《續校讎通義》，《劉咸炘學術論集·校讎學編》，第 79～80 頁。
〔註 51〕 劉咸炘：《續校讎通義》，《劉咸炘學術論集·校讎學編》，第 79 頁。
〔註 52〕 章學誠《史考釋例》曰：「自史學亡而始有史學之名。蓋史之家法失傳而後人攻取前人之史以為學，異乎古人以學著為史也。史學之書，附於本史之後，其合諸史及一二家史以為學者，別為史學之部焉。史學專部，分為考訂、義例、評論、蒙求四門，自應各為次第。」（章學誠：《章學誠遺書》，第 616 頁。）
〔註 53〕 劉咸炘：《續校讎通義》，《劉咸炘學術論集·校讎學編》，第 61 頁。

考訂之書晚出，數量又多，尚無立為專類，史評自不應當立為專類。劉咸炘援引考訂之書為例說明史評不應立為專類，豈不是與自己一直強調的不以書籍之數量決定部類相矛盾了嗎？史抄一類，《隋志》附於雜史，劉咸炘此處歸於史學類，大概亦受到章學誠的影響〔註54〕。又如搜補之書，「旨在網羅故實，非可直補本書」〔註55〕，《四庫總目》亦附於本書之後，而劉咸炘將其剔出歸於史學類。其餘各類沿用章學誠所定。依章學誠所說，史學類乃是「攻取前人之史以為學」者，與前史有關係之體裁亦有其他，如紀事本末類，但紀事本末類乃依前史類比而成，而史學類則摻以己意，這大概是劉咸炘於史部設立史學類之原因。

　　劉咸炘所定史部類目，立有譜牒一類。《四庫總目·史部》序云：「舊有《譜牒》一門，然自唐以後，譜學殆絕。玉牒既不頒於外，家乘亦不上於官，徒存虛目，故從刪焉。」〔註56〕《四庫總目》將譜牒類刪除，而類書一類中又收有《元和姓纂》《古今姓氏書辯證》《萬姓統譜》等書。《四庫總目》此做法，混亂部類，隱沒譜牒一門之源流，自然不合劉咸炘辨體之主張，因而劉咸炘批評道：

> 其故不過以意在選存，而私家之譜繁多猥濫，難於別擇，故竟置之……譜牒自是一家之學，體則史之支流，事則群之要領，近代譜學雖微，豈無精善之編，正當錄存，以為模式，即使無可採錄，猶當但錄總譜，以存其部次，況非無其書，豈可以憚於閱覽，遂沒此一門乎？〔註57〕

唐以後，門閥氏族漸趨衰微，譜牒日趨減少，但是民間家乘歷代皆有。《四庫總目》卻將譜牒一類刪除，民間家乘無以著錄。故劉咸炘於史部再設譜牒一類，分為專家、總譜、姓名三細目。

　　方志一類，《四庫總目》所無，劉咸炘立於史部。方志之書，劉咸炘認為與譜牒、國史類似，《明隋志》篇云：「自摯虞而後，地志之書增多，旁及文獻，方志漸興，乃同古之國史，不與地理專書同矣。」〔註58〕譜牒敘述一家之史，

---

〔註54〕章學誠《校讎通義》中羅列四部不能重返《七略》的五點原因，鈔纂史書數量龐大即是一點。
〔註55〕劉咸炘：《續校讎通義》，《劉咸炘學術論集·校讎學編》，第61頁。
〔註56〕永瑢等：《四庫全書總目》卷45，第397頁。
〔註57〕劉咸炘：《續校讎通義》，《劉咸炘學術論集·校讎學編》，第77頁。
〔註58〕劉咸炘：《續校讎通義》，《劉咸炘學術論集·校讎學編》，第32頁。

國史敘述一國之史，方志則敘述一方之史，因而方志類不應歸於地理類中，故劉咸炘又於史部立方志一類。

《四庫總目》設有詔令奏議類、職官類、時令類，劉咸炘將三者劃歸政書類，並改稱制度類，下分訓誥、奏議、典要、吏書、戶書、禮書、兵書、刑書、工書、時令、官曹十一個細目，此類大致沿用章學誠《史籍考・故事類》〔註59〕。訓誥、奏議所收，乃原《四庫總目》之詔令奏議；典要所收，乃廣泛記載一切制度之書；專門之制度，則分隸於吏書、戶書、禮書、兵書、刑書、工書六類；時令所收，乃《四庫總目》月令一類授時之書；官曹一目，「處明以來之官署專志尤位置得宜」〔註60〕。《四庫總目》時令一門，劉咸炘認為可不必立，「夫授時者政之一事耳，併入政書，於義為允」〔註61〕。《四庫總目》詔令奏議一類，相比於《隋志》入總集，《舊唐志》散附故事中，《新唐志》單獨立一門附於起居注類，劉咸炘則認為「《提要》別立一門甚善，而未詳其源流……但宜從章氏統歸政書」〔註62〕。職官一類，劉咸炘則認為「職官者政之綱也」〔註63〕，既然詔令奏議、時令都並於政書一類，此亦併入。劉咸炘則將《四庫總目》詔令奏議、時令、職官三類全部歸於政書，鑒於此，劉咸炘則認為政書改稱制度較為合適，其解釋道：「制度之名，凡所制皆該，時令亦不出此，制為官事度統儀文，私家儀注亦可該焉。」〔註64〕

從史部的部次來看，劉咸炘的調整亦有遵循《隋志》之意。如紀傳、編年、紀事本末、雜史四門相次，便是追溯《隋志》正、古、雜三門鼎立之意，紀事本末一體，依紀傳、編年類次而成，大概因此原因紀事本末次於編年之

〔註59〕章學誠《史考釋例》曰：「出君上者為訓典，臣下者為章奏。統該一切制度者為典要，專門制度之書則分吏、戶、禮、兵、刑、工六科，其例最為明顯，而其嫌介疑似之跡，無門不與傳記相混，惟確守現行者為故事，規於事前與志於事後者為傳記，則判然矣。官書次於六書之後，亦故事之書也，名似與吏書相近，而其實亦易辨，吏書所部乃銓敘官人、申明職守之書，官曹乃即其官守而備盡一官之掌故也。古者官守其法，法具於書，天下本無私門，故無著錄之事也。官私分而著述盛，於是設官校錄而部次之，今之著錄，皆從此起也。官曹之書則猶有守官述職之意，故以是殿六曹之後焉。」（章學誠：《章學誠遺書》，第617頁）

〔註60〕劉咸炘：《續校讎通義》，《劉咸炘學術論集・校讎學編》，第73頁。

〔註61〕劉咸炘：《續校讎通義》，《劉咸炘學術論集・校讎學編》，第71頁。

〔註62〕劉咸炘：《續校讎通義》，《劉咸炘學術論集・校讎學編》，第68頁。

〔註63〕劉咸炘：《續校讎通義》，《劉咸炘學術論集・校讎學編》，第73頁。

〔註64〕劉咸炘：《續校讎通義》，《劉咸炘學術論集・校讎學編》，第76頁。

後、雜史之前。相對《四庫總目》而言，無論是類目名稱還是細目的劃分，劉咸炘對史部的調整依體裁劃分得更加細緻。對史部的調整，自然需體現劉咸炘「廣史」的主張，劉咸炘對自己所定的史部類目總結道：

> 六藝惟《易》流為數術，樂流為樂律，皆為專門技術，別在子部，《尚書》入於《春秋》，紀傳、編年繼《春秋》，而紀傳又兼《尚書》《官禮》之意，《尚書》之遺又入紀事本末，雜史皆一國之史也，方志則一方之史也，譜牒則一家之史傳，記者史之散而別傳則一人之史也。以上八門，皆《春秋》家學，制度者，《官禮》之流也。地理古有專書，《禹貢》《職方》特其大要，簿錄之書亦出史官，工虞之司皆《官禮》之一目也。金石者，後世始為專門，不與於六藝之流，而特資考證者也。故以終焉。〔註65〕

除了金石一類外，劉咸炘認為自己所定制部類皆為六藝之流，符合「廣史」之義。劉咸炘將自己所定的部類一一追溯至六藝，這是劉咸炘通過定體明學術源流主張的體現，亦是劉咸炘部類觀中的一大特點。

### 三、子部的調整

劉咸炘對子部的調整如表 2.3。

**表 2.3：《四庫總目》與劉咸炘所定子部類目比較表**

| 《四庫總目·子部》類目 | | 劉咸炘調整的子部類目 | |
|---|---|---|---|
| 儒家 | | 儒家 | 古儒家 |
| | | | 議論經濟 |
| | | | 理學 |
| | | | 格言 |
| 兵家 | | 道家 | |
| 法家 | | 法家 | |
| 農家 | | 名家 | |
| 醫家 | | 墨家 | |
| 天文算法 | 推步 | 縱橫家 | |
| | 算書 | | |

| 術數 | 數學 | 雜家 | |
| --- | --- | --- | --- |
| | 占候 | | |
| | 相宅相墓 | | |
| | 占卜 | | |
| | 命書相書 | | |
| | 陰陽五行 | | |
| | 雜技術 | | |
| 藝術 | 書畫 | 農家 | |
| | 琴譜 | | |
| | 篆刻 | | |
| | 雜技 | | |
| 譜錄 | 器物 | 小說 | 瑣語 |
| | 食譜 | | 異聞 |
| | 草木鳥獸蟲魚 | | 平話 |
| 雜家 | 雜學 | 兵書 | |
| | 雜考 | | |
| | 雜說 | | |
| | 雜品 | | |
| | 雜纂 | | |
| | 雜編 | | |
| 類書 | | 天算 | 占候 |
| | | | 推步 |
| | | | 算書 |
| 小說家 | 雜事 | 雜術數 | 數學 |
| | 異聞 | | 相宅墓 |
| | 瑣語 | | 卜筮 |
| | | | 命相 |
| | | | 三式 |
| | | | 雜占 |
| 釋家 | | 醫書 | 經脈 |
| | | | 病症 |
| | | | 針灸 |
| | | | 方藥 |

| | | 修養 |
| --- | --- | --- |
| | | 治物 |
| | | 總類 |
| 道家 | 樂律 | 通論 |
| | | 記述 |
| | 藝術 | 書法 |
| | | 畫法 |
| | | 篆刻 |
| | | 雜記 |

　　據劉咸炘「狹子」之義，能成一家之言者方能稱為子家。後世著錄子部最大的問題便是不遵循子家之本義，著錄子部之書鮮有能成一家之言者。如張之洞在《書目答問》一書中說：

　　　　周、秦諸子皆自成一家學術。後世群書，其不能歸入經、史者，強附子部，名似而實非也。若分類各冠其首，愈變愈岐，勢難統攝。今周秦諸子聚列於首，以便初學尋覽，漢後諸家，仍依類條列之。〔註66〕

劉咸炘認為，後世名似實非之作納入子部，失去了子家的本旨。欲條別子部，則需要梳理後世子部名似實非的過程。《四庫子部第十二》曰：

　　　　劉氏《七略》本以諸子、兵書、術數、方技各為一略，諸子但空言，自成一家，兵書、術數、方技則有道有器，有義理有法式，與諸子之言通理者異。阮以兵書少，附合於子，然猶稱子兵，不以兵為子也。《隋志》合併四略而稱子，則竟以兵書、術數、方技亦為子矣。此已稍失古意，開後來濫子之端，然而律以子家之義，兵書、術數、方技固皆專家之術，不與史部相混，而《隋志》敘次亦猶存四略之舊，未嘗亂之，迨後類書、考證、雜記、譜錄相繼闌入，非理非術，亦據專門，而九流漸湮，門目並少，賓喧主奪，所以名似而實非也。〔註67〕

　　諸子各家由《七略》時四略並立演變為《隋志》之子部，四略並立之意不存，亦隱沒了諸子與兵書、術數、方技之間虛理、實用之區別。類書、考證、

---

〔註66〕張之洞撰，范希曾補正：《書目答問補正》，第 117 頁。
〔註67〕劉咸炘：《續校讎通義》，《劉咸炘學術論集・校讎學編》，第 83 頁。

譜錄、雜記等既不言虛理，亦不崇應用，不應強附子部。而調整子部，便應條別九流之本旨，剔除強附之弊端，故劉咸炘稱：

> 今剔出類書以下而雜家之本旨見，歸斷獄之書於政書而法家之本旨見，然後條別諸子之通理，兵書、術數、方技之應用，正小說之本體，以足九流，敘藝術小道，加樂律以備技用，四略之意不亡，六藝之支斯在，安得名似而實非哉？〔註68〕

這是劉咸炘調整子部的導向，其一，區別虛理與實用的關係，追溯四略並立之意；其二，面對後世諸如藝術、樂律等類，則疏通其與六藝之關係，使各類名實相符。此二者即劉咸炘所說的「辨體」與「明變」。何為「辨體」？就是要辨明子家的本旨，如法家與律學的關係，兵家與兵制的關係。何為「明變」？就是要明白後世子家流變的過程。從這個角度來說，後世子部最大的問題則是不識子家本旨而導致子部愈加雜亂，劉咸炘梳理道：

> 《漢志》辨體之明不待言矣，惟農家已收農事書，蓋農說為諸家所採用，其性質本同於兵、數諸略之應用，故列於雜家之後，小說之前，意可見也。《隋志》嚴守《漢志》之法，猶能辨體明變，雜家附收雜記類書，名家附收辨人品之書，已稍失誤，然猶不甚，及《舊唐志》以後，則九流真書日少，而雜家之類書、雜記、農家之譜錄增多，小說又濫入傳記之書，著錄者於辨體明變茫無所知，任其滋長，復以律學充法家，道家合道教，陰陽漸入術數，名、墨、縱橫僅能保境自存。故觀唐後之子部，則應用諸門而外，惟見雜記、小說、譜錄、類書繁盛充盈，而真正子術之書僅儒家尚多，餘皆索然矣。是以《四庫提要》乃悍然全變舊法，併合名、墨、縱橫，直立譜錄、類書，更定次序，四略之意於是掃地……〔註69〕

梳理子家流變之過程，確立調整的方向後，便可對《四庫總目》子家各類一一進行調整。

儒家一類，自漢定儒為官學之後，儒家大盛。後世儒家學派繁多，故劉咸炘說：「漢後學術變為虛實之爭，實者為文儒之考據，不能成家，言虛者則程、朱、陸、王之爭，儒家之盛，幾占子家之大半……」〔註70〕因而，對儒家的調

---

〔註68〕劉咸炘：《續校讎通義》，《劉咸炘學術論集·校讎學編》，第83頁。
〔註69〕劉咸炘：《續校讎通義》，《劉咸炘學術論集·校讎學編》，第84頁。
〔註70〕劉咸炘：《續校讎通義》，《劉咸炘學術論集·校讎學編》，第84頁。

整應當嚴格區別各家流派，不可相混。張之洞《書目答問》儒家類分為議論經濟、理學、考證三個細目，劉咸炘則將儒家分為古儒家、議論經濟、理學、格言四個細目。劉咸炘說：「蓋漢、唐儒家粗而不精，惟有議論經濟，宋儒乃言理學，近儒乃言考證，各一時之風氣，皆儒者之事業也。」〔註71〕考證一類，涉及經史子集四部，並非立言，不合子家之義，因而劉咸炘將其剔出子部；漢以前的儒家，並非不言性理，因而將議論經濟改稱古儒家；格言又為理學之流，而摻雜了儒、釋、道多家之說，《四庫總目》鄙視此類書目，將其歸於雜家，劉咸炘則認為不可，「著錄天下之公，儒不為榮，雜不為辱」〔註72〕，因而立格言一細目。

兵家、法家如上述所說，應當區別兵家與兵制、法家與法學之關係。《四庫總目》雖立有兵家、法家二類，但是並沒有區別立言與制度、虛理與實用之關係。如《四庫總目·司馬法提要》曰：

> 班固序兵權謀十三家。形勢十一家，陰陽十六家，技巧十三家。獨以此書入禮類，豈非以其說多與周官相出入，為古來五禮之一歟？〔註73〕

對此劉咸炘則解釋道：「子家言術，史家言制，二者本不相混，其制術之相混者則實用之學，如兵家、術數之類，然與諸子之言同理終不相同，……兵家所言實止用兵之術而非並制。」〔註74〕《司馬法》乃言古軍禮，非言用兵之術，自當歸於史部制度類下。這便是劉咸炘辨體以明子家本旨之體現，法家同理，後世法家衰微，因此將律學以及斷獄之書歸於法家，律學、斷獄等雖然是專門之學，但是與法家樹立宗旨的本義是不同的。

農家一類，《四庫總目》痛批「觸類蔓延」之弊端，《舊唐志》已將《相鶴經》《相馬經》等歸入農家，開啟了後世農家類強附之弊端。

醫家一類，《四庫總目》未分細目：「明制，定醫院十三科，頗為繁碎。而諸家所著，往往以一書兼數科，分隸為難。」〔註75〕因而《四庫總目》醫家類以時間為次。劉咸炘則認為不可，遂依《漢志》《隋志》在醫家類下分為經脈、病症、針灸、方藥、修養、治物、總類七個細目。

---

〔註71〕劉咸炘：《續校讎通義》，《劉咸炘學術論集·校讎學編》，第 85 頁。
〔註72〕劉咸炘：《續校讎通義》，《劉咸炘學術論集·校讎學編》，第 85 頁。
〔註73〕永瑢等：《四庫全書總目》卷 99，第 836 頁。
〔註74〕劉咸炘：《續校讎通義》，《劉咸炘學術論集·校讎學編》，第 74 頁。
〔註75〕永瑢等：《四庫全書總目》卷 103，第 856 頁。

　　天文算法一類，《四庫總目》分為推步和算書兩個細目。劉咸炘簡稱為天算類，並設占候、推步、算書三個細目，他解釋道：「占驗之起甚古，《七略》《隋志》專以占驗為天文而曆數別出，今專以曆數為天文而反置占驗於術數，謂本與天文為二，太不師古矣。推步、占驗皆天文之事，何可重一而廢二邪？宜仍移術數類中占候一目於此。」〔註76〕劉咸炘對天算類的調整，乃遵循《七略》、《隋志》之古意，於《四庫總目》術數類中將占候移入天算類。

　　術數一門，《四庫提要》分為數學、占候、相宅相墓、占卜、命書相書、陰陽五行六個細目。占候為劉咸炘移入天算類，天算類亦屬術數一門，劉咸炘將其獨立成為一類，乃因其重要。從命名上看，若繼續沿用《四庫總目》術數類之稱，則容易混淆與天算類的關係。因而劉咸炘將其改稱為雜術數，以區別、尊重天算一類，下分數學、相宅墓、卜筮、命相、三式、雜占六個細目，在細目立名上，稍作調整。

　　藝術一類，《四庫總目》提要分為書畫、琴譜、篆刻、雜記四個細目，藝術類書畫之屬案語曰：「有記載姓名如傳記體者，有敘述名品如目錄體者，有講說筆法者，有書畫各為一書者，又有共為一書者。其中彼此鉤貫，難以類分，今通以時代為次。」〔註77〕在劉咸炘看來，此類最大的問題是以義歸類，不區別體裁，不符合自己依體裁部次的主張。此類著錄其他體裁之書甚多，有傳記，有目錄，因而，此類需將傳記、目錄等體裁之書歸於史部，藝術類中所收「惟論法訣品高下者」〔註78〕。

　　樂律一門，《四庫總目》所無。《四庫總目·樂類》云：「今區別諸書，惟以辨律呂、明雅樂者仍列於經，其謳歌末技，絃管繁聲，均退列雜藝、詞曲兩類中。」〔註79〕《隋志》已將律呂之書入經部樂類，此不合「尊經」之義，而《四庫總目》對樂律又分雅俗，則又不合辨體之義。既然樂類可刪，則從樂類剔出之書則可歸於子部樂律一門。此門分通論、記錄兩個細目：「一通論，凡空論其理及律呂聲調源流者皆入之。二記錄，則凡曲簿聲譜及技術故事皆入而不復別其器。」〔註80〕

　　雜家一類，《四庫總目》分為雜學、雜考、雜說、雜品、雜纂、雜編六個

〔註76〕劉咸炘：《續校讎通義》，《劉咸炘學術論集·校讎學編》，第86頁。
〔註77〕永瑢等：《四庫全書總目》卷113，第970頁。
〔註78〕劉咸炘：《續校讎通義》，《劉咸炘學術論集·校讎學編》，第87頁。
〔註79〕永瑢等：《四庫總目》卷38，中華書局，1965年，第320頁。
〔註80〕劉咸炘：《續校讎通義》，《劉咸炘學術論集·校讎學編》，第88頁。

細目。此類最為混亂，大概受「雜」字誤導，《四庫總目》亦說「雜之義廣，無所不包」〔註81〕。雜家兼採眾說，並非毫無宗旨。《四庫總目》又因後世墨家、名家、縱橫家之書寥寥無幾，遂將三家併入雜家。劉咸炘指斥道：「世乃謂名、墨書少，難立門類，曷視此乎？《鄧析》《尹文》《人物志》《墨子》《鬼谷》，今固尚在也。」〔註82〕三家入雜家，隱沒三家源流，余嘉錫亦說：「最誤者莫如合名、墨、縱橫於『雜家』，使《漢志》九流十家頓失其三，不獨不能辨章學術，且舉古人家法而淆之矣。」〔註83〕雜家一類，劉咸炘認為：「《七略》於雜家謂兼儒、墨合名、法，乃指《尸子》《呂覽》《淮南》諸書皆有宗旨，雖雜而成家者也。」〔註84〕因而此類著錄之範圍應當限定在《尸子》《淮南》等兼採眾家而又能成一家之言者。存此三家，於調整子部有重大的意義，《四庫子部》云：「子部目錄之弊正坐喧賓奪主，存此三家，亦所以扶微定亂也。主人雖少，亦使人知有主焉。」〔註85〕保存名、墨、縱橫三家，不僅不至於隱沒其源流，對子部來說，更是剔除子部「喧賓奪主」之弊的重要一環。

　　《四庫總目》子部有譜錄一類，劉咸炘將其刪除。譜錄類始立於尤袤《遂初堂書目》，對此劉咸炘則評價道：「若夫譜錄之書，自昔入史部無異辭，尤袤妄分門目，遂使史部目錄歧而為二，何可從也。」〔註86〕譜錄所收，乃記實之書，當歸於史部，劉咸炘將譜錄類歸於史部，成為簿錄類下細目。

　　類書一門，《四庫總目》曰：「類事之書，兼收四部，而非經非史，非子非集。四部之內，乃無類可歸。」〔註87〕《隋志》將類書附於雜家之後，《舊唐志》將類書獨立一類而入子部。類書並非立言，體裁又有數等，因而劉咸炘將類書從子部中剔除。

　　小說一類，劉咸炘正其本體曰：

　　　　小說者，文之一體，而《七略》乃列為子家，蓋古之小說皆有宗旨，其敘事乃藉以明意，而敘述又揚厲，不似傳記之質實，所謂說煒曄而譎誑也。〔註88〕

---

〔註81〕永瑢等：《四庫全書總目》卷117，第1006頁。
〔註82〕劉咸炘：《續校讎通義》，《劉咸炘學術論集·校讎學編》，第33頁。
〔註83〕余嘉錫：《目錄學發微、古書通例》，商務印書館，2011年，第77頁。
〔註84〕劉咸炘：《續校讎通義》，《劉咸炘學術論集·校讎學編》，第88頁。
〔註85〕劉咸炘：《續校讎通義》，《劉咸炘學術論集·校讎學編》，第89頁。
〔註86〕劉咸炘：《續校讎通義》，《劉咸炘學術論集·校讎學編》，第7頁。
〔註87〕永瑢等：《四庫全書總目》卷135，第1141頁。
〔註88〕劉咸炘：《續校讎通義》，《劉咸炘學術論集·校讎學編》，第92頁。

後世對小說一體的看法頗為繁雜，從溯源的角度來看，小說家的特點是似子而近史〔註89〕，因而劉咸炘十分強調小說之本體。小說易與傳記相混，但可以體裁之分區別二者。對此類的調整，便需要將誤入於小說家類的傳記歸於史部當中。小說家亦有其宗旨，而傳記崇實，因而可區別二者。

釋、道二家在《四庫總目》子部最末。《七志》佛、道二家不在志限，《七錄》設外篇納佛道之書，《隋志》亦將二家附於四部之末，不與四部相混，《舊唐志》將二家之書收於子部道家之中。《四庫總目》亦不區別古道家與道教之區別。劉咸炘主張辨體，佛、道二類之書，亦當依體裁散歸各類。道家次於儒家之後，佛家一類則刪除。值得注意的是，劉咸炘將「道家《陰符》《老》《莊》《關尹》《列》《文》諸子及《亢倉》《玄真》《無能》宜從《七略》，別出道家，列儒家後，此固與丹訣符籙異趣也」〔註90〕，雖依體裁部次書籍，但劉咸炘亦區別了古道家與道教。

子部各類的順序，則依《七略》之義：諸子略與兵書略、數術略、方技略並立，乃是虛理與實用之區別。故劉咸炘所定子部各類，從儒家至小說家，乃是虛理一列；兵書至藝術，乃是實用一列。對此，劉咸炘解釋道：「如此則四略之遺意存，虛實分，專家見，而無泛濫之弊矣。」〔註91〕

劉咸炘對子部的調整，有兩大特點：其一，回歸諸子之本旨，革除後世強附之弊端；其二，子部各家雖立言，但區別虛理與實用之分，回歸《七略》四略鼎立之意。

## 四、集部的調整

劉咸炘對集部的調整如表 2.4。

表 2.4：《四庫總目》與劉咸炘所定集部類目比較表

| 《四庫總目·集部》類目 | 劉咸炘調整的集部類目 | |
| --- | --- | --- |
| 楚辭 | 楚辭 | |
| 別集 | 別集 | |
| 總集 | 總集 | 斷代 |
| | | 限地 |

〔註89〕 徐有富：《目錄學與學術史》，中華書局，2009 年，第 347 頁。
〔註90〕 劉咸炘：《續校讎通義》，《劉咸炘學術論集·校讎學編》，第 94 頁。
〔註91〕 劉咸炘：《續校讎通義》，《劉咸炘學術論集·校讎學編》，第 94～95 頁。

| | | | 通選 |
| --- | --- | --- | --- |
| | | | 專體 |
| | | | 義類 |
| | | | 人聯 |
| | | | 事聯 |
| 詩文評 | | 詞曲 | 詞別集 |
| | | | 詞總集 |
| | | | 南北曲 |
| 詞曲 | 詞集 | 制義 | |
| | 詞選 | | |
| | 詞話 | | |
| | 詞譜詞韻 | | |
| | 南北曲 | | |
| | | 小品 | |
| | | 評說 | 文評說 |
| | | | 金石例 |
| | | | 詩評說 |
| | | | 詞曲小品評說 |
| | | | 詞曲譜 |
| | | | 詞曲韻 |
| | | | 雜說 |

　　劉咸炘承章學誠「著作衰而有文集」的觀點，集部在劉咸炘整個部類體系中是最為「卑劣」的。相對於經、史、子三部而言，劉咸炘對集部的調整則只有寥寥數言，這亦是劉咸炘「卑集」之體現。

　　《楚辭》一類，《四庫總目》亦將其冠為集部之首。《四庫總目》云：

　　　　《隋志》集部以《楚辭》別為一門，歷代因之。蓋漢、魏以下，賦體既變，無全集皆作此體者。他集不與《楚辭》類，《楚辭》亦不與他集類，體例既異，理不得不分著也。〔註92〕

《四庫總目》認為《隋志》將《楚辭》立為一門，是因為後世賦體發生了變化，在體例上後世之賦與《楚辭》不同。劉咸炘於《明隋志》篇則猜測《隋志》集

---

〔註92〕永瑢等：《四庫全書總目》卷148，第1267頁。

部以《楚辭》為首，乃是為了探源《七略》詩賦之意，《七略》詩賦略乃先賦後詩，既然以《楚辭》類為集部之首，則需明白此義。

別集一類的詩文作品，《四庫總目》依時代先後為次，劉咸炘認為「自是善法」。劉咸炘於《目錄學・次第》篇中說：

> 按縱觀不獨可以知學術，且可以見時風，齊、梁詞章盛，故類事鈔詞之書多，北朝及唐釋教盛，故鬼怪報應之書多。記賞玩飲食之書始於唐，偷逸之風也。論南北兵事之書盛於南宋，恢復之說也。〔註93〕

別集乃收一人文集，《四庫總目》依時代先後為次，因而可以從中看出學術傳承、時風變化，因而被劉咸炘稱為「善法」。

總集一類，《四庫總目》共收 563 部，「有括一代，有限一方……有通選古今，取佳善，搜遺佚，有專錄一體，有專錄一類……有選一時交友，有以倡和合編……」〔註94〕但《四庫總目》未對其進行分類。劉咸炘則將其分為斷代、限地、通選、專體、義類、人聯、事聯七個細目。專體一類，劉咸炘解釋道：「專體者，非專詩專文之謂，如詩專律體，文專賦四六之類是也。」〔註95〕按劉咸炘此前立名的主張，專體一類，則容易產生誤會。

詩文評一類，劉咸炘將其改稱「評說類」，並於著錄範圍有所擴張。從立名上看，劉咸炘認為「評之為言主於品第高下，此類之書，或論法式，或說本事，非評所能該也。又詞曲小品皆有評說，但言詩文，亦未足該，宜改稱評說……」〔註96〕因而，劉咸炘依據評說之對象在評說類下分文評說、金石例、詩評說、詞曲小品評說、詞曲譜、詞曲韻、雜說七個細目。詞曲譜、詞曲韻二類乃從詞曲類中劃分而來。

詞曲一類，《四庫總目》分為詞集、詞選、詞話、詞譜詞韻、南北曲五個細目。劉咸炘則將詞曲一類分為詞別集、詞總集、南北曲三個細目。詞話劃歸評說類，詞譜詞韻亦附於評說類。《四庫總目》不錄曲文，劉咸炘認為曲文亦當收錄。此部分劉咸炘則是依體裁分類。

劉咸炘所定集部部類中，尚有制義、小品二類。小品乃收尺牘、楹聯、詩鐘、謎語等；制義乃收制舉之文。

---

〔註93〕 劉咸炘：《目錄學》，《劉咸炘學術論集・校讎學編》，第 347 頁。
〔註94〕 劉咸炘：《續校讎通義》，《劉咸炘學術論集・校讎學編》，第 95 頁。
〔註95〕 劉咸炘：《續校讎通義》，《劉咸炘學術論集・校讎學編》，第 95 頁。
〔註96〕 劉咸炘：《續校讎通義》，《劉咸炘學術論集・校讎學編》，第 95 頁。

劉咸炘對集部的調整，最大的特點是擴充了集部的著錄範圍。如曲文、制舉之文等，向來不受著錄家重視，不被著錄，劉咸炘則主張錄於集部：「凡此諸種，與詩文皆文之一體，無分崇卑⋯⋯」〔註97〕劉咸炘認為曲文、制舉之文等當入集部，乃是因為其體無尊卑之分。與《四庫總目》相較，此處可見劉咸炘部類觀更為包容，雖說如此，但是此類文體入集部，乃是基於劉咸炘「卑集」觀念「多容何害」之上的，後世集部一類，本就不是《七略》詩賦略之舊，多收多錄，亦無大害。

## 第二節　設立外編

劉咸炘對四部分類法調整乃是遵循《七略》之義例，其認為：「七略義例所有，雖《七略》無其書，亦可治也。《七略》義例所無，強編四部之中，而四部以蕪，《七略》以亂，此則不可治也。」〔註98〕這是劉咸炘調整四部分類法的原則，在此原則下，劉咸炘認為有些類目不應設立，如經部的《樂》類；史部的史抄類、史評類、時令類；子部的類書類、譜錄類等。對於這些部類原來收錄的書籍，一部分調整進入了四部中其他的部類，如經部《樂》類所收可歸入子部樂律類，子部譜錄類被劉咸炘分散併入簿錄類，成為簿錄類下的細目，史評類被劉咸炘置於史學類成為細目；另一部分的書籍劉咸炘則認為不應納入四部之中，如類書、書鈔等，對於這些不應納入四部的書籍，劉咸炘則於四部之外設立了外編，將其放入外編之中。

外編乃與經史子集四部相對而言，不入四部之內，與四部並立。外編所收，就是劉咸炘所定的那些不合《七略》義例的書籍，此類書籍「收之不可，棄之不能，惟有別為外編」〔註99〕。章學誠《校讎通義》提出了四部與《七略》勢不兩容的五點原因：

> 史部日繁，不能悉隸以《春秋》家學，四部之不能返《七略》者一。名、墨諸家，後世不復有其支別，四部之不能返《七略》者二。文集熾盛，不能定百家九流之名目，四部之不能返《七略》者三。鈔輯之體，既非叢書，又非類書，四部之不能返《七略》者四。評點詩文，亦有似別集而實非別集，似總集而又非總集，四部之不

---

〔註97〕劉咸炘：《續校讎通義》，《劉咸炘學術論集・校讎學編》，第96頁。
〔註98〕劉咸炘：《續校讎通義》，《劉咸炘學術論集・校讎學編》，第9頁。
〔註99〕劉咸炘：《續校讎通義》，《劉咸炘學術論集・校讎學編》，第9頁。

能能返《七略》者五。〔註100〕

五點原因分別對應五類書籍，章學誠此說基於四部與《七略》勢不兩立的觀點。劉咸炘則疏通《七略》與四部之大義，認為可以使四部無異於《七略》，因而上述章學誠所提的五點可以通過對四部的調整來協調。如史部之書，調整後可體現《隋志》正、古、雜三門鼎立之意；名、墨諸家仍然列於子部，保存其源流；文集雖盛，但可通過「卑集」來體現《七略》之義，因而史部之書、文集、名家、墨家都可在四部之中體現《七略》之大義。故劉咸炘說：

> 夫史之所包本廣，文集不可強分……名、墨無傳，然尚有其
> 書，可分立部目也。所患乎不能復古者，在增古所無，難於位置
> 耳。〔註101〕

史、文集、名、墨等在四部內都可調整，但是對於類書、抄輯與評點之書，即劉咸炘所說的「增古所無」者，不在《七略》義例之內，在四部之內亦難以找到適當的位置進行安放。除此二者外，劉咸炘在對四部進行調整時，亦將雜記、考證、蒙求之書從四部中剔除，與鈔輯、評點之書一起歸於外編。

類書一門，在目錄部類中應當歸於何處，歷來眾說紛紜，莫衷一是。對於類書一門，劉咸炘則認為：

> 其門類所該甚廣，非專於典章與藝文也，小小摘比，尤不可殫
> 舉，或主益辭章，搜求秀豔，或取便翻檢，網羅數名，其體甚大，
> 不比鈔摘之短書，其用亦宏，不比考史之譜錄，若不別立一門，強
> 配必滋弊病矣。〔註102〕

正是因為類書的特殊性，在四部之中沒有合適的位置安放。從《隋志》以來，類書一門，有置於子部雜家類的，如《隋志》；有在子部別立一門的，如《舊唐志》；有別出於四部之外別立一門的，如胡應麟；亦有不用四部分類將類書別為一門的，如鄭樵《通志·藝文略》。〔註103〕無論是從體裁還是從內容上分類，對類書的歸屬爭論都難以統一。鑒於此，劉咸炘則將類書別出四部之外，歸入外編。從體例上看，劉咸炘亦認為類書體例頗為複雜，並將類書分為了五類：

> 類書之中，體例又有數等，有兼該事文者，有以偶語隸事文但

---

〔註100〕章學誠著、葉瑛校注：《文史通義校注》，第 956 頁。
〔註101〕劉咸炘：《續校讎通義》，《劉咸炘學術論集·校讎學編》，第 9 頁。
〔註102〕劉咸炘：《續校讎通義》，《劉咸炘學術論集·校讎學編》，第 10 頁。
〔註103〕劉全波：《再論類書的目錄學演變》，《圖書館理論與實踐》，2013 年第 6 期。

　　取華藻者，有加考證者，有專錄一門者，當分為總類，句隸、類考、

專類、策括五目⋯⋯〔註104〕

劉咸炘就《四庫總目》類書類所著錄之書，將類書分為了五類，句隸如《佩文韻府》《韻府群玉》等；總類如《藝文類聚》《冊府元龜》等；類考如《事物紀原》《山堂考索》等；專類如《花木鳥獸集類》《讀書記數略》等；策括如《源流至論》《群書會元》等。劉咸炘對類書的分類，較為精確〔註105〕。

　　書鈔一類，亦與類書相似，內容出入經史子集。《校讎通義》曰：

　　嗣後學術，日趨苟簡，無論治經業史，皆有簡約鈔撮之工，其

始不過便一時之記憶，初非有意留青，後乃父子授受，師弟傳習，

流別既廣，巧法滋多，其書既不能悉畀丙丁，惟有強編甲乙，弊至

近日流傳之殘本《說郛》而極矣。其書有經有史，其文或墨或儒，

若還其部次，則篇目不全，若自為一書，則義類難附。凡若此者，

當自立書鈔名目，附之史抄之後，可矣。〔註106〕

章學誠認為抄撮之書出入經史子集，在四部之中亦難以有合適的位置安放，應當在史抄之後立書鈔一目，收錄此類抄撮之書。若依章學誠所說，書鈔類應當立在史部之下。章學誠別立書鈔一目，劉咸炘極為讚賞，但是卻不贊同此類附於史抄之後，劉咸炘解釋道：

　　若謂附之史抄，則又未是，史抄隋前已有之，《隋·經籍志》附

之雜史，敘例所謂「抄撮舊史，自為一書，亦各其志，而體制不經」

者，此乃後世《綱鑒》之流，非《兩漢博聞》之例，彼自勒成首尾，

其高者亦或自有意旨，書鈔既未可比之，而復不專於史籍，何可因

抄而混之邪？〔註107〕

劉咸炘區別史抄與書鈔，在劉咸炘所定史部史學類中，有鈔類這一細目，收史抄類書籍，而此處劉咸炘則又將史抄與書鈔區別開來，不使二者相混。若依劉咸炘辨體之說，史抄亦是書鈔的一種，劉咸炘既然主張按體分類，為何史抄可入於史部，而書鈔一體又別於四部之外呢？此處則可見劉咸炘按體分類之標準亦不統一，劉咸炘亦分體之高下。總的來說，劉咸炘區別書鈔一類與四部之關係，自是其溯源《七略》之義的體現，只不過在細節處理方面與自己的主張

〔註104〕劉咸炘：《續校讎通義》，《劉咸炘學術論集·校讎學編》，第91頁。
〔註105〕劉全波：《再論類書的目錄學演變》，《圖書館理論與實踐》，2013年第6期。
〔註106〕章學誠著、葉瑛校注：《文史通義校注》，第958頁。
〔註107〕劉咸炘：《續校讎通義》，《劉咸炘學術論集·校讎學編》，第10頁。

亦有相互牴牾之處。

雜記之書，多出於宋代，內容亦頗為繁雜，「考古記今，評文載事，無一定宗旨，不得為雜家，而記事質實，非有寓意，亦不得為小說」〔註108〕。無論是從內容上看還是從體裁上看，雜記一類都不易部次。如前文所述，《四庫總目》雜家類之雜說、雜考二目，小說家類、史部雜史、傳記類，《四庫總目》並沒有嚴劃各類的區別，按劉咸炘辨體之主張，這幾類在著錄範圍上有相互重疊之處，這亦是雜記之書難以部次的原因所在。雜記出入於各部，內容繁雜，不易定體。鑒於此，劉咸炘主張將雜記附於外編：「此類出入諸門，散處如流寇，故不別之於外編，四部難理也。」〔註109〕《四庫總目》雜家類下亦有雜品一目，所收「或鈔格言，或集醫方，或陳器物，或述技術，出入史、子，不可分劃……」〔註110〕因而雜品一類亦被劉咸炘置於外編，不入四部之內。需要注意的是，外編雜記類與史部地理類之雜記、傳記類之雜記是有區別的，史部下之雜記，內容較為單純，外編之雜記，內容則頗為繁雜。

考證之書，《四庫總目》雜家類下有雜考一目。在劉咸炘看來，考證之書不成一家之言，不得入子部：「考據之書，四部兼該，既非立言之體，又非儒者之能事也。」〔註111〕考證之書，亦出入於多家，因而劉咸炘亦主張將其劃歸外編：

> 近世校勘學興，且以校勘為一書，版本目錄，匯題跋以成編，校補審正，分群書而成卷，既難割裂以屬群書，更不可混同而歸之諸子，列之外編，以作四庫之副，猶六藝略之附《爾雅》，集部之附詩文評，則善矣。〔註112〕

劉咸炘援引《爾雅》附於六藝略、詩文評附於集部之例，將考證之書列於四部之外。劉咸炘的解釋，看似合理，但是其自身所定部類中，史學類下亦有考訂一目，與考證之書亦難脫關係，如劉咸炘說「至於考訂則連考二史亦可附於本史，《兩漢刊誤》附《後漢書》後，《提要》之例甚明……惟總考諸史乃可別出耳」〔註113〕若依此理，考證之書，亦可依考證對象之多寡，附於各類。劉

〔註108〕 劉咸炘：《校讎述林》，《劉咸炘學術論集・校讎學編》，第 170 頁。
〔註109〕 劉咸炘：《續校讎通義》，《劉咸炘學術論集・校讎學編》，第 11 頁。
〔註110〕 劉咸炘：《續校讎通義》，《劉咸炘學術論集・校讎學編》，第 12 頁。
〔註111〕 劉咸炘：《續校讎通義》，《劉咸炘學術論集・校讎學編》，第 11～12 頁。
〔註112〕 劉咸炘：《續校讎通義》，《劉咸炘學術論集・校讎學編》，第 12 頁。
〔註113〕 劉咸炘：《續校讎通義》，《劉咸炘學術論集・校讎學編》，第 61 頁。

咸炘如此劃分，大概內容較為單純之書，可附於本書之下，而列入外編的考證之書涉及四部，內容較為駁雜。如雜記一類，歸於外編，但其《校讎述林·宋人雜記》中亦說「體亦偶有純者，當定其體，或入傳記，或入小說，其駁雜或長於議論，或詳於記事，或別具殊異之旨，或特載罕見之事，亦當細為條別……」〔註114〕同是雜記之書，有的入外編，有的則入四部傳記或小說內。同理，考證之書或也有根據其內容定其體裁，區別單純與駁雜之體，從而分入不同的部類下。

　　蒙求之書，亦被劉咸炘劃入外編。章學誠《史考釋例》中在史學之部下有蒙學一類，劉咸炘認為「蒙學體本卑陋，不得為史學，宜入之外編蒙學」〔註115〕。蒙求之書與上述幾類相似，體例不一，內容駁雜：

　　　　其體排列名數，或為韻括，謂為譜錄則略說而非專門，謂為類書則順列而非分隸，天地人物，淺而言之，不得以為故事也，周秦漢魏，簡而數之，不得謂為史抄也。對偶者，非詩非頌，直達者，非史非子，以為書鈔，前自以己意為聯綴，以為考證，則僅取陳跡於簡編，李氏《蒙求》，昔入類書，何嘗分門類事？《六藝綱目》昔附小學，何嘗自有發明？別之外編，而一切蒙學之書有所歸矣。〔註116〕

總之，無論從體例還是內容看，蒙求之書頗為駁雜，難以依體分類。此處亦有難以理解之處，「蒙學體本卑陋」，如劉咸炘所講，蒙求之書，並無固定之體裁，蒙求一類，則完全是依照內容來歸類。劉咸炘時而強調辨體不分高下，又常論哪種體裁是卑劣的，豈不是自相矛盾了嗎？

　　評點之書，劉咸炘則認為不入外編，可依章學誠的方法處理，《校讎通義》曰：

　　　　自學者因陋就簡，即古人之詩文，而漫為點識批評，庶幾便於揣摩誦習。而後來嗣起，囿於見聞，不能自具心裁，深窺古人全體，作者精微，以致相習成風，幾忘其為尚有本書者，末流之弊，至此極矣。然其書具在，亦不得而盡廢之也……編書至此，不必更問經史部次，子集偏全，約略篇章，附於文史評之下，庶乎不失論辨流別之義耳。〔註117〕

〔註114〕劉咸炘：《校讎述林》，《劉咸炘學術論集·校讎學編》，第 170 頁。
〔註115〕劉咸炘：《續校讎通義》，《劉咸炘學術論集·校讎學編》，第 61 頁。
〔註116〕劉咸炘：《續校讎通義》，《劉咸炘學術論集·校讎學編》，第 12 頁。
〔註117〕章學誠著，葉瑛校注：《文史通義校注》，第 958～959 頁。

評點之書，內容亦雜，「間亦論事，或加考證」〔註 118〕。對於此類書籍，劉咸炘主張「專論文者宜附文評，兼考論者宜仍依本書，各歸其部，以其體雖卑，而於本書有裨也」〔註 119〕。劉咸炘所說，則又更加混亂了，若於本書有益則可附於本書之後，考證之書於諸書有益者亦不少，亦是以內容作為評判標準，似乎亦不合其辨體之意。

張之洞《書目答問》四部之後有叢書一門，叢書一類，亦兼及經史子集，難以隸於四部之內，但劉咸炘卻沒有在外編設立叢書一門。對待叢書，劉咸炘則認為應當「條別種類，則當散歸各門」〔註 120〕，其主張將叢書中所載依類別別裁至四部中相應的類目之下，大概是方便學者盡專家之學。

不難發現，劉咸炘外編所收，都是在體例、內容上頗為駁雜的書籍。類書、考證之書、蒙求之書、抄纂之書都可兼及諸部，固劉咸炘說「類書、書抄、評點、蒙學，其體卑不足論矣」〔註 121〕。雖然設立了外編以示和四部的區別，但實際上此類書籍與四部之內容難以割裂，如考證之書可兼及子、史，亦可資子、史之研究，所以劉咸炘在處理外編與四部關係時，並未完全將二者割裂，如雜記之書，體例較為單純的，可別出置入四部之內。此可看出劉咸炘對辨體與辨義之間的協調，但反過來看，亦是辨體與辨義之間的矛盾，此點值得分析。

## 第三節　鎔異域書

劉咸炘調整了四部分類，設立了外編，確立了各類的著錄範圍。對自己所定之部類，劉咸炘亦頗為自信，《鎔異域書》篇云：

> 部類既定，尚可增減乎？曰：所貴乎部類者，為其不可增減也。章氏常言：「聞以部次治書籍，未聞以書籍亂部次也。」以書籍之多寡而增減部次，是亂部次也。夫部類因書而立者也，有是書，即當有是類，古無今有，人事之常，現在無增，安保將來之無增……然所增者皆於大體中自有位置，非增之以破大體也，故綱目易增，而類不易增也，類可增，而部不可增也。〔註 122〕

---

〔註 118〕 劉咸炘：《續校讎通義》，《劉咸炘學術論集・校讎學編》，第 10 頁。
〔註 119〕 劉咸炘：《續校讎通義》，《劉咸炘學術論集・校讎學編》，第 11 頁。
〔註 120〕 劉咸炘：《續校讎通義》，《劉咸炘學術論集・校讎學編》，第 13 頁。
〔註 121〕 劉咸炘：《續校讎通義》，《劉咸炘學術論集・校讎學編》，第 13 頁。
〔註 122〕 劉咸炘：《續校讎通義》，《劉咸炘學術論集・校讎學編》，第 98 頁。

劉咸炘表達了兩層含義，其一，部類因書而定，但並不是因書之數量多寡而定；其二，部類確定後，不可增減部類。劉咸炘所說的不可增減，並不是絕對的。從《七略》與四部之關係來看，劉咸炘所說的大體乃是部類間的主次源流之關係，部類的增減，應當體現學術的源流關係，體現六藝統群書的部類統系，這應當是劉咸炘所說的大體。

劉咸炘對四部各類的調整、設立外編，確立各類著錄的範圍，乃是依中國固有之書來確定的，體現的是中國傳統的學術體系。但是對於生活在清末民初的劉咸炘來說，處於西學東漸的浪潮之中，自然難以忽視西學書籍在中國的傳播。但是劉咸炘所定之部類，則是針對中國固有書籍而言，對於西學書籍又該如何處理？在這種情況下，協調西學書籍與中國書籍之關係，維護大體，對劉咸炘來說則是至關重要的。既然部類已經確定，又不能破大體，劉咸炘只能將西學書籍融入到四部體系之中。

將外學之書納入四部之中，在理論上是具有可行性的，從歷史上看，佛教亦是外來之學，但是佛教之書在《舊唐志》中則併入了子部，後世相沿，此為一例。故劉咸炘說：

> 釋教之書……不與四部同編，故王氏錄諸《七志》之外，阮《錄》因之，別為外篇，《隋志》亦止錄（都）〔部〕數於四部之末，至《舊唐志》始入之於道家，此殆用道士化胡之說，固非通論，其學固子家，入之子可也，而並其傳記亦錄之子家，則非也。〔註123〕

劉咸炘雖不同意道士化胡之說，但是釋家之學，亦為立言，可歸子家，其傳記依體裁自當歸入史部傳記類。在目錄學史上，這是外學之書併入四部的一例。雖然如此，但古今有別，佛教「要其所究為一事，猶純而簡也」〔註124〕，劉咸炘所處的時代西學之書繁多，是《舊唐志》時不能相比的。西學之書的分類與中國書籍的分類固不相同，西學之書的分類，最具代表的是杜威的十進分類法，其分為總記、哲學、宗教、社會學、語學、自然科學、應用技術、美術、文學、歷史十類，自杜威分類法傳入中國後，中國學者則掀起了修正十進法以適合中國書籍的風氣〔註125〕，相較於本土的《七略》與四部，杜威分類法所涉及的書籍範圍更加廣泛，因而當時有一部分學者主張全部採用西學分類法

---

〔註123〕劉咸炘：《續校讎通義》，《劉咸炘學術論集・校讎學編》，第98頁。
〔註124〕劉咸炘：《續校讎通義》，《劉咸炘學術論集・校讎學編》，第98頁。
〔註125〕姚名達：《中國目錄學史》，第130～133頁。

來部次中國書籍，《鎔異域書》云：

> 於是人多欲改此之部類以從彼，以為彼以義分，此以體分，體
> 分承《七略》，乃一國之私，義分據自然之標準，乃天下之公，故彼
> 之類足以該此，而此之類不足以該彼。〔註126〕

劉咸炘所說，的確反映了杜威分類法進入中國後學界對此的反應。杜威分類法依學科分為十類，自然是以義分類，這也是近代書籍分類法中的趨勢。但是這恰恰與劉咸炘的辨體主張相反，自然不被劉咸炘認同，故劉咸炘反駁道：

> 彼亦有史傳與文藝，是亦以體分也。若以義分，則彼史家、文
> 家所持之主義固非一矣。至謂義分乃天下之公，則事、理、情之殊，
> 記載與著述之別，又何非天下之公邪？且審觀之，史、詩二類固彼
> 此之所同，彼之史體正《尚書》之類也。文字語言小說戲劇亦皆此
> 之所有，所不同者乃在此之子與彼之諸學耳。此少而彼多，此統於
> 經，而彼不然，此不足以該彼，而彼足以該此者，專在於是，是自
> 有故焉。明乎其故，則知彼固不能用此之法，吾亦不能棄此而從彼
> 也。〔註127〕

劉咸炘維護自己的辨體主張，認為事、理、情的區別，記載與著述的區別也是天下之公，劉咸炘辨體之說便是建立在事、理、情的基礎之上的，這也是其定體的依據（詳說第三章）。既然也是天下之公，為何要主張以義分類呢？在劉咸炘看來，西學與中國學術最大的區別，在於劉咸炘所說的「此之子與彼之諸學」，中國學術流變過程中，子家越來越少，而西學此類則多，經部為子部之統領，西學則不然，這是二者最大的區別，故劉咸炘也承認「彼此之學術有根本之異」〔註128〕，具體表現為：

> 彼之學由物起，各別而究之，始於自然，中及社會，近乃及於
> 心理，其統系之立甚遲（至孔德始有學術統系）。其大體由分而合。
> 此之學則由心起，一貫而究之，舉一宗旨，則論人生如是，論政亦
> 如是，乃至生計藝術罔不如是，其統系之成甚早，其大體由合而分。
> 由此而一一比觀之，宗教之經與佛經同，而不與六經同，蓋專記教
> 者之言行而非事理之總紀也，其儀式則制度耳，其理論術數則子家

---

〔註126〕劉咸炘：《續校讎通義》，《劉咸炘學術論集・校讎學編》，第99頁。
〔註127〕劉咸炘：《續校讎通義》，《劉咸炘學術論集・校讎學編》，第99頁。
〔註128〕劉咸炘：《續校讎通義》，《劉咸炘學術論集・校讎學編》，第99頁。

耳。自然科學，彼之專長，此之譜錄不足以當之。應用技術，此雖
有之而不盛，然而非無其部類也。至於社會科學，如政治、法律、
生計、教育諸科，即此方禮學、律學、兵學之類，而此之書不如彼
之專詳。哲學、倫理適與諸子範圍相當，而本體論、認識論、美學、
心理諸端，此亦不若彼之專詳，然而諸子、文集則皆及之矣。其不
專詳者，以為末而非本耳，故彼之長在專精而此之長在總合，此之
書常見其為何家，而多不能名為何學，是故彼用此之部類則多不能
該，而此用彼之部類亦多不能析……〔註129〕

　　劉咸炘一一分析中國學術與西學之區別，有兩點值得注意。其一，劉咸炘
所說的大體或統系，其認為西學統系之立甚遲，大體由分而合；中國學術統系
之立甚早，大體由合而分。劉咸炘此處所講的大體與統系，亦可聯繫劉咸炘所
說的《七略》與四部之大義，六藝為主幹，諸子為出杆之枝，兵書、方技等為
附幹之枝；四部以史、子為幹，經則為幹之根。如此聯繫，或許方便理解，中
國學術的發展乃從根到幹到枝，呈現從整體朝個體分散發展的形狀，西學的
發展則恰恰與中國學術相反，呈現的是由分到合的形狀。其二則是劉咸炘對
西學與中國學術的一一比附，其認為西學之自然科學、本體論、認識論、美
學、心理等科中國學術不能比及，凡是中國學術不能比及西學的，在中國學術
的體系之中都是「末」而不是「本」，本國學術之諸子及文集可以比及西學。
劉咸炘針對西學的這兩點態度是極為重要的，是其在部類上協調二者關係的
理論基礎。

　　鑒於此，劉咸炘則主張將西學之書融入進四部體系之中：

　　　　當以社會、政法、養教諸學入於制度類中，而別其小目，政治
　　立於典要之中，法律入刑，教育、生計、社會入戶；哲學、美學、心
　　理則增類於子部，如是無不安也。〔註130〕

在劉咸炘一一比附本國學術與西學的基礎上，其作了如上主張。上文說到二
者的區別，劉咸炘所說的「本」應當是六藝，六藝統群書，這是中國學術之大
體，並且統系之立甚早，將西學融入四部之中，並不會打破中國學術固有之體
系，不會破中國學術之大體，這也是基於上述「本」「末」之說上的。四部以
經為「本」，經統群書，而西學「宗教之經與佛經同，而不與六經同」，故將西

---

〔註129〕劉咸炘：《續校讎通義》，《劉咸炘學術論集・校讎學編》，第 99～100 頁。
〔註130〕劉咸炘：《續校讎通義》，《劉咸炘學術論集・校讎學編》，第 100 頁。

學之書納入四部體系之中，不會導致四部體系「本」「末」混亂，劉咸炘繼續解釋：

> 用西法則舊書多不可歸，吾已言之矣。經雖為吾華所專，此固世界最古之書，非他方所可比，且以吾華人編目，自當有主客之辨，若西人編目則以華經散之史、子可也……美學在哲學中，而藝術皆以為原理，自然科學之於應用技術，應用技術之於美術，皆互有出入，而哲學家書亦常有貫論社會問題，與吾華同者，諸科專史之當互注史、子，又相類也。蓋學術系統固相牽連……〔註131〕

六藝統群書，將西學之書納入四部之中後，群書之範圍擴大，六藝與群書之關係是否還能體現主次源流呢？劉咸炘承認有牽強之處，但是其堅持主客之辨，西學之書融入本國，自當以中國學術為主，中國學術之中則以六藝為「本」，加之上述所說之「本」「末」，劉咸炘認為六藝與擴大之群書並無過多的矛盾之處。劉咸炘論述西學之美學與哲學、自然科學與應用技術等，亦認為各類之間相互出入，與《七略》之諸子與方技、兵書、術數等虛理與實用相似，雖有虛理與實用之分，但是亦有重疊之處，這亦是說明西學之書可融入四部之中的可行性。這是劉咸炘對待西學之書的基本認識與基本主張。

劉咸炘堅持將西學之書納入四部體系之中，這可看出劉咸炘對於部類調整的勇氣與自信，但是亦頗多牽強之處，與自己一貫堅持的辨體主張有牴牾之處。雖然劉咸炘認為將西學之書納入四部體系之中行得通，但是劉咸炘對於西學各學科與中國學術各門類的一一比附過於牽強。此處則可梳理出劉咸炘對待此類書籍時，面對辨體主張的彷徨之處。此外，劉咸炘說「哲學、美學、心理則增類於子部」，但是在自身所定的四部分類法中，並無這些類目。這些類目應該如何增加，又當如何部次，劉咸炘則並未明言。依劉咸炘所提倡的虛、實之分，這些類目或許應在小說家類之後，兵書類之前。

## 第四節　小結

劉咸炘對四部分類法的調整可視為對中國古典目錄學部類分合的一次總結，鎔異域書則是將外來學術納入以四部為代表的中國傳統學術體系的一次勇敢嘗試。劉咸炘目錄學部類觀，具有鮮明的時代特徵。依李小緣對目錄學家

〔註131〕劉咸炘：《續校讎通義》，《劉咸炘學術論集·校讎學編》，第 100～101 頁。

的劃分，劉咸炘當歸於校讎目錄學家一派，但是劉咸炘對西學之書的處理，則又可說明他的部類觀中新、舊兼有，而以舊為主。

　　從邏輯關係上看，劉咸炘對部類的調整並不是獨立的，而是同一個體系之內。首先，劉咸炘對四部各部類的調整，將不符合《七略》之大義的書籍從四部之中剔出；而外編的設置恰恰為這些被剔出四部的書籍找到了適當的安放位置；面對時代的特殊性，劉咸炘對待西學書籍不能置之不理，從而嘗試將西學之書納入四部之內。

　　從價值導向上看，劉咸炘對部類的調整大體上遵循著「尊經」「廣史」「狹子」「卑集」的原則，在具體的操作上，辨體之主張始終貫穿其中。雖然其對部類調整的做法與其辨體的主張時有牴牾之處，但其所定之部類卻是頗有特色的。面對西學之書，其主客之辨的立場，為其所定的部類增加了幾分傳統走向現代的意蘊，但主客之辨的立場亦可體現其相對保守的文化觀。

　　在劉咸炘調整四部各類目的過程中，劉咸炘確定各類目本義的意義遠大於對類目增減省併的意義。確定類目的定義，才是劉咸炘調整四部分類法的本質特徵。劉咸炘所定的四部各類目，僅僅是劉咸炘結合《書目答問》對《四庫總目》各類目的一次修正，劉咸炘條別各類目的同時，對各類目的著錄範圍進行嚴格限定，這便是對類目本義的回歸，回歸的方法則是辨體。因此，劉咸炘借部類明學術統系，本質上是以《七略》之義為四部各類目下定義的過程。

# 第三章　劉咸炘目錄學部類觀評議

劉咸炘從部類的主次、源流關係上疏通《七略》與四部之間的關係，嚴劃各部類的著錄範圍，通過定體部居書籍，以此體現學術源流，這是劉咸炘目錄學部類觀的主線，環環相扣，頗有特色，形成自己的部類觀體系。但是在這個體系之中，亦有許多方面是值得商榷的，如辨體之說的利弊及其與考鏡源流之間的關係，劉咸炘部類觀在清末民初特定的時間段體現出來的特點等，本章對此進行一番探討。

## 第一節　劉咸炘辨體之說的利弊

劉咸炘欲通過部類的劃分來明確學術源流，而部類的劃分則以體為標準，劉咸炘對四部分類法的調整大致以此為據。部類有辨體、辨義之分，對於強烈主張辨體的劉咸炘來說，辨體有利於條別各類，使得各類目之間的區別更為明晰，使著錄的標準較為統一。但在其《定體》篇中亦可見劉咸炘欲嚴格區別辨體與辨義也是不可能的，二者不能完全割裂，如體裁有其正用與假用。因而劉咸炘在主張辨體定部類的同時，亦提出以互著法協調辨體與辨義之間的矛盾。

類目劃分之標準，歷來就有辨體與辨義二者，無論是辨體還是辨義，都需涉及到理論與實際兩方面的問題，劉國鈞《四庫分類法之研究》中說：

> 自來關於類例之研究，可分為理論與實際兩方面，理論方面之問題有二，一為其分類系統所依據之原理，一為此系統所用之類目是否與所採之原理相合，是否無矛盾之處。實際方面亦有二問題，

　　一為此系統對於其運用上是否便利，二為運用此系統者之書籍隸部是否恰當。〔註1〕

　　劉國鈞將類例之研究分為理論與實際兩個方面，雖然杜定友否認中國歷來的目錄學存在分類原理〔註2〕，但此處暫且依劉國鈞所說，從這兩方面討論劉咸炘部類觀。

## 一、辨體即辨義

　　何為體？體即著述體裁。何為義？義即學術統系。分類標準以體義為主。辨體以分別部居，辨義以條別著述。二者既有區別，也有聯繫。就部類而論，經、史、子、集四部之分就是大體，史、集二部之小類以體分，其細目或以義分，子部以義分。劉咸炘批評後世不知辨體，往往以義混體，如子部之所收是也。子部之所以成為垃圾馬車，深層原因就是以義混體。

　　在劉咸炘的部類觀中，如果說《七略》與四部之大義是整個部類觀的基礎，那麼劉咸炘的辨體、辨義之說則是基石之中的一道道溝縫，使得各類目之間有聯繫又有區別。劉咸炘對四部分類法的調整乃是基於「《七略》無異於四部」之上的，並且秉持著辨體的原則，暫且可將此視為劉咸炘調整四部分類的原理，此處著重討論劉咸炘的辨體之說。劉咸炘在《續校讎通義・通古今》中簡要得提到：「蓋天下之文，以內容分不外三者，事為史，理為子，情為詩；以體性分別，不外記載與著作。史，記載也。子、詩則著作也。」〔註3〕此處則可簡略看出劉咸炘所提的辨義與辨體亦是不能嚴格劃分的。

　　體、義之間的聯繫與區別，劉咸炘在《續校讎通義》中僅有寥寥數言，但其在《文學述林・文學正名》中則詳細論述了二者的聯繫與區別。劉咸炘將天下之文橫剖分為內實與外形，內實即內容，橫剖可分為事、理、情；外形橫剖則可分為體勢、篇中之規式、格調。〔註4〕外形中之體性，便是文之體裁，部居之根據，劉咸炘云：

---

〔註1〕劉國鈞：《四庫分類法之研究》，《圖書館學季刊》，1926年第3期。

〔註2〕杜定友：《校讎新義》，《杜定友文集》第4冊，廣東教育出版社，2012年，第32～34頁。

〔註3〕劉咸炘：《續校讎通義》，《劉咸炘學術論集・校讎學編》，第4頁。今按：三者之外，還有一個更高的道，而道為經。「經—道—聖」三位一體，中外皆然，而劉咸炘身處末世，舉世皆仇視「經—道—聖」，燒經書，毀聖人，於是乎道亦不見矣。

〔註4〕劉咸炘：《文學述林》，《劉咸炘學術論集・文學講義編》，第3～4頁。

外形橫剖，則為三件。一為體性。即所謂客觀之文體，此由內
實而定。文本以明事、理、情為的，所明不同，方法亦異，事則敘
述（描寫在內），理則論辯（解釋併入），情則抒寫，方法異而性殊，
是為定體。表之以名，敘事者謂之傳或記等，史部所容也。論理者
謂之論或辯等，子部所容也。抒情者謂之詩或賦等，古之集部所容
也。〔註5〕

　　內實即文之內容，外形之體性則文之體裁，體性由內實而定，即體裁由內
容而定。從劉咸炘論述的邏輯來看，體由義所定，即辨體是基於辨義的，這是
體、義的聯繫之一。基於此點，在目錄著錄方面，劉咸炘主張著錄應當辨體，
那麼體又是由義即內容決定，既然如此，從邏輯關係上看，劉咸炘主張辨體定
部類，而體又由義決定，那麼著錄則應當辨義定部類。但是實際上劉咸炘對部
類的調整卻並非如此，其《定體》篇云：

子部雖以義，而子之為子，其體固異於史、集矣。遷、固之書，
其義豈遂合《春秋》哉？《太玄》擬《易》，用《七略》法，自當附
於《易》，特四部既分，又非官書，不得不歸於子家耳。苟以其義，
則六藝同出於聖人，亦無庸分為六門矣。後世不知辨體，而執辨義，
往往以義混體，如子部之所收是也。諸子之書，皆立言者也，非言
專門之道器，不得入子部，人人所知也。〔註6〕

　　此處劉咸炘又將體、義嚴格區分，嚴斥以義混體的現象，則又不合其內實
確定客觀之文體的說法了。如劉咸炘認為《高僧傳》《疇人傳》《印人傳》等依
著述體裁應當歸入史部傳記類，書畫目錄、宗教目錄依體裁應當歸入目錄類，
諸如此類，皆是劉咸炘辨體定部類的體現，若基於辨義，《高僧傳》當入釋家
類，《疇人傳》當入藝術類，書畫目錄、宗教目錄自當依書畫、宗教之性質歸
入藝術類與宗教類。

　　內實確定客觀之文體，這是體、義聯繫之一。內實單純不駁雜，則容易確
定客觀之文體，若一文之中，事、理、情兼有，又該如何確定客觀之文體呢？
《定體》篇中亦說：「且以一文論之，敘事之文豈無議論之語，抒情之作亦有
記述之辭。」〔註7〕一文之中，事、理、情兼有，乃為常態，如《史記》為記

---

〔註5〕劉咸炘：《文學述林》，《劉咸炘學術論集·文學講義編》，第4頁。
〔註6〕劉咸炘：《續校讎通義》，《劉咸炘學術論集·文學講義編》，第14～15頁。
〔註7〕劉咸炘：《續校讎通義》，《劉咸炘學術論集·校讎學編》，第13～14頁。

事之書，書中亦有司馬遷議論之語，因而事、理、情若要嚴劃，自然不能，《文學述林・文學正名》云：

> 諸名中明屬一實一法（如論或傳）者亦不多，其大半皆不定，如石刻辭本以所託之物為名，故雖源起敘事，而亦可以論理，抒情曲本以合樂為名，故亦可抒情，亦可敘事，又有告語之文，則本三種皆有，無所專屬。〔註8〕

辨義不明，自然難以定體，在事、理、情兼有，內容較為駁雜的情況下，自然難以確定較為單純之體裁，定體不明，部居亦難明。此處則可聯繫劉咸炘所說體裁之正用與假用，《定體》篇云：「凡一文體各有其正用，或假作他用，非其本職，則不當依。」〔註9〕此處劉咸炘說定體明確部居，但是體裁有正用和假用之分，當體裁為正用之時，即內實單純之時，則可依體裁部居書籍；當體裁假用之時，即內實頗為駁雜，內實與客觀之文體不符合之時，則不能以表面上客觀之文體確定書籍的分類了。這受文體演變的影響，《文學述林・文學正名》云：

> 凡文之一體，用之既久，內實往往擴張，遂有變體，如詩本主言情，而亦有用以敘事論理者，雖變甚而失本性，為論者所斥，然苟未全失本性，且能自成一妙，則亦當容許。故一名雖為一體之表，而名與性已不盡相掩合，特相沿自有規例，以實定體，從其多者為主耳。至於方法，則一體中互用者甚多，事必有其理，理須以事證，情生於事而於理相連，故敘述文中間有論辯之言，抒寫文中亦間有敘述之語，皆不可以嚴分，特其中自有主從，以法定性，從其主者言之耳。〔註10〕

內實的擴張會導致體裁的變化，劉咸炘此說更是從邏輯上說明了著錄書籍確定部類時，亦難以忽略義的作用。如一文之中，牽涉事、理、情，則需辨別何者最多，以多者定體。因此，劉咸炘的辨體之說相當靈活，亦頗為繁瑣。首先需明確辨體與辨義之間的聯繫，義即內實，體則客觀之文體，內實確定客觀之文體，內實的變化會影響客觀之文體的變化。其次又需要明確體、義之間的區別，著錄辨體，不可以義混體，此又割裂了體、義之間的聯繫。從這個意

---

〔註 8〕劉咸炘：《文學述林》，《劉咸炘學術論集・文學講義編》，第 4 頁。
〔註 9〕劉咸炘：《續校讎通義》，《劉咸炘學術論集・校讎學編》，第 16 頁。
〔註 10〕劉咸炘：《文學述林》，《劉咸炘學術論集・文學講義編》，第 4 頁。

義上看，劉咸炘主張以體裁確定部類的做法實質上是基於辨義的，並且辨體定部類是不能始終一貫的，其在分類標準的問題上雖然堅持辨體，但卻陷入了自我矛盾之中。如劉咸炘所說的體裁之正用與假用，王十朋《會稽三賦》、徐松《新疆賦》當入地理，吳淑《事類賦》當入類書，吳修《論印絕句》當入藝術，張竹簡《人倫大統賦》當入術數，葉昌熾《藏書紀事詩》當入傳記，很明顯，上述作品的歸類並不是按照體裁來決定的。詩、賦本用於言情，上述作品並非專為言情，這種情況便是劉咸炘所說的「名與性已不盡相掩合」，則需要「從其多者為主」，如《新疆賦》以賦體言地理之內容，為假借賦體，當依地理之內容劃入地理類之中。劉咸炘雖然區別了體裁的正用與假用，但其本質就是辨義分類。若全依劉咸炘所說體裁之正用與假用，那目錄一類中，有書畫目錄、宗教目錄等各類特種目錄，那是否可以說書畫目錄、釋家目錄假借簿錄之體以記書畫、佛家之事呢？既然客觀之文體由內實決定，那麼區分體裁之正用與假用，看似是嚴劃辨體與辨義的區別，堅定辨體定部類的主張，實際卻陷入了其所批判的以義混體之中。

　　劉咸炘於辨體辨義之聯繫不能自圓其說，這體現在目錄部類上便是混淆了部類著錄之標準，並沒有達到其自身所說的以體裁定部類的統一局面。劉咸炘十分讚賞《隋志》史部的分類，認為追求「廣史」之義就需要仔細條別《隋志》史部，其從體裁的角度上認為《隋志》正史、古史、雜史為三門鼎立，正史為紀傳、古史為編年、雜史為紀傳、編年之外的雜體。劉咸炘的條別似乎特別清晰，但是仔細梳理，亦不難發現其分類標準亦不單純，《隋志》史部霸史一門，劉咸炘認為是以紀傳、編年記載僭霸之國的史書，既然主張一以體裁定部居，反對正統之觀念，為何在自己所定的部類中，紀傳一類下又分正史、別史，正史限定二十四部官定史書，別史收二十四部之外的紀傳類史書，豈不是又在體裁之標準下雜入了正統之標準嗎？又如《四庫總目》史部有史抄一類，分為五屬，劉咸炘則認為：

　　　　如《提要》史抄類敍所舉五例，採摭文句、割裂辭藻二例不得
　　為史學，當入外編書鈔，其前之抄約、析纂、簡汰三體，雖不成史
　　體，尚資參考，既難附於編年，亦當歸之史學……〔註11〕

　　「鈔約、析纂、簡汰三體」既然不成史體，僅僅因其「尚資參考」便將其歸於史部，則又在體裁之標準外又增加是否具有參考意義這一標準。諸如此

〔註11〕劉咸炘：《續校讎通義》，《劉咸炘學術論集·校讎學編》，第62頁。

類，均是劉咸炘辨體辨義矛盾之處的體現，一方面劉咸炘要以內實確定客觀之文體，另一方面又以客觀之文體作為分類之標準，相互牽涉，矛盾衝突之處自然在體裁標準之外雜入其他標準。

因而從分類原理這一層面來說，劉咸炘認為部類的區別乃是基於客觀之文體上的，對於自身的做法給與了理論支持。劉咸炘雖然堅持辨體，但是辨體是為學術源流服務的，自然不能忽視內實在確定部類時的作用。基於內實與客觀之文體的關係，在辨體與辨義的關係上，可見劉咸炘在一定程度上認為辨體就是辨義。這來源於劉咸炘六藝統群書的觀念，《認經論》云：「凡一切文字之體，無不本於六經，故六藝統群書，辨六藝以辨群書則得其體，因所在之殊而後體殊，故辨體即以辨義，是謂校讎。」〔註12〕

## 二、辨體廓清牽涉之類目

劉咸炘統一分類的標準，其對四部分類法的調整大致堅持辨體，雖然辨體辨義有相互牴牾之處，但其對體、義的嚴格劃分亦使得歷來相互牽涉之類目得以劃分明晰。此處則從類例研究實際方面的第二點討論劉咸炘部類觀中的可取之處，即其辨體主張下條別類例的精當之處。

劉咸炘對四部分類的調整主要是基於《四庫總目》而言，因《四庫總目》欽定的性質，出於「衛道」之觀念，其類目劃分並無統一之標準，如《樂》類分雅俗，儀注類分公私等，寓高下尊卑之觀念於類目之中。對於《四庫總目》此類觀念，劉咸炘並未分析其與《七略》之大義的不合之處。拋開「衛道」觀念來說，《四庫總目》類目相互牽涉之處亦多。如雜史與別史、傳記、紀事本末等類相互牽涉，不易區分〔註13〕。如紀事本末一類，序云：

> 凡一書備諸事之本末，與一書具一事之本末者，總匯於此。其不標紀事本末之名，而實為紀事本末者，亦並著錄。若夫偶然記載，篇帙無多，則仍隸諸雜史傳記，不列於此焉。〔註14〕

從此說則可知《總目》類目之劃分並不嚴謹，故劉咸炘批評道：

> 一書具一時之本末，若成史體，正《隋志》所謂雜史，不成史體，則傳記耳。紀事本末者，採散編年、紀傳之書而以類分編，中

---

〔註12〕劉咸炘：《中書》，《劉咸炘學術論集·哲學編》，第 41 頁。
〔註13〕司馬朝軍：《〈四庫全書總目〉研究》，社會科學文獻出版社，2004 年，第 169 頁。
〔註14〕永瑢等：《四庫全書總目》卷 49，第 437 頁。

有互見之妙，故為《尚書》之遺，若偶記一事而具始末，雜史、傳記，誰不然邪？〔註15〕

諸如此類語義相互牽涉，辨類不明者，《四庫總目》甚多，再如「雜學與儒家、雜說與小說家的雜事、雜品與譜錄的界限也極易混淆」〔註16〕。

鄭樵《編次之訛論》亦云：

古今編書所不能分者五：一曰傳記，二曰雜家，三曰小說，四曰雜史，五曰故事。凡此五類之書，足相紊亂。又如文史與詩話，亦能相濫。〔註17〕

歷來書目之中，一書於此歸入此類，於彼歸入他類，此類現象十分常見。自從經、史、子、集之部類確定後，後世目錄大多沿用《隋志》之部類而加以修改，而其變化修改的廣度與深度總不至於《七略》演變為四部那麼大。歷代著錄書籍之標準不一，這體現在部類上便是劃分類目的標準不統一，因而後世書目即使大致沿用《隋志》部類，亦容易使各類目相互牽涉。劉咸炘一貫主張「條別著述雖以義為主，而分別部居則以體為主」〔註18〕，標準較為單一，能於相互牽涉之類目中嚴其區別。

如雜史類、雜家類，《四庫總目》認為「雜之義廣，無所不包」〔註19〕，遂使雜家、雜史二類著錄之書籍頗為繁雜。劉咸炘從辨體出發，則避免了受「雜」字之影響。劉咸炘定義雜史云：

雜史者，異於紀傳、編年而自成一體者也。《尚書》因事命篇之遺在此矣。雜之為名，與正、古鼎立而三者也。〔註20〕

依辨體之義，雜史一類則不易為義所混從而導致著錄繁雜，故劉咸炘依《四庫總目》所收將雜史一類劃分為六個細目：異體、專記、國別、方隅、編錄、補史。劉咸炘對自己的劃分頗為自信，其解釋道：「凡此六目，皆非傳記、編年及紀事本末，劃而明之，庶不失《隋志》正、古、雜三門鼎立之意，後世求《春秋》家學者，二體六家，乃皎然可推矣。」〔註21〕從體裁上區別雜史，

〔註15〕劉咸炘：《續校讎通義》，《劉咸炘學術論集·校讎學編》，第62頁。
〔註16〕司馬朝軍：《〈四庫全書總目〉研究》，第170頁。
〔註17〕鄭樵撰，王重民點校：《通志二十略》，中華書局，1995年，第1817頁。
〔註18〕劉咸炘：《續校讎通義》，《劉咸炘學術論集·校讎學編》，第14頁。
〔註19〕永瑢等：《四庫全書總目》卷117，第1006頁。
〔註20〕劉咸炘：《續校讎通義》，《劉咸炘學術論集·校讎學編》，第28頁。
〔註21〕劉咸炘：《續校讎通義》，《劉咸炘學術論集·校讎學編》，第68頁。

劉咸炘對雜史的定義，相對於《四庫總目》而言，有明確的著錄範圍，較《四庫總目》語義牽涉他目較為得當。雜家一類亦同理，劉咸炘追溯雜家一類的本旨，亦避免了受「雜」字之影響。

雜史、傳記、小說三者之間也容易相互牽涉。按劉咸炘所說，凡記事之書皆可入史部，雜史雖雜，但自成一體，而不成史體的記事之書，則應歸入傳記類之中。因而從紀傳、編年、記事本末、雜史等成體之書到傳記不成體之書，皆有類可歸且類目明晰。雜史與傳記之區別在於是否能成史體，《史學述林・史體論》云：

> 夫史體雖多，要不外三，一為依年，一為依事，一為依人。編年依年，紀事本末依事，而《尚書》兼事與人，紀傳則兼三者而成類。若純依人，則後之紀傳乃然，是記注與單行傳記之體，非史體也。〔註22〕

劉咸炘通過依年、依事、依人三者確立史體，如此則便於理解劉咸炘所說的史體具體是什麼。此處所說的「編年依年，紀事本末依事」應當是大致而言，指內容的主要組織形式，編年一體，內容主要依時間條列，紀事本末一體，內容則大致依事情的發展順序條列，而並非專指年、事等，編年一體亦涉人、事，紀事本末一體亦涉人與時間。傳記一類，亦可記人記事，只不過其內容在組織形式上不如編年、紀傳、紀事本末等富有條理。《治四部》篇云：「記實事者皆史也。」〔註23〕因而雜史與傳記之區別不在事之大小，而在其體。

傳記與小說之間，《四庫總目》小說家雜事之屬案語云：「紀錄雜事之書，小說與雜史最易相淆。諸家著錄，亦往往牽混。今以述朝政軍國者入雜史，其參以里巷閒談詞章細故者則均隸此門。」〔註24〕此處《四庫總目》亦以事之大小為分類標準，若依《四庫總目》所說，凡記小事者皆可入於小說，大事者皆可入於雜史，故劉咸炘批評道：

> 且記事之書，雜史以下尚有傳記，傳記、小說之辨在其體不在其事，傳記之書不必盡關朝廷軍國，而真小說亦或涉及於朝廷軍國，如《燕丹》《世說》是也。將何以分之？且小說一家本多荒怪，乃謂荒誕則黜不載，而於傳記之書又往往以偶涉諧笑而降之小說，茲蓋

〔註22〕 劉咸炘：《史學述林》，《劉咸炘學術論集・史學編》，第369頁。
〔註23〕 劉咸炘：《續校讎通義》，《劉咸炘學術論集・校讎學編》，第5頁。
〔註24〕 永瑢等：《四庫全書總目》卷141，第1204頁。

不辨大體而惟拘於跡之過也。夫諧言而事實有關，史亦偶取，大事
而壯屬失實，史必不收……〔註25〕

《四庫全書總目》史部總敘亦云：

傳記之名，所該甚廣，古書經外皆為傳記，漢後史外皆為傳記，
記人記事無別也……自唐以來，記事書多非能自成體制，而但記見
聞，或且委瑣，皆傳記也……夫雜史必成體，雜記入之則僭，小說
譎誑揚屬，雜記又非其倫也……今斷以記事之書不成史體者悉入傳
記，而後雜史、小說各識職矣……傳記之體未嘗不嚴也。〔註26〕

內實決定客觀之文體，劉咸炘辨體之法雖較為繁雜，但在其條別下，雜
史、傳記、小說三者的區別亦得以彰顯。從內實上講，雜史、傳記、小說三者
之間固有相互牽涉之處，但不能因其牽涉而以義混體，雜史、傳記為記實事，
自當入史部，二者易於從體裁上區分，小說一類亦可記事，但其所記之事本多
荒誕，非如傳記、雜史等以記實事為主。如此劃分，則符合他所說的「以實定
體，從其多者為主」。

提及小說家，則不得不討論劉咸炘對子部的調整，可以說，劉咸炘對子
部的調整動作在四部之中是最大的，也是最為精當的。劉咸炘所定的子部類
目，看似與《四庫總目》無太大區別，但是其對各類目著錄範圍的限定則非
常精當。調整子部，劉咸炘秉持「辨體明變」的原則，辨體乃是追溯子家之本
旨，明變則是疏通子家之流變。《漢志》諸子、兵書、數術、方技四略並立，
劉咸炘認為，四略並立固然與專人校書有關，但諸子與兵書、數術、方技之體
亦不相同。四略之間於事、理故有牽涉之處，但諸子略乃是「舉一義以貫眾事」
〔註27〕，主要談虛理；而兵書、數術、方技三略則「局於一事」〔註28〕，以實
用為主，這便是虛理與實用之分。劉咸炘對子部的調整，最大的特點便是辨體
追溯子家的本旨，區別虛理與實用。自《隋志》合四略為子部之後，後世子部
越來越龐雜，乃至於譜錄類、類書類等相繼混入子部，其他子家類目亦多失其
本旨，導致後世強附於子部之書甚多。

如劉咸炘對子部兵家、法家的調整，可與其對史部政書類的調整聯繫起
來進行討論。劉咸炘將《四庫總目》原史部下的時令類、詔令奏議類、職官類

---

〔註25〕劉咸炘：《續校讎通義》，《劉咸炘學術論集·校讎學編》，第92頁。
〔註26〕劉咸炘：《續校讎通義》，《劉咸炘學術論集·校讎學編》，第68～69頁。
〔註27〕劉咸炘：《續校讎通義》，《劉咸炘學術論集·校讎學編》，第4頁。
〔註28〕劉咸炘：《續校讎通義》，《劉咸炘學術論集·校讎學編》，第4頁。

統歸於政書類，並改稱制度類，其下有兵書、刑書等子目，其所定子部當中亦有兵書一類，雖然史部制度類下之兵書與子部之兵書名稱一致，但內實卻大不相同。《四庫總目》政書類軍政之屬案語云：「軍伍戰陣之事，多備於子部兵家中。此所錄者，皆養兵之制，非用兵之制也。」〔註29〕無論是養兵之制還是用兵之制，凡為制度皆為記實，故劉咸炘分析道：「營伍之法將以教其兵，雖不出於朝廷，固懸為律令，不得謂之非政也。」〔註30〕那麼史部制度類之兵書與子部之兵書區別在哪裏呢？以虛理、應用區分，則「兵家所言實止用兵之術而非兵制，與政書不患無別」〔註31〕，因而史部之兵書實指兵制，兵制皆為實事為主，而子部之兵書皆言用兵之術，是虛理，二者固然有牽涉之處，然而一者以實事為主，一者以虛理為主，應當有所區分。故劉咸炘評價《四庫總目》子部兵家類著錄之書道：

> 兵家所收多不合，《司馬法》乃古軍禮之僅存，當入制度類兵書之首，而互注於《周官》，《守城錄》《練兵實紀》《紀效新書》乃實事，《江南經略》乃邊防之法，及《存目》中《北邊事蹟》《備倭記》等書皆當入制度類兵制中，但存古子書及言權謀、形勢、陰陽者為子部兵家可也。〔註32〕

基於虛理與應用之上的辨體，劉咸炘區別了制度類之兵書與子部之兵書。劉咸炘主張辨體，對區別類目亦有另一好處，歷來部類之增、減、省、并多視書籍之多寡為定，而劉咸炘除了辨體之標準外，其他的標準較少摻入，則避免了受書籍之多寡的影響。如子部之兵家類，劉咸炘將《四庫總目》所收之書大部分劃歸史部，僅留存「古子書及言權謀、形勢、陰陽者」。同理，雜家一類亦如此，《千頃堂書目》因名、墨、縱橫所存之書甚少，便將其合併與雜家類之下，《四庫總目》沿用其做法，此做法遭劉咸炘嚴厲指斥，故在自定部類中保留了名、墨、縱橫之類目。名、墨、縱橫入雜家，無論是辨體還是辨義，都不得當，亦將三家之源流隱沒了，劉咸炘主張辨體，一以體裁定部居，自然避免了書籍之多寡的負面影響。劉咸炘對法家、農家等子部類目的調整亦同此理。

因此，從劉國鈞所講類例研究實際方面的第二點看，劉咸炘主張以體裁

〔註29〕永瑢等：《四庫全書總目》卷82，第711頁。
〔註30〕劉咸炘：《續校讎通義》，《劉咸炘學術論集・校讎學編》，第74頁。
〔註31〕劉咸炘：《續校讎通義》，《劉咸炘學術論集・校讎學編》，第74頁。
〔註32〕劉咸炘：《續校讎通義》，《劉咸炘學術論集・校讎學編》，第86頁。

定部居，對於大多數相互牽涉的類目而言，牽涉之弊端則較《四庫總目》更少了。劉咸炘如此調整或許並不能便於讀者利用書目，因為在劉咸炘調整的部類體系下，讀者需明白一書之具體內容，需懂得辨義辨體之聯繫與區別。從體裁上看，劉咸炘所定的類目較為整齊劃一，對類目的定義也較為明晰，溯源的屬性特徵非常明顯。

## 三、互著通義易使書目龐雜

內實可以確定客觀之文體，內實單純不駁雜，體裁自然容易確認，但是隨著內實的擴張，則會產生變體，使得體、義之間原本簡單的聯繫變得複雜，故劉咸炘在《定體》篇中有體裁之正用與假用之說。劉咸炘對四部分類的調整，最根本的目的是希望借四部體現《七略》之大義，借部類體現學術之源流。既然條別著述以義為主，分別部居以體為主，那麼隨著內實的不斷擴張，體、義之間的聯繫則會越來越複雜，甚至出現體、義割裂之情況，如釋道目錄、書畫目錄，依體部居則應當歸入簿錄類，《高僧傳》《疇人傳》則應歸入傳記類。因而，若全依體部居書籍，那麼對於內容相同之書籍則會分散至各類，對於求書之學者，則不易於觸類旁通，因書究學，這是辨體與辨義之間的矛盾。

面對辨體與辨義之間的矛盾，劉咸炘則主張利用互著之法協調二者之間的矛盾，《定體》篇云：

> 或曰：條別著述，惟其義耳，所以使學者能盡專家也。今惟依體，則因體而裂義，何用條別著述哉？曰：唯唯，否否。體之與義，固每成經緯之形，然分部固當以體，若以義，則一子部足矣，何七、四之紛紛乎？馬遷宗道，班固宗儒，未聞有入之儒、道家者也。惟依體則求義或不便，故有互注之法以濟之，章先生嘗言《戰國策》當互注縱橫家矣。《印人》《疇人》之傳所以明術藝，互注術藝，使專門者得以探求，是固《七略》之意。凡專門學史皆當用此例也。
>
> 雖然，互注非本類也，本類固以體定，互注乃以通其義耳。〔註33〕

劉咸炘承認辨體會帶來體、義割裂之矛盾，而辨體定部類的原則是不可更改的。但是體、義割裂之矛盾則可以用互著之法來解決，即書籍之部類由其體裁而定，面對所歸之部類與內容不相符合之時，則將此書互著於內容上有牽涉之處，如此則方便學者求書。如《印人傳》《疇人傳》依體裁應當歸入傳記類，

〔註33〕劉咸炘：《續校讎通義》，《劉咸炘學術論集·校讎學編》，第15～16頁。

但是可互著於藝術類，使學者在藝術類中亦可求得此書。

劉咸炘此說，可商榷之處甚多。其一，他說：「若以義，則一子部足矣，何七、四之紛紛乎？」據其所說，若辨義定部類，則可將各類書籍全部納入子部之中，無需再爭吵《七略》、四部之優劣。劉咸炘於《治四部》篇云：「子者，能成一家之言者也。九流既衰，成家之學已少……」〔註34〕既然「能成一家之言者」方能入子家，那麼若辨義定部類，對於不成一家之言者，全部都可歸於子家嗎？既然如此，又何必一再強調實用與虛理、記載與著述之分呢？又何必斤斤於《四庫總目》子部下設類書、譜錄等類別呢？劉咸炘自己也承認四部之中「惟九流乃以所立之旨意分」〔註35〕，對於不成一家之言者，自然不能入子部。此處則可見劉咸炘對於辨體定部類的堅持，乃至於陷入自相矛盾的尷尬境地。辨體定部類雖然能使類目較為整齊，但也不能如其所講「若以義，則一子部足矣」。

其二，劉咸炘對四部的調整乃是為了追溯《七略》之大義，其辨體的主張亦是基於《七略》的。劉咸炘認為《七略》各類的劃分便是基於辨體的，因而其自身對四部的調整基本以辨體為主。如《通古今》篇中講諸子與兵書、數術、方技四略並立乃是因四者體裁不同，《漢志餘義》篇中敘述《漢志》六藝略知辨體之法時又說：「《隋志》尚能用其遺法，自唐以來，但依朝代，不復條別其體。」〔註36〕這裡說的「遺法」，便是《漢志》辨體之法。可以說，《七略》辨體是劉咸炘的理論基礎，若此基礎不成立，劉咸炘建立在此之上的理論都需重新商榷。如姚名達《中國目錄學史》於《〈七略〉之分類法》中說：

其分類之標準不一：有聚傳習一部古典之書為一類者，如《易》《書》《詩》《禮》《樂》《春秋》《論語》《孝經》八種是也。有聚學派相同之書為一類者，如「儒」「道」「法」「陰陽」「名」「墨」「縱橫」「農」八種是也。有聚研究一種專門學術之書為一類者，如「小學」「兵權謀」「兵形勢」「陰陽」「兵技巧」「天文」「曆譜」「五行」「蓍龜」「雜占」「形法」「醫經」「經方」「房中」「神仙」十五種是也。有聚文章體裁相同之書為一類者，如「雜」「小說」「屈原等賦」「陸賈等賦」「孫卿等賦」「雜賦」「歌詩」七種是也。其法草創，前無所承，

〔註34〕劉咸炘：《續校讎通義》，《劉咸炘學術論集·校讎學編》，第6～7頁。
〔註35〕劉咸炘：《續校讎通義》，《劉咸炘學術論集·校讎學編》，第14頁。
〔註36〕劉咸炘：《續校讎通義》，《劉咸炘學術論集·校讎學編》，第17頁。

原無深義。〔註37〕

　　姚名達則認為《七略》各類之分類標準並不統一，其標準有「聚傳習一部古典之書」「聚學派相同之書」「聚研究一種專門學術之書」「聚文章體裁相同之書」。姚名達如此分類，雖有值得商榷之處，但亦對《七略》以辨體為主提出了異議。

　　黃文弼《對於改革中國圖書部類之意見》中亦云：

　　　　自來之論部類者，有辨體、辨義二說……辨體始自《隋志》，辨義源於《七略》，自《七略》變為四部，目錄家遂專主體而不專主義……或有以《七略》為辨體之書，然其說無以通於諸子略，即以六藝略言之，亦非專事辨體者。如《易》分十三家，一家即為一派。故每目均以著者姓氏或其大義冠首……況古者著述體制，亦有法度，不同後世之雜亂，如曰傳、曰解故、曰章句，皆各有本義，不相混淆，故能自為一義。至若六藝之以《易》《詩》《書》《禮》《樂》《春秋》分類，乃源於前人之成法，教者學者，咸以六藝為準則，是仍以義為主也。〔註38〕

　　黃文弼亦認為《七略》之分類是以辨義為主。因而劉咸炘的理論基礎於姚名達、黃文弼二人看來可能是難以成立的。劉咸炘承認諸子大致是以義分類的，並且諸子略與兵書略、數術略、方技略四門鼎立，「術數與方技、兵書不與諸子同編者，固由專門各校，亦以其體實微與諸子殊」〔註39〕，諸子略與兵書略、數術略、方技略等有虛理與實用之分，這便是劉咸炘所說的「其體實微與諸子殊」，並以此來證明諸子與兵書、數術、方技等體裁的不一樣，此仍是其內實決定客觀之文體的體現。劉咸炘此說是否能夠駁斥姚名達、黃文弼二人所說，尚值得商榷，但從內實決定客觀之文體的角度看，便不難理解為何劉咸炘要認為《七略》分類是以辨體為主了。

　　面對體、義割裂之矛盾，劉咸炘依然堅持辨體，主張互著通義，協調二者之間的矛盾。那麼諸如《高僧傳》《疇人傳》，書畫目錄、釋道目錄等書，互著之後又將進入傳記類、簿錄類、釋家類等，那不是又破了辨體定部類的原則了嗎？劉咸炘對此解釋道：「互著非本類也，本類固以體定，互著乃以通其義

〔註37〕姚名達：《中國目錄學史》，第55～56頁。
〔註38〕黃文弼：《對於改革中國圖書部類之意見》，《圖書館學季刊》，1926年第2期。
〔註39〕劉咸炘：《續校讎通義》，《劉咸炘學術論集・校讎學編》，第4頁。

耳。章先生發明《七略》，特重學術統系，故發別裁互著之義。」〔註40〕由辨體所定的部類則為一書之本類，互著的則非本類，如此則需要讀者明白劉咸炘的辨體辨義之主張了。

章學誠《校讎通義・互著》云：

> 蓋部次流別，申明大道，敘列九流百氏之學，使之繩貫珠聯，無少缺逸，欲人即類求書，因書究學。至理有互通、書有兩用者，未嘗不兼收並載，初不以重複為嫌；其於甲乙部次之下，但加互著，以便稽檢而已。古人最重家學，敘列一家之書，凡有涉此一家之學者，無不窮源至委，竟別其流，所謂著作之標準，群言之折衷也。如避重複而不載，則一書本有兩用而僅登一錄，於本書之體，既有所不全，一家本有是書而缺而不載，於一家之學，亦有所不備矣。〔註41〕

劉咸炘所主張的互著與章學誠的提倡大有不同：章學誠提倡的互著之法乃是基於「至理有互通、書有兩用者」，即一書之中內容繁多，主題不一，故需依主題之區別將此書著錄於各類，並無本類、非本類之分，而劉咸炘提倡互著之法乃是為了協調體、義之間的矛盾，因而有本類、非本類之說。就學術的發展而言，內實會不斷地擴張，因而「理有互通、書有兩用者」會越來越多，若內容有牽涉之書全部採用互著之法，書目則容易龐雜。就章學誠《校讎通義・卷三》提及的互著之例來看，牽涉之類別則極其繁多，如表所示：

表3.1：《校讎通義》卷三所提互著的書籍、類目（選錄）

| 著　作 | 原屬部類 | 互著部類 |
|---|---|---|
| 《古五子》 | 易類 | 陰陽類 |
| 《劉向五行傳記》 | 書類 | 五行類 |
| 《許商五行傳記》 | 書類 | 五行類 |
| 《韓外傳》 | 詩類 | 春秋類 |
| 《中庸說》 | 禮類 | 儒家類 |
| 《雅樂歌詩》 | 樂類 | 詩類、雜歌詩類 |
| 《公羊董仲舒治獄》 | 春秋類 | 法家 |

〔註40〕劉咸炘：《續校讎通義》，《劉咸炘學術論集・校讎學編》，第16頁。
〔註41〕章學誠著，葉瑛校注：《文史通義校注》，第966頁。

| 《虞氏春秋》 | 儒家類 | 當附《春秋》，互著諸子 |
|---|---|---|
| 《賈誼》 | 儒家類 | 法家 |
| 《董仲舒》〔註42〕 | 儒家類 | 春秋類 |
| 《鹽鐵論》 | 儒家類 | 故事類（《尚書》之後）〔註43〕 |
| 《說苑》《新序》 | 儒家類 | 春秋類 |
| 《烈女傳》 | 儒家類 | 詩類（當附春秋） |
| 《天下忠臣》 | 陰陽家類 | 當附春秋類〔註44〕 |
| 《商君》〔註45〕 | 法家類 | 兵書略之權謀 |
| 《韓子》〔註46〕 | 法家類 | 道家 |
| 《蘇子》 | 縱橫家 | 兵書略 |
| 《張子》 | 縱橫家 | 兵書略 |
| 《呂氏春秋》 | 雜家類 | 春秋類、尚書類 |
| 《淮南內》 | 雜家類 | 道家 |
| 《荊軻論》 | 雜家類 | 詩賦略 |

　　章學誠提倡的互著之法，顯然是基於各書於內容上的牽涉之處的，而其部
居之標準，大致亦以內容為準，如其言陰陽家類《五曹官制》云：

　　　　《五曹官制》五篇，列陰陽家，其書今不可考……如此則當入

　　於官《禮》……然則《周官》六典，取象天地四時，亦可入於曆譜

　　家矣。〔註47〕

　　按章學誠所說，《五草官制》亦可入於官禮，亦可入於曆譜家，皆是從其

---

〔註42〕《校讎通義》曰：「仲舒所著皆明經術之意。至於說《春秋》事，得失問舉，
　　　　所謂《玉杯》《繁露》《清明》《竹林》之屬，則當互見《春秋》部次者也。」
　　　　（章學誠著、葉瑛校注：《文史通義校注》，第 1038 頁。）

〔註43〕《校讎通義》曰：「《漢志》無故事之專門，亦可附於《尚書》之後也。」（章
　　　　學誠著、葉瑛校注：《文史通義校注》，第 1038 頁。）

〔註44〕《校讎通義》曰：「縱使其中參入陰陽家言，亦宜別出互見，而使觀者得明其
　　　　類例。……蓋《七略》未立史部，而傳記一門之撰著，惟有劉向《列女》，與
　　　　此二書耳。附於《春秋》而別為之說，猶愈於擾入陰陽家言也。」（章學誠著、
　　　　葉瑛校注：《文史通義校注》，第 1043 頁。）

〔註45〕《校讎通義》曰：「《商君·開塞·耕戰》諸篇，可互見於兵書之權謀條。」（章
　　　　學誠著、葉瑛校注：《文史通義校注》，第 1044 頁。）

〔註46〕《校讎通義》曰：「《韓非·解老·喻老》諸篇，可互見於道家之《老子》經。」
　　　　（章學誠著、葉瑛校注：《文史通義校注》，第 1044 頁。）

〔註47〕章學誠著、葉瑛校注：《文史通義校注》，第 1043 頁。

內容而言，因內容上的相互牽涉，故在部居上無一定的標準，有觸類蔓延之弊。因而依章學誠的互著之法，六藝略、諸子略、兵書略、詩賦略等相互出入，隨著內實的擴張，互著之法豈不是濫用於各類，使目錄愈來愈龐雜？

　　章學誠的互著之法為內容所牽涉，自然不合劉咸炘辨體定部類的主張，故劉咸炘說章學誠「主張互著太過，失體義之輕重」〔註48〕。體、義之輕重，在使用互著之法時，又當如何判別，《匡章》篇云：

> 章氏此議，因書有易混與相資為用而發。夫易混而混，自是辨體不明耳。相資，若廣言無限，則群學固莫不相資，安能一概互注？學者類求，自當旁通，又豈能於一類之中備其所資哉？蓋書有體有用，二者或不相符，而本用之外復關涉於他類，互注之法乃以濟此，其於旁涉當限於本具二用者，不當廣言相關，章氏於此殊未明析……夫體自體，用自用，著錄自當依體以定其本類，互注者，於本類之外他類復存其名耳。本類為主，存名為賓，是有輕重焉，存名者但注云見某部而已……〔註49〕

「書有易混」之時，則是因為辨體不明，「相資為用」亦當有所限制。劉咸炘所理解的「相資為用」乃是與體裁相對而言，每一體裁都有其本用，本用之外旁涉他類，此時才能用互著之法。劉咸炘此說能夠廓清章學誠互著之法觸類蔓延之弊，但是卻難以解決目錄龐雜的弊端。章學誠發明《七略》遺義，特別重視學術統系——側重於辨義，故張大明人之別裁、互注之義，但他的互注已經不免多失本與通之辨。劉咸炘繼承章學誠的學說，賡續其書《校讎通義》而成《續校讎通義》，重視著述體裁——側重於辨體，目的在補其缺而救其弊。如果說章學誠為劉氏父子之功臣，那麼劉咸炘就是章學誠之諍友。學術既要繼承前人之說，更要發展前人之說。

　　從劉咸炘的分類理論看，書籍的分類首先需要辨明書之體、用，當書之體、用不相符合之時，則用互著之法。除此之外，又需辨明體裁之正用與假用，當體裁與其正用相合時，則依體裁分類，當體裁為假用之時，則依內容分類。那麼書之體、用與體裁之正用、假用為何關係呢？劉咸炘並未辨明，如此則容易導致目錄龐雜，不利於學者盡專家之業。

　　其一，劉咸炘主張辨體太過，導致體、義割裂矛盾加劇，使用互著之法易

---

〔註48〕劉咸炘：《續校讎通義》，《劉咸炘學術論集‧校讎學編》，第 101 頁。
〔註49〕劉咸炘：《續校讎通義》，《劉咸炘學術論集‧校讎學編》，第 101～102 頁。

使書目龐雜。如劉咸炘所定簿錄一類，以義又分圖籍、詩文、書畫、器用、古物、雜品、飲食、動植八個細目，圖籍之內容廣泛，是否應當互著於他類，依《高僧傳》《疇人傳》之例，內容牽涉他類，體、用不合，則當互著，自然應當依圖籍之內容一一條別互著於他類，按劉咸炘如此分類，圖籍之屬中的金石目錄，佛、道目錄，則又當互著於金石類、釋家類、道家類；詩文一類同理，亦當互著於集部；書畫互著於藝術類。又如傳記一類，內容亦頗為繁雜，《高僧傳》當互著於釋家類，《疇人傳》當互著於藝術類，依此類推，需互著之書甚多。內容牽涉、體用不合乃後世著作之趨勢，如此則互著之書繁多，書目難免龐雜。

　　其二，體裁之正用、假用模糊互著通義的範圍。書有體有用，體裁又有正用、假用之分，依此理，書之體裁亦有正用與假用之分，由此可見，劉咸炘認為書之體與文之體是等同的關係。既然如此，如《新疆賦》劉咸炘則主張入地理不入詩賦，因詩賦之體主情，而《新疆賦》則敘述地理，依體裁之正用與假用，《新疆賦》假用詩賦之體，因而當依其內容歸於地理類；依書之體用，《新疆賦》自然為詩賦之體，「體自體，用自用，著錄自當依體以定其本類」，依此著錄原則，《新疆賦》當歸集部而互著於史部地理類。既然如此，那麼互著的邊界又變得模糊了。劉咸炘鑒於章學誠互著之法的弊端，限定了互著的範圍，但因自己過分強調辨體定部類，則又自我模糊了互著之法的邊界。欲借互著之法協調體、義之間的矛盾，結果適得其反，又使書目變得龐雜。

## 第二節　辨體以考鏡源流為準繩

　　劉咸炘以《七略》之義治四部之學，對四部分類法進行了系統調整，乃是為了服務於考鏡源流。《目錄學·部類》開篇即云：「部類一事，於目錄學中最為重要，蓋所謂辨章學術，考鏡源流，關諸群學，此為最大。」〔註50〕劉咸炘上溯向、歆，糾鄭樵，匡章學誠〔註51〕，斟酌紀昀、張之洞，在廣泛消化前人目錄學（尤其是分類學——傳統目錄學包括分類、編目、解題與索引，且與版本、校勘、辨偽、輯佚、考據、編纂諸分支關係密切）成敗得失的基礎上提出

〔註50〕劉咸炘：《目錄學》，《劉咸炘學術論集·校讎學編》，第305頁。
〔註51〕司馬朝軍按：劉咸炘認為，章學誠之言總於辨統與類，而不知先天，雖亦言統，止於明類而已。他又認為，先天與統同，而後天與類異。又按：欲發展前人的理論，必須吃透精神，摸準死穴，並找到解藥。

「尊經」「廣史」「狹子」「卑集」的原則，全面調整四部分類法，使《七略》之大義寓於四部分類之中。如前所述，劉咸炘過分堅持辨體，加劇了體義割裂之矛盾，雖其主張互著通義，但越來越龐雜的書目能否體現學術傳承之脈絡呢？劉咸炘堅持辨體，又以互著通義，以便學者盡專家之業，從此便可看出，其所定的目錄有兩重屬性：其一為學術源流之屬性，為主要的屬性；其一為檢索屬性〔註52〕，為次要屬性。檢索屬性服務於學術源流屬性，但這二重屬性亦相互牽涉，如劉咸炘所言「部類因書而立者，有是書即有是類」〔註53〕，那麼部類自然是依書而定，準確地說是因書之體裁而定，而條別著述則以義為主，義體現的是學術之統系，劉咸炘欲借辨體明學術源流，也難以避免體、義割裂的矛盾，反倒又沉溺於源流論之中了。

## 一、辨體與考鏡源流

內實決定客觀之文體，著錄書籍以辨體為主，劉咸炘認為《七略》的分類以辨體為主，只要在四部分類法上體現《七略》之義，便能考鏡學術源流，這是劉咸炘辨體之說的基礎之一。除此之外，我們還應當看到辨體之說與考鏡源流的關係。部類之間的主次關係、源流關係，便是考鏡源流的主要依託。在《七略》與四部之間，劉咸炘認為二者部類之間的主次、源流關係是相通的，四部之史、子為主幹，六藝流變為四部之經部，四部之集部非《七略》詩賦之舊；《七略》中六藝統群書，四部之經部為史、子之根，這便是二者部類之間的主次、源流關係。有了這層關係，便能以「尊經」「廣史」「狹子」「卑集」的方法治四部，因而四部分類法同樣可以作為考鏡源流之依託，這是劉咸炘利用部類考鏡源流的基本邏輯。

部類因體而定，從此角度看，辨體與學術源流之關係基本等同於類例與學

---

〔註52〕此處所說的檢索屬性乃是指學者於書目某類下尋找某類書，非指尋找排簽插架之藏書。周彥文教授認為：「（書目）主要的功能便被定為在讀書指引，而非書籍的查詢。換言之，書目的類別，代表編輯者觀念中當代學術的門類，而使用書目的人，因為並沒有一個和藏書目相對應的圖書館可資利用，所以使用者並不是要由書目中查知書籍的所在，而是藉者書目來探索每類之下有哪些書籍，再進而為自己開出讀書的基本參考書目。」（周彥文：《中國目錄學理論》，臺灣學生書局，1995年，第9頁。）劉咸炘提出的互著通義更貼近書目指導讀書的作用，但考慮到劉咸炘的體、義之辨，此處用檢索屬性更為合適。

〔註53〕劉咸炘：《續校讎通義》，《劉咸炘學術論集·校讎學編》，第96頁。

術源流之關係。臺灣研究者曾紀綱博士在其《論劉咸炘對〈四庫全書總目〉圖書分類體系之辨正》一文中說：

> 編輯或撰述的體例，在某種程度或意義上承載編著者傳遞信
> 息、表達思想、淬煉學術甚至建構知識的理念。把體例相同（或相
> 近、或彼此有承創關係）的書籍安頓在適宜的目錄結構中，形成一
> 處處各備源流的文獻聚落，或許正可以作為學者辨章學術統系的有
> 力憑藉。著錄家倘若昧於辨體，僅根據書籍的內容性質區分門類，
> 容易導致書籍歸類的混亂，從而遮掩了某些學術演變過程中所遺留
> 下的線索。〔註54〕

曾紀綱闡明了劉咸炘辨體以明學術源流的基本邏輯。很顯然，劉咸炘辨體明學術源流的理論與其內實決定客觀之文體的理論的相互聯繫的，客觀之文體扎根於內實之中，學術源流的體現本質上在於內實而不在客觀之文體，但客觀之文體作為書籍部居之標準，與依內容部居書籍比較，依體裁劃分部類自然易於使部類更加齊整，有利於避免內容上相互牽涉的弊端。劉咸炘在理論與實踐上，為辨體→定部類→考鏡源流提供了一套完整的理論、實踐體系。雖然如此，劉咸炘考鏡源流的做法亦有值得商榷之處。

從劉咸炘互著通義之說可以看出，劉咸炘著重強調目錄考鏡源流之功用，條別著述以義為主，義為學術之統系，考鏡源流自然首重義，然而分別部居又以體為主，面對體、義割裂的矛盾時，劉咸炘雖然能以互著之法進行協調，凸顯目錄考鏡學術源流的屬性，但同時其互著通義使學者能盡專家之業的說法亦強調了目錄的檢索屬性。基於體、義割裂之矛盾，這兩重屬性在一定程度上也是矛盾的，其本質乃是混書籍之分類與學術之分類於一體了，因而在目錄中則體現為目錄之分類等同於學術之分類。

劉咸炘上承鄭樵、章學誠學術源流之說，類例因書而定，鄭樵「類例既分學術自明」〔註55〕之說亦將書等同於學，並沒有區別書籍之分類與學術之分類。章學誠認為校讎學乃為了「辨章學術，考鏡源流」，亦是不分書與學，而「規定了圖書分類與學術分類的對等關係」〔註56〕。類例與學術源流之關係，

〔註54〕曾紀綱：《論劉咸炘對〈四庫全書總目〉圖書分類體系之辨正》，《書目季刊》，2008 年第 2 期。

〔註55〕鄭樵撰，王樹民點校：《通志二十略》，中華書局，1995 年，第 1806 頁。

〔註56〕梁繼紅：《章學誠的圖書分類思想與實踐》，《圖書館理論與實踐》，2007 年第4 期。

直至當下仍有所爭論〔註 57〕，但就劉咸炘互著通義所體現的目錄學術源流屬性與檢索屬性而言，可看出劉咸炘在處理體、義之矛盾時亦有躊躇之處，不然何以說出「則一子部足矣」的矛盾話語。劉咸炘堅持辨體，又意識到體、義割裂對考鏡源流之影響，雖有互著之法，但亦體現了自身未區別圖書分類與學術分類之關係，亦是其欲借類例明學術源流的體現。鄭樵主張圖書分類應以學術內容為主〔註 58〕，與鄭樵不同，劉咸炘則主張圖書分類以體裁為主。二人都主張通過類例體現學術源流，但是在分類的標準上卻不同，鄭樵所定的類目主辨義，而劉咸炘所定的部類主辨體，那麼考鏡學術之源流應當辨體還是辨義呢？

劉咸炘認為《七略》以辨體為主，因而認可辨體對考鏡源流的功用，上述黃文弼則認為《七略》以辨義為主，因而主張考鏡源流首當辨義，如其《對於改革中國圖書部類之意見》中云：

> 自《七略》變為四部，辨義者一轉而為辨體。然學術有類別，而體制無成法。後之編目者，不求學術之本，而惟體裁是從，故集部之中有子體，子部之中入史書，同一類也，而彼此歧出。一部之中，各家紛陳……學者欲於圖書之中求學術系統，誠戛戛乎難之也。例如《隋志》史部《高僧》《名僧》諸傳，列於雜傳記，子部《內典博要》《因果記》列於雜家類。《高僧》《名僧》以及《內典》《因果》之書，從義於佛，佛家既有專類，宜從類相從，而列之子史者何耶……是皆由編目者不求學術之原委，不論專家之意旨，而惟以著述之體裁為主之咎也。〔註 59〕

黃文弼此說則認為「惟體裁是從」不能使學者明白學術源流，阻礙學者盡專家之業，並以《高僧傳》等為例闡明以辨體為主的弊端。以黃文弼之矛陷劉

---

〔註 57〕黃晏妤：《四部分類是圖書分類而非學術分類》，《四川大學學報》，2000 年第 2 期。張全曉：《四部分類是學術分類而非圖書分類──兼與黃晏妤先生商榷》，《新餘高專學報》，2006 年第 3 期。今按：圖書分類與學術分類的爭論，正是中西古今之爭的曲折反映。中學強調圖書分類，而西學強調學術分類。四庫分類實際上在調和二者之間的矛盾，使之成為一個實用性的書目體系。正是因為二者之間的矛盾難以調和，迄今為止分類問題還是一個大問題。大家都在洗牌，嘗試推出自己的書目分類體系，「××分類法」層出不窮。

〔註 58〕嚴愷德、宋凡山主編：《中國圖書分類學史》，西南師範大學出版社，1993 年，第 50 頁。

〔註 59〕黃文弼：《對於改革中國圖書部類之意見》，《圖書館學季刊》，1926 年第 2 期。

咸炘之盾，孰優孰劣，不難知也，然劉咸炘辨體也是為了追求學術之原委和專家之意旨。對於諸如《高僧傳》等體、義不合之作，則以互著之法通義。如此看來，雖然劉咸炘與黃文弼的主張各不相同，但二者殊途同歸。

　　再如《七略》之諸子與兵書、數術、方技四略並立，黃文弼解釋道：「《七略》不列兵書、方技、數術於諸子者，以學術之流別為主，而不以體裁為主。」〔註60〕劉咸炘對於四略並立之解釋，上文已說，從內實決定客觀之文體的角度看，四略學術之流別固不相同，不同的內實則決定了其不同的體裁，劉咸炘此說，亦有合理之處。從本質上講，劉咸炘所主張的辨體是基於辨義之上的，因此，從類例與學術源流的關係來看，只要承認目錄考鏡源流的功用，無論是以辨義為主，還是以辨體為主，在一定程度上皆可達到考鏡源流，追求專家本旨的目的，因為體、義之間有內在的聯繫，並非處處不合。如《四庫總目》將《尚書大傳》《韓詩外傳》《春秋繁露》置於附錄，黃文弼則認為：「《尚書大傳》《韓詩外傳》《春秋繁露》發揮經義，自成一說，以與訓詁章句之書相校，奚啻霄壤。退珠玉而寶土塊，失於輕重之衡矣。」〔註61〕黃文弼的評論與劉咸炘不謀而合，黃文弼辨義，認為這些著作皆是「漢代釋義之最古者」，劉咸炘辨體，則認為這些著作是「古經說之體」。

　　這是從目錄之分類與學術之分類的角度來看，二者固然有重合之處，越早期的目錄分類與學術分類應當是更加吻合的。周彥文將部類之間的層級關係稱為「轄屬結構」，並且認為越早「轄屬結構」應該越簡單〔註62〕。學術的發展是一個由簡至繁的過程，黃文弼也說：「古者著述體制亦有法度，不同後世之雜亂，如曰傳、曰解故、曰章句，皆各有本義，不相混淆，故能自為一義。」〔註63〕其實這和劉咸炘所講的內實的擴張、體裁之正用與假用是相合的，內實的擴張本質上就是一個由簡至繁的過程。

　　類例因書而設，劉咸炘亦說「部類因書而立者，有是書即有是類」〔註64〕，在「古者著述體制」較為單純之時，因書而設的類例自然更加符合學術的分類。但是隨著內實的擴張，體、義之間的矛盾也隨之加劇，一文之體與其內實可能完全不合，這便有了體裁正用與假用之說。劉咸炘辨體，亦未區別書與學

〔註60〕黃文弼：《對於改革中國圖書部類之意見》，《圖書館學季刊》，1926年第2期。
〔註61〕黃文弼：《對於改革中國圖書部類之意見》，《圖書館學季刊》，1926年第2期。
〔註62〕周彥文：《中國圖書分類新論》，《書目季刊》，1988年第1期。
〔註63〕黃文弼：《對於改革中國圖書部類之意見》，《圖書館學季刊》，1926年第2期。
〔註64〕劉咸炘：《續校讎通義》，《劉咸炘學術論集・校讎學編》，第96頁。

之關係，而欲以辨體類目考鏡學術源流，亦有難施之處。書籍部類因體而定，每一體裁均有其本義，相對應每一類目也有其本義，但是書的範圍可不侷限於一事一學，如杜定友《校讎新義》曰：

> 蓋學與書之分類不同，學有一元二元多元之分，源委流別可得而考也，而書羅萬有變化無已，若必因學術之一元二元多元而亦分為一元二元多元者，則分類之法當無從下手矣。〔註65〕

以內實確定客觀之文體，劉咸炘認為「以實定體，從其多者為主耳」。劉氏此說有牽強之處，此可看出劉咸炘亦承認一書之內實或一文之內實可不侷限於一事一學。劉咸炘明白內實與客觀之文體並非一貫互等，卻又未明辨其區別，只是「以實定體，從其多者為主耳」牽強處理。昌彼得、潘美月《中國目錄學》亦言：

> 自理論上而言，圖書分類，是應重視學術源流，這樣的目錄，才能指導讀者治學涉徑，即類求書，因書治學，然而也不能不注意圖書的特性。因為學與書究竟有所不同，學術萬端，各有其源，不會兼包。譬如經學與史書，固然追本溯源，史學是衍自《春秋》經，然而到了後代，已別子為宗，另成一系。史學固然不能概括經學，《春秋》又豈能兼包史學？而書則不同，可以旁通四達，忽經忽史，均可並容。世無包羅萬象之學，而有六通四辟的著作，是書與學不得不分。〔註66〕

從劉咸炘內實確定客觀之文體之說、調整四部的做法來看，劉咸炘顯然明白書與學之不同。在內實—體—書—學這一條脈絡上，劉咸炘從源頭開始便讚賞較為單純的內實與體裁，對內實、體裁較為駁雜的書籍則有貶斥之意，其所定的外編，書抄、類書、蒙求等類所收皆是體裁駁雜、內容駁雜之書，不與四部同編。如劉咸炘評價史學類下之抄類云：「宜於史學之末立抄類一目……亦足見史學之卑，至以抄類為學也。」〔註67〕

對於如何考鏡源流，章學誠更為重視敘錄之作用，如其批評鄭樵：

> 《七略》之古法終不可復，而四部之體質又不可改，則四部之中，附以辨章流別之義，以見文字之必有源委，亦治書之要法。而

---

〔註65〕杜定友：《校讎新義》，《杜定友文集》第 4 冊，第 27 頁。
〔註66〕昌彼得、潘美月：《中國目錄學》，臺北：文史哲出版社，1986 年，第 71 頁。
〔註67〕劉咸炘：《續校讎通義》，《劉咸炘學術論集‧校讎學編》，第 62 頁。

鄭樵顧刪去《崇文》敍錄，乃使觀者如閱甲乙簿注，而更不識其討
論流別之義焉，烏乎可哉？〔註68〕

章學誠批評鄭樵刪除《崇文總目》敍錄的言論及主張，此可見章學誠倚賴
敍錄考鏡源流的想法。劉咸炘則不然，《目錄學・題解》云：

夫解題之職，蓋有二端：一為考證，存佚真偽，名目篇卷，當
詳徵具說，不厭縟繁，爵里行事，自不待論。一為批評，推明旨意，
核定體例，務求完其面目，又須橫知統類，縱知源流，乃能定其位
置，必如是已，然後可以論斷同異得失，論斷不可輕先也。〔註69〕

與章學誠相比，劉咸炘對敍錄的倚賴則降低了，其強調「橫知統類，縱知
源流」，但這需要通過部類與次第來體現，《目錄學・次第》云：「一部之中有
部類，一類之中有次第，部類橫，依於統系；次第縱，依於時代。」〔註70〕敍
錄的功用為考證、批評，而只有「橫知統類，縱知源流」才能發揮好敍錄的作
用。《通古今》篇又云：「若仍用四部法，但於敍錄略加數語，而不問四部分目
之當否，《七略》舊法之何在，則又空言而已矣。」〔註71〕由此而論，類例才
是考鏡源流的核心。劉咸炘著重強調類例於考鏡源流之功用，這是基於《七略》
之大義之上的，或許正是如此，在明白書與學不同的情況下，仍要堅持辨體明
學術源流。

## 二、進退於源流之間

考鏡源流，這是劉咸炘部類觀的中心點，其對《七略》與四部之大義的疏
通，對四部分類法的調整都是為考鏡源流服務的。縱向上，《七略》之義的流
變為劉咸炘調整四部分類提供類例演變的線索；橫向上，《七略》六略之間的
主次、源流關係是劉咸炘調整四部分類的根據。故《外編》云：「《七略》義例
所有，雖《七略》無其書，亦可治也。《七略》義例所無，強編四部之中，而
四部以蕪，《七略》以亂，此則不可治也。」〔註72〕劉咸炘批評章學誠「探源
而不通流」，過於堅持官師合一的源流之論，而導致類目混亂。劉咸炘堅持的
源乃為《七略》，以《七略》之義例規範一切，因而要考辨《七略》之義的遷

〔註68〕章學誠著、葉瑛校注：《文史通義校注》，第 959 頁。
〔註69〕劉咸炘：《目錄學》，《劉咸炘學術論集・校讎學編》，第 351～352 頁。
〔註70〕劉咸炘：《目錄學》，《劉咸炘學術論集・校讎學編》，第 347 頁。
〔註71〕劉咸炘：《續校讎通義》，《劉咸炘學術論集・校讎學編》，第 3 頁。
〔註72〕劉咸炘：《續校讎通義》，《劉咸炘學術論集・校讎學編》，第 9 頁。

變軌跡。

劉咸炘對源流之論的堅持亦不弱，與章學誠相比，只不過源流所指不同而已。章學誠所推崇的乃是三代時期官師合一的學術分類體系，《和州志·藝文書序例》云：

> 六典亡而為《七略》，是官失其守也。《七略》亡而為四部，是
> 師失其傳也……聞以部次治書籍，未聞以書籍亂部次也。漢初諸子
> 百家，浩無統攝，官《禮》之意亡矣。劉氏承西京之敝，而能推究
> 古者官師合一之故，著為條貫，以溯其源，則治之未嘗不精也……
> 蓋《七略》承六典之敝，而知存六典之遺法；四部承《七略》之敝，
> 而不知存《七略》之遺法；是《七略》能以部次治書籍，而四部不
> 能不以書籍亂部次也。〔註73〕

雖然上古時期官師合一的局面不復存在，但是《七略》「著為條貫，以溯其源」，尚能體現官師合一之的遺義。章學誠推崇《七略》，乃是基於此義，因而《和州志·藝文書》全用《七略》之法進行分類。至撰寫《校讎通義》時，章學誠對四部的看法雖有所更改，但是對《七略》體現官師合一之遺義的看法則更為堅定，《原道》篇云：

> 其敘六藝而後，此及諸子百家，必云某家者流，蓋出古者某官
> 之掌，其流而為某氏之學，失而為某氏之弊。其云某官之掌，即法
> 具於官，官守其書之義也。其云流而為某家之學，即官司失職，而
> 師弟傳業之義也。其云失而為某氏之弊，即孟子所謂「生心發政，
> 作政害事」，辨而別之，蓋欲庶幾於知言之學者也。〔註74〕

《七略》能追溯上古官師合一之義，這才是章學誠推崇《七略》的根本原因。劉咸炘則不然，他批評章學誠「持源流之論太過」，過於堅持官師合一的學術分類體系，從而導致類例混亂。劉咸炘要達到的目標，乃是使後世之四部分類能如《七略》一樣，有著六藝統群書、虛理與實用明晰的特徵，因而劉咸炘著重於對《七略》與四部之義的疏通。劉咸炘堅持的源流之論異於章學誠，《通古今》篇云：

> 《七略》之大義云何？六藝統群書，幹也。諸子、詩賦、兵書、
> 術數、方技，支也。諸子出幹為支，猶之小宗別立門戶也。詩賦、

---

〔註73〕章學誠著，葉瑛校注：《文史通義校注》，第650～652頁。
〔註74〕章學誠著、葉瑛校注：《文史通義校注》，第952頁。

兵書、術數、方技則附幹之支，猶之正宗之中有一室焉，人繁而異
宮也。〔註75〕

　　無論是章學誠還是劉咸炘，都推崇《七略》在中國目錄學史上的地位，但
二者的出發點是不一致的。劉咸炘所說的《七略》大義乃是六藝、諸子、詩賦、
兵書、術數、方技六略之間的統攝關係，並不再斤斤於官師合一之義，這是二
者源流之論最大的區別。

　　也正是因為不再斤斤於官師合一之義，所以劉咸炘的源流觀念更加開
放。傅榮賢教授認為，章學誠的源流之論「大致由源和流的二分話語構成」
〔註76〕，源即指官師合一的學術分類體系，在源和流之間，章學誠還主張以源
的標準來限定流的意義：

　　　　官司失其典守，則私門之書，推原古人憲典以定其離合；師儒
　　失其傳授，則遊談之書，推原前聖經傳以折其是非。其官無典守而
　　師無傳習者，則是不根之妄言，屏而絕之，不得通於著錄焉；其幸
　　而獲傳者，附於本類之下，而明著其違悖焉。是則著錄之義，固所
　　以明大道而治百家也。〔註77〕

　　章學誠雖然追求三代時期的學術分類體系，但同時也承認官師合一局面被
打破的必然性，並且認為可以通過溯源的方式回歸三代時期理想的分類體系。
因而在源和流之間，章學誠側重於對源的回歸，亦如劉咸炘所說「章氏探源而不
通流」。相對而言，《收俗書》篇則可體現劉咸炘對源流持更為開放的態度。

　　何為俗書？「盛傳於時，充溢於市，而為著錄家所不取者，則俗書是也」
〔註78〕，著錄家所不取的，多為講章、制義、平話、曲文等。《四庫總目》不
錄曲文、時文，對講章也多持摒棄的態度：

　　　　此類講章皆經學之蠹賊，本不足錄。特一以見場屋舊制。所謂
　　比題、傳題者，其陋如此，並非別有精微。一以見明季時文之弊，
　　名為發揮經義，實則割裂傳文，於聖人筆削之旨，南轅北轍。均可
　　以為炯鑒。故附存其目，為學《春秋》者戒焉。〔註79〕

〔註75〕劉咸炘：《續校讎通義》，《劉咸炘學術論集·校讎學編》，第3頁。
〔註76〕傅榮賢：《論章學誠「辨章學術，考鏡源流」理念的本質》，《大學圖書館學報》，
　　　　2016年第2期。
〔註77〕章學誠著、葉瑛校注：《文史通義校注》，第1041頁。
〔註78〕劉咸炘：《續校讎通義》，《劉咸炘學術論集·校讎學編》，第96頁。
〔註79〕永瑢等：《四庫全書總目》卷30，第251頁。

其目本不足存。然自有制藝以來，坊本五經講章如此者不一而足。時文家利於剽竊，較先儒傳注轉易於風行。苟置之不論不議，勢且蔓延不止，貽患於學術者彌深。故存而闢之，俾知凡類於此者，皆在所當斥焉。〔註80〕

《四庫總目》對待俗書的態度，被劉咸炘指斥為「亦陋甚矣」〔註81〕，劉咸炘斤斤於類例，是「為使書之皆有得其所而無遺」〔註82〕，此說足見其源流之說的包容態度。至此，我們可大致勾勒出劉咸炘源流之說的基本邏輯，溯源是為了尋找《七略》之大義，即六藝略、諸子略等六略之間的統攝關係，通流乃是疏通六略統攝關係遷變的軌跡，其具體的方法則是辨體，借辨體調整四部分類，寓六藝略、諸子略等六略之間的統攝關係於四部之中，因而對於不合此統攝關係的書籍，都歸於外編，對於合此統攝關係的書籍，無論其是否為俗書，都應當有其部居之位置，因為其都有源流可考。《收俗書》篇云：

講章之中，豈無發揮經義之作，其體雖陋，其言安可概非？至於時文平話曲辭，尤為一代之文，以體論之，小說為雜記所濫，佳平話反為真小說，詩體為牽率所壞，反不如佳曲之能道情。燁燁譎詭之體，廣博易良之教，在此而不在彼。以時論之，則元之曲，明之時文，乃與漢賦、唐詩、宋詞同為一代菁華之所萃，其境廣，其詞精，足以知人論世，猶過其時之古詩古文，故王圻《續文獻通考》收《西廂記》《琵琶記》，《千頃堂書目》以制舉時文附於總集，高儒《百川書志》以傳奇入於別史，皆知其體之重，不可沒也。即使其體未宏，於時未重，而既有此體，即有源流有工拙，而一時之意指事實亦即有寓於其中者，如六朝以來之謎語，宋以來之尺牘，明以來之楹聯，近世之詩鐘，以及俚曲村歌，罔非天地間一種文字，不可得而廢也。〔註83〕

劉咸炘逐流溯源，以開放的心態接納講章、時文、曲文等，在源流之間，也不再以源限定流的意義，而是將講章、時文、曲文等放在一個更為廣博的環境下考察其意義。縱向上，「既有此體，即有源流有工拙」，有這一體裁，便有源流可考；橫向上，「一時之意指事實亦即有寓於其中者」，劉咸炘甚至認為元曲、

---

〔註80〕永瑢等：《四庫全書總目》卷30，第252～253頁。
〔註81〕劉咸炘：《續校讎通義》，《劉咸炘學術論集·校讎學編》，第96頁。
〔註82〕劉咸炘：《續校讎通義》，《劉咸炘學術論集·校讎學編》，第96頁。
〔註83〕劉咸炘：《續校讎通義》，《劉咸炘學術論集·校讎學編》，第96～97頁。

明時文在本質上與漢賦、唐詩、宋詞是一樣的，都是一個時代風氣的體現，此說恰恰是劉咸炘強調部類「橫知統類，縱知源流」的體現。因而劉咸炘調整集部分類時，增加了制義、小品兩類，將詞曲類分為詞別集、詞總集、南北曲三個細目，評說類下又有詞曲小品等細目，皆是劉咸炘對源流持開放姿態的體現。

　　從劉咸炘對四部類目的調整來看，劉咸炘所持的源流之論更為開放，但亦有拘泥於源流之處。部居書籍應當辨體，類目的劃分與設置亦當以書之體裁為根據，有書則有體，故「有是書即有是類」，因而劉咸炘反對以書之多寡定部類：

　　　　夫定目不為一時，安得以書少而混其大別哉？〔註84〕

　　　　部類自有大小，定位不可以書多而增，書少而減也。〔註85〕

　　　　夫以部次治書，不以書增減部次，此校讎之大義，何為拘泥
　　哉？〔註86〕

　　　　以書籍之多寡而增減部次，是亂部次也。〔註87〕

　　在《七略》中，詩賦略獨立於經部《詩》類而自為一略，又該如何解釋呢？阮孝緒《七錄・序》曰：

　　　　劉、王並以眾史合於《春秋》，劉氏之世史書甚寡，附見《春
　　秋》，誠得其例，今眾家記傳倍於經典，猶從此志，實為繁蕪，且《七
　　略》詩賦不從六藝詩部，蓋由其書既多，所以別為一略，今依擬斯
　　例分出眾史，序記傳錄為內篇第二。〔註88〕

　　阮孝緒認為《七略》之時史書不多，附於春秋類下尚無不可，但是後世史書繁多，不應再附於《春秋》之下，當依《七略》詩賦略之例，獨立自成一類。阮孝緒如此處理，乃是基於書籍數量之多寡。對於阮孝緒此說，劉咸炘評價道：「援詩賦為例，明白無可疵，知此意則《七略》、四部固相通也。」〔註89〕劉咸炘如此評價，豈不是認可部類的設定可依書籍之多寡為據嗎？而又說「知此意則《七略》、四部固相通」，僅僅因為《七略》有將詩賦略獨立成類的先例，阮孝緒將史書獨立成類，劉咸炘便覺得其有合理之處，則又有牽強

〔註84〕劉咸炘：《續校讎通義》，《劉咸炘學術論集・校讎學編》，第60頁。
〔註85〕劉咸炘：《目錄學》，《劉咸炘學術論集・校讎學編》，第309頁。
〔註86〕劉咸炘：《續校讎通義》，《劉咸炘學術論集・校讎學編》，第89頁。
〔註87〕劉咸炘：《續校讎通義》，《劉咸炘學術論集・校讎學編》，第98頁。
〔註88〕阮孝緒：《七錄・序》，《廣弘明集》卷3，《乾隆大藏經》，第67冊，第423頁。
〔註89〕劉咸炘：《續校讎通義》，《劉咸炘學術論集・校讎學編》，第23頁。

附會之嫌疑。部類的增減不可破「大體」，若從此角度看，或可說通，不管是《七略》詩賦略還是《七錄》記傳錄，獨立成類，只要明辨各類的統系源流關係，類目的增減則不會破六藝統群書的大體，劉咸炘或許又是從此角度考慮的。但觀阮孝緒所說乃是基於書籍之多寡，大概劉咸炘為了溯源，亦有破壞自己辨體主張之語，使得自己前後所說相互矛盾。如史評一類，劉咸炘認為不當立，因為「考訂之書晚出益多，史考無專部，史評何可立專部，正當同歸史學耳」〔註90〕。由此看來，劉咸炘自身主張前後矛盾，並不是沒有源頭的。

劉咸炘較為開放的源流觀念總體上體現了其存古通今的學術理念，一方面梳理《七略》之義例，為調整四部分類提供導向，因而時刻提醒自己不可援古自戾，如《七略》將《高祖》《孝文》等傳記歸於儒家類，劉咸炘解釋道：「以傳記書少，故未附《春秋》，且其載言為多故也。今傳記既有專門，而諸傳記又非其比，不可援古以自戾也。」〔註91〕劉咸炘溯源，並非一切以《七略》為準繩。另一方面，在其主張辨體之際，為了溯源，又多有自相矛盾，牽強附會之處。

## 第三節　保守的部類觀

劉咸炘所處的時代是中國目錄學史上相對特殊的時代，清末民初，西學東漸的浪潮越掀越高，以《四庫總目》為代表的四部分類法被奉為圭臬的局面被打破。走出傳統的四部分類法，建立新的圖書分類體系是這個時段的主要趨勢。劉咸炘進退於新舊之間，對四部分類法的調整，雖體現了其嘗試鎔古今中外學術為一爐的勇氣，亦體現了其相對保守的學術觀念。

### 一、堅守四部分類法

劉咸炘雖然主張將西學書籍納入自己所定的四部分類體系中，但是自己所定的部類中並無西學之體現，部類的設定乃全依中國固有書籍而定，這是劉咸炘部類觀中的一大特點。蔣元卿將清末民初圖書分類的遷變劃分為「混亂時期、西法輸入時期、創造時期」〔註92〕，以《四庫總目》為代表的四部分類法

---

〔註90〕劉咸炘：《續校讎通義》，《劉咸炘學術論集‧校讎學編》，第 61 頁。
〔註91〕劉咸炘：《續校讎通義》，《劉咸炘學術論集‧校讎學編》，第 16 頁。
〔註92〕混亂時期：「至清末民初之時，國人大都了然於《四庫》法之不足以概括新來學術，因而群謀改革之方，各自為法，不相統攝……其中較著者，約有三派。

不足以概括新來學術是這三個時期的通識。若將劉咸炘對四部分類的調整去匹配這三個階段的特點，似乎應當歸於混亂時期的舊派，但同時應當意識到劉咸炘所堅持的主客之辨，其對四部分類法的調整雖有考慮到外來書籍的安放，但在部類的設定上並沒有主動遷就到外學書籍。因而，四部分類法如何囊括新舊書籍，這是劉咸炘與混亂時期舊派的最大區別。

　　《四庫總目》面世後，雖對後世書目產生了深遠的影響，但亦存異議之聲。余嘉錫《四庫提要辯證》言：「乾、嘉諸儒於《四庫總目》不敢置一詞，間有不滿，微文譏刺而已。道、咸以來，信之者奉為三尺法，毀之者又頗過當。」〔註93〕從圖書分類的角度看，亦是如此，隨著西學之書漸多，對四部分類法的懷疑亦更加強烈。姚名達亦云：

　　　　「四部」分類法之不合時代也，不僅現代為然。自道光、咸豐
　　允許西人入國通商傳教以來，繼以派生留學外國，於是東、西洋譯
　　籍逐年增多。學術翻新，迴出舊學之外。目錄學界之思想自不免為
　　之震動。〔註94〕

　　四部分類法行之既久，面對新舊之衝突，目錄學界自然會為之震動。因而，基於中國傳統學術文化的四部分類，能否適應「學術翻新」之局面，漸受懷疑。姚名達《中國目錄學史》中《新分類法創造之嘗試》一篇則介紹了目錄學界面對四部分類法漸衰，新書漸多時走出四部分類之嘗試〔註95〕。劉咸炘對四部分類法的調整乃是「以《提要》為本，糾其舛謬，參以張氏（《書目答問》）」〔註96〕，我們不妨以《書目答問》作為切入點分析劉咸炘對四部

---

　　舊派：仍沿用《四庫》之舊制而稍遷就之，以容納科學之書籍；改革派：此派深明《四庫》之不適用，故師孫、繆之先例，直接打破四部，另立體系，重創新法，以容納新舊圖書。折衷派：此派鑒於改革派之失敗，故復創新舊並行制以調和之。舊籍仍用《四庫》分類法，新籍則自定新法，或採西法，以處治之。」西法輸入時期：「此一時期，大都採用西洋圖書分類法，以處理中國新舊圖書。採用之法，以杜威十進法為最普遍，而略加修改，以期容納中國之特有書籍。」創造時期：「西人所定之分類法，能否適合中國國情，實為一大問題，故難經修改，仍不免有削足適履之弊。因而有不受中國舊有分類法之約束，而繩以西洋方法為原則之新分類法生焉。」（蔣元卿：《中國圖書分類之沿革》，臺灣中華書局，1983 年第 3 版，第 139～140 頁。）

〔註93〕余嘉錫：《四庫提要辯證》，中華書局，1986 年，第 48 頁。
〔註94〕姚名達：《中國目錄學史》，第 117 頁。
〔註95〕姚名達：《中國目錄學史》，第 117～124 頁。
〔註96〕劉咸炘：《續校讎通義》，《劉咸炘學術論集・校讎學編》，第 50 頁。

分類的看法。

張之洞《書目答問》雖承《四庫總目》之框架，但其對四部分類的修正亦是四部分類法不合時宜的體現，故姚名達云：

> 《書目答問》在分類史上之地位，不在創造，而在對《四庫總目》加以他人所不敢為之修正。以張之洞之權威，《答問》之流行，適值東、西洋譯書日多，「四部」分類法正苦不能容納之時，纂新書目錄者遂得藉口另起爐灶，不復依傍《四庫總目》。張氏雖絕對無意於打倒《四庫》，而《四庫》之敗壞自此始萌其朕兆也。〔註97〕

姚名達此說合情合理，清末民初圖書分類之混亂時期正由此而來。衝破四部分類的藩籬亦是清末圖書分類史上的趨勢。江人度《書目答問箋補》云：

> 第思目錄之學，最難配隸適當，《四庫提要》所列門目，與昔之目錄家頗有出入。中堂《書目答問》與《四庫》復有異同，移甲就乙，改彼隸此，要亦難為定論也。章實齋致慨於四部不能復《七略》，由史籍不可附《春秋》，文集未便入諸子，然處今之世，書契益繁，異學日起，匪特《七略》不能復，即四部亦不能賅，竊有疑而願獻也。藝文一志，列於《漢書》，後世遂以目錄歸史部，不知班氏斷代為書，秦火以後，所存篇籍自宜統加收纂，以紀一代之宏規，而目錄家豈可援以為例。蓋目錄者合經史子集而並錄，如劉向之《輯略》安得專歸史部乎？史氏可以編藝文，而目錄不得登乙館。此配隸未當者一也。《隋志》以類書入子部，考諸子之學，儒、墨未礙於並立，名、法亦有所取材，宗旨各殊，不嫌偏宕，畦徑獨闢，別具精深，所謂自成一家言也。類書者肴饌經史，漁獵子集，聯百衲以為衣，供獺祭於枵腹，豈可雜廁丙籍，混跡子家？此配隸未當者二也。金石之學，《隋志》列經，《宋志》屬史，已覺歧異，且昔之考核者少，尚可附麗。今之研究者多，豈容牽合？六義附庸，蔚為大國。夾漈《通志》，所以別為一略也。蓋其中有證經者，有資史者，居之甲部，既病其偏枯，置之乙帙，亦嫌其泛濫。此配隸未當者三也。他若譜錄、圖畫諸書，精心殫慮，各有專長，經、史非其族者，子、集亦非其倫，橫牽強附，究多未安。且東西洋諸學子所著，愈出愈新，莫可究詰，尤非四部所能範圍，恐四庫之藩籬終將

---

〔註97〕姚名達：《中國目錄學史》，第115頁。

衝口也。蓋《七略》不能括，故以四部為宗。今則四部不能包，不
　知以何為當。如彼枘方試圓鑿，每虞其扞格，譬之算術得大數而尚
　有畸零。〔註98〕

　　江人度於此提出了「四部亦不能賅」的疑問：其一，簿錄一類歸於史部不
當；其二，類書不可混於子部；其三，金石一類，四部之中難以歸屬；此外，
譜錄、圖畫等歸於四部亦頗為牽涉，並且隨著外學之書漸多，四部之中越來越
難以部居此類書籍。當時新分類法未出，因而江人度發出了「恐四庫之藩籬終
將衝口也」的杞憂。

　　江人度認為「最難配隸適當」，是因為所提各類牽涉於經、史、子、集四
部內容，甚至超脫於四部之外的書籍。與劉咸炘不同，江人度認為「最難配隸
適當」的原因在於書籍之學術內容，而劉咸炘則是基於體裁。江人度所提的
疑問，劉咸炘又是如何處理的呢？如類書一類，經劉咸炘調整後歸於外編，不
入四部之內；簿錄一類，劉咸炘認為簿錄紀實，當歸於史部；金石一類，劉咸
炘亦據體裁分圖像、目錄、文字、方錄、專考五個細目，其解釋道：「若金石
之書則圖像而兼考證文字，類於總集，《四庫》收金石書入目錄而《考古》《博
古》又入譜錄器用之中，不知器用諸書專詳制度，此類書兼考文字，其義與體
皆不同也。」〔註99〕大概劉咸炘認為金石之書亦為記實，可資史用，故歸史
部，如《治四部》篇中劉咸炘認為「金石一類，資考實跡，專立史部，自可附
入」〔註100〕。譜錄亦為記實之書，當歸於史部，西學之書的部居，當有主客
之辨，並且西學之書與四部分類不衝突，故將西學之書納入四部之中。面對江
人度所發之疑問，除了類書以外，其餘均在四部分類的框架以內進行了調整。
顯然，劉咸炘不認可江人度「恐四庫之藩籬，終將衝口也」的擔憂，可見劉咸
炘對四部分類法的堅守。

　　劉咸炘於四部之外設外編一類，並不是為了打破四部分類的體系，而是為
了完善四部分類的體系。劉咸炘對四部分類法調整的初衷，乃是為了讓四部上
承《七略》之大義，以四部之法做到「辨章學術，考鏡源流」，因此劉咸炘才
會斤斤於四部類例的調整。從主觀的角度看，劉咸炘並無打破四部分類之念，

---

〔註98〕來新夏、韋力、李國慶匯補：《書目答問匯補》下冊，中華書局，2011 年，第
　　　　1199～1200 頁。
〔註99〕劉咸炘：《續校讎通義》，《劉咸炘學術論集·校讎學編》，第 79 頁。
〔註100〕劉咸炘：《續校讎通義》，《劉咸炘學術論集·校讎學編》，第 6 頁。

這與走出四部分類，建立新的圖書分類法的趨勢格格不入，但不管劉咸炘有無此念，外編的設立亦如《書目答問》叢書一類的設立，都是對四部分類法的修正，既需修正，自然是四部分類愈難合時宜之體現。

劉咸炘堅守四部分類法，大概是受章學誠以及自身存古通今理念的影響。章學誠撰《和州志·藝文書》全採用《七略》之法，但在其後所撰的《校讎通義》中則提出了「《七略》之古法終不可復，而四部之體制又不可改」〔註 101〕的說法，但章學誠所追求的又是三代時期官師合一的學術分類體系，因而劉咸炘評價章氏「探源而不通流」。對於《和州志·藝文書》的部類設置，劉咸炘頗有異議，《治四部》篇云：

> 從吾之法，經部為源，史部為流，申明源流，眾知史部之皆出六藝宮守，奚必附六藝為一部而後明，又何至如章氏所謂全奪傳業乎？金石一類，資考實跡，專立史部，自可附入，章氏別立紀載，反無所歸，而別為一類殿末，使與六藝、諸子諸類大小不稱，前無所繫，亦可見不通今之弊矣。故曰四部萬不能復為《七略》，不得不治四部也。〔註 102〕

劉咸炘堅守四部分類，與章學誠「四部之體制又不可改」之說密切相關。此外，劉咸炘批評章學誠「探源而不通流」，則體現了自身存古通今的理念。古，指《七略》之大義；今，指歷來學術流別之變化，存古通今便是要以後世四部分類法體現《七略》之大義。從劉咸炘對異域書的態度來看，其存古通今的理念是一分為二的，存古是絕對、無條件的，而通今則是相對、有條件、有限度的，在面對異域之學時，通今之理念須服從主客之辨，而這一切則又是為了存古而服務的。劉咸炘並不排斥外來之學，反而嘗試將其融入以四部為代表的中國傳統學術體系中，並且認為不會破大體，不會打破四部對《七略》之義的繼承。可見四部分類不可更改的觀念先入為主，而劉咸炘堅守四部分類，對其進行調整，又是為了溯源《七略》之大義。

劉國鈞《四庫分類法之研究》中說：「夫類例所以治書籍，非以書籍就類例。書為主，類例為客。學術之內容變，書籍之種類增，則類例自宜因之而異。」〔註 103〕劉國鈞「夫類例所以治書籍，非以書籍就類例」之說，劉咸

〔註 101〕 章學誠著、葉瑛校注：《文史通義校注》，第 959 頁。
〔註 102〕 劉咸炘：《續校讎通義》，《劉咸炘學術論集·校讎學編》，第 6 頁。
〔註 103〕 劉國鈞：《四庫分類法之研究》，《圖書館學季刊》，1926 年第 3 期。

炘是認可的，故劉咸炘嘗引用章學誠「聞以部次治書籍，未聞以書籍亂部次也」〔註104〕之語強調類例之重要性，但「書為主，類例為客」之說，劉咸炘便難以認可了。劉咸炘將異域之書鎔入四部之內，自然非「書為主，類例為客」之體現。章學誠之時，其認為「四部之體制又不可改」尚可理解，其時四部分類正盛，西學未興，但是對於生活在民國初年的劉咸炘來說，再堅守四部之分類，又主張將異域之書鎔於四部之內，則顯得過於保守了，是其對學術發展持保守態度的體現。杜定友《校讎新義·四庫之弊論》亦曰：「四部之不能返《七略》，亦由今日之分類不能返四部也。」〔註105〕余嘉錫亦云：「今之學術，日新月異而歲不同，絕非昔之類例所能賅括，夫四部可變而為五，為六，為七，為八，為九，為十，為十二，今何嘗不可為數十，以至於百乎？必謂四部之法不可變，甚且欲返之於《七略》，無源而強祖之以為源，非流而強納之以為流，甚非所以『辨章學術，考鏡源流』也。」〔註106〕余嘉錫此說，可作為對劉咸炘的嚴厲批評了。

　　總而言之，劉咸炘繼承了章學誠「四部之體制又不可改」之說，且欲借四部分類法進行「辨章學術，考鏡源流」，彰顯《七略》之大義，這與清末民初衝破四部藩籬之趨勢是相背而行的。

〔註104〕章學誠著，葉瑛校注：《文史通義校注》，第651頁。
〔註105〕杜定友：《校讎新義》，《杜定友文集》第4冊，第56頁。其中杜定友亦提出了不能返四部的五點原因：「論四部之弊有五：一曰不詳盡，以九十四類類《四庫全書》可也，以九十四類類今日之群籍可乎？挽近學術日繁，典籍日夥，文章流別歷代新增，有是一家，即應立是一類，有是一體，即應立是一格。醫學一門，身體百肢，疾症千百，中西藥石毋慮萬種，以醫家一類總之可乎？二曰不該括，近人為學，新舊兼治，圖書內容中外並陳，文字有中外之分，學術無國別之限，有舊而無新，可乎？有中而無外，可乎？有諸子而無哲學，可乎？有詩賦而無戲曲，可乎？有中國史而無外國史，可乎？有釋道而無邪教，可乎？三曰不合理，釋道分割而名墨不列家，《四書》入經而空門弟子夷於門外，史部不以時次而以體別，子部龐雜不成一家之言，集部詩文不分而出詞曲，其鹵莽滅裂是非顛倒不一而足。夫分類之法所以總括群書，部次條別，所以便於用也。今學術不辨，涇渭不分，假衛道之名寓褒貶之意，分類之理豈若是哉。四曰無遠慮，四部之法以成書為根據，未為將來著想，新出之書無可安插，後起之學無所依歸，經史子集本非學術之名而強為圖籍之目，聖道之外不復知有科學者，豈有今日之圖書而可仍四部成法哉。五曰無標記，分類之法最重標記……而四部之分，各類分配多寡異殊，組織系統尚欠完密。」（杜定友：《校讎新義》，《杜定友文集》第4冊，第56～57頁。）
〔註106〕余嘉錫：《目錄學發微·古書通例》，第166頁。

## 二、寓褒貶於類目之中

關於《四庫總目》對待俗書的態度，劉咸炘評價道：

> 乃由徇一時之上意，固非著錄之通裁矣。夫家藏目自可隨所好惡，選目自可任其棄取，若總目、專目則當無所不收，不容有所廢置。蓋著錄者學術之公，即使其書乖謬至極，猶當如曾鞏所謂「明其說於天下，使人皆知其不可從」……其暗於大理甚矣。〔註107〕

《四庫總目》有欽定之屬性，劉咸炘明白此理，因而說出「固非著錄之通裁矣」「蓋著錄者學術之公」，但其後又引曾鞏之語闡明著錄「乖謬至極」之書的作用。可以說，這也是劉咸炘部類觀中所體現的時代特點，有新有舊。劉咸炘所處的時代，也決定了其對四部分類法的調整可不再限於「一時之上意」，而可依自身存古通今之理念對四部進行調整〔註108〕。因而劉咸炘對部類的調整雖大體堅守者四部分類，但在調整的過程中，對史部的調整打破了正統之觀念，儀注不分公私，論事不論大小，對俗書持開放包容的態度等。

但是，四部分類法，歷來寓有衛道之觀念，如劉國鈞評《四庫總目》部次之原理云：

> 《四庫》分類次序之原理，一言以蔽之，即由六朝時遺傳衆之衛道觀念，申言之則曰尊儒重道，經為載道之書，故列之於首，其餘皆其支流也。此種思想，已見於《隋志》……四部次第之根本觀念既在於尊道，故一方面，以得道之偏全，定部類之先後。一方面不能不屏斥非聖無法之著作，且不能不與類目之中寓褒貶之意。所以經部《樂》類只存律呂之書，史部之書有正史、別史、載記之別，乃至傳記之內有別錄，以位置叛逆諸人，而子部列釋道於末，集部出詞曲於別集之外，亦皆此意。〔註109〕

劉咸炘堅持辨體，雖在具體的類目調整中可不受傳統衛道觀念的限制，但在四部分類法的基礎上加以修改，則容易在自身所定的部類中，加劇新、舊觀念之衝突。若以劉國鈞此說作為切入點，則易於發現劉咸炘部類觀中的新、舊之處。

---

〔註107〕 劉咸炘：《續校讎通義》，《劉咸炘學術論集・校讎學編》，第97頁。
〔註108〕 章學誠「對四部其實一直持否定的看法，只是憚於文字獄而不得不掩藏自己的觀點」。（王化平、周燕：《淺議章學誠對四部分類法的評論》，《河南圖書館學刊》，2009年第2期。）
〔註109〕 劉國鈞：《四庫分類法之研究》，《圖書館學季刊》，1926年第3期。

　　如經部方面，劉國鈞指責《四庫總目・樂類》存律呂之書，而劉咸炘則更近一步認為「去禮樂之妄附而經尊」〔註110〕，律呂之書、儀注等書皆非依經立說，不得列於經部，這比《四庫總目》分雅、俗更近於衛道。對於史部之正史、別史、載記，劉咸炘批評甚多，經調整後全依體裁統攝各類，但劉咸炘所定史部紀傳類下仍有正史、別史之分，又可見衛道觀念之遺意。對於《四庫總目》傳記類別錄之屬，劉咸炘云：「安、黃之書自可別出，著錄論體而已，不論人也。史之逆臣雖附於末，亦稱列傳，不聞別有名稱亂臣賊子僭竊傳，世且有稱紀者矣，又可盡別邪？」〔註111〕劉咸炘認為著錄就應當論體，不應當論人，此說不受正統、逆臣之觀念的影響。但是劉咸炘對集部的調整又並無如此開放，在劉咸炘所定的集部之下，有別集、總集，後又有詞曲，分為詞別集、詞總集、南北曲三個細目，評說一類又分為文評說、金石例、詩評說、詞曲小品評說、詞曲譜、詞曲韻、雜說。劉咸炘辨體之說並非前後一貫，同一級類目中或以義分，或以體分，別集、總集二類不分詩文，詞曲一類下又分別集、總集，則又可見《四庫總目》貶低詞曲之遺意。諸如此類，皆是劉咸炘部類觀中新、舊衝突之體現。

　　劉咸炘所提的「尊經」「廣史」「狹子」「卑集」便盡顯對各部的褒貶之意，此四義來源於對《七略》與四部之大義的疏通，區別各部類的高下尊卑才能以《七略》之義治四部，對四部分類的調整又是為了辨明學術之源流，那麼學術之間則存在高下尊卑之分。既然劉咸炘反對《四庫總目》對各類書籍的去取原則，認為「著錄者學術之公」，又何必自陷於其中呢？如劉咸炘論外編「類書、書抄、評點、蒙學，其體卑不足論」〔註112〕，又如其論史學一類「亦足以見史學之卑，至以抄類為學」〔註113〕，而又說「史部著錄貴在辨體，不論其事之多寡，體之大小」〔註114〕。既然體有高下尊卑之分，又為何不可有公私、大小之分呢？可見劉咸炘為了溯源又自亂辨體之主張。

　　從主觀層面來看，劉咸炘並無借類目衛道之意，甚至多方批評《四庫總目》持衛道之觀念壞書籍之部居，因而劉咸炘得以在具體的類目調整上摒棄《四庫總目》分類之弊端。但劉咸炘對《四庫總目》的批判是為了使類目更加

〔註110〕劉咸炘：《續校讎通義》，《劉咸炘學術論集・校讎學編》，第5頁。
〔註111〕劉咸炘：《續校讎通義》，《劉咸炘學術論集・校讎學編》，第69頁。
〔註112〕劉咸炘：《續校讎通義》，《劉咸炘學術論集・校讎學編》，第13頁。
〔註113〕劉咸炘：《續校讎通義》，《劉咸炘學術論集・校讎學編》，第62頁。
〔註114〕劉咸炘：《續校讎通義》，《劉咸炘學術論集・校讎學編》，第63頁。

符合自身存古通今的理念，並非直接針對《四庫總目》的衛道觀念，其涉及對衛道觀念的批判並不是絕對的，因而劉咸炘調整後的部類亦存褒貶之義。

劉咸炘看重的乃是文體、內實單純不駁雜，維護的是《七略》之大義，體裁之高下尊卑亦是以此為標準。外編各類體卑，便是因其不合《七略》之大義。體裁有高下尊卑之分，劉咸炘對部類自然有褒有貶。既然劉咸炘明白「著錄者學術之公」，便不應當寓褒貶於類目之中。

## 第四節　小結

疏通《七略》與四部之大義，調整四部分類法，劉咸炘始終圍繞一個問題：既然四部不能重返《七略》，又該如何以《七略》之大義治四部。

疏通《七略》與四部之大義，是劉咸炘部類觀中的整個理論基礎，對四部分類法進行調整，則將存古通今的理念付諸於實踐。從理論到實踐，劉咸炘的部類觀形成了一個完整的體系。

辨體是劉咸炘進行實踐的主要方法。劉咸炘堅持辨體，廓清了歷來相互牽涉之類目。將異域之書鎔入四部之內的嘗試，亦體現了劉咸炘試圖鎔古今中外學術於一爐的氣魄，一定程度上打破了寓於四部分類法內的衛道觀念，這是劉咸炘部類觀中的時代特色。劉咸炘雖不乏鎔古今中外學術於一爐的勇氣，但其對四部的堅守顯然是不合時代趨勢的。可以說，對於四部分類法，劉咸炘具有強烈的革新精神；對於走出四部藩籬，創造新的圖書分類法的趨勢，劉咸炘又偏於保守。

劉咸炘的辨體之說建立在六藝統群書的理念之上，其對四部的調整，便是使四部體現六藝統群書的遺義。在部居書籍方面，劉咸炘雖然一再強調體、義之別，但本質上劉咸炘所主張的辨體即是辨義，這來源於劉咸炘對事、理、情的劃分。從此也可看出劉咸炘為何偏愛《七略》的部類設置，要將《七略》部類的設置視為以辨體為主，劉咸炘看重的，便是單純的內實與文體。

# 結　語


　　劉咸炘處於古典目錄學向現代目錄學的轉型時期，無論是從「古典」的角度還是「現代」的角度看，劉咸炘的部類觀都別具特色。劉咸炘不糾結於《七略》與四部分類孰優孰劣，而持存古通今的態度，疏通二者在部類上的源流主次關係，並以此為理論基礎對四部分類法進行調整。劉咸炘將部類視為治目錄學的第一要事，關於目錄學部類的闡述主要集中於《續校讎通義》一書與《目錄學・部類》一篇中，本文的前兩章亦主要以此為基本材料。

　　第一章介紹了劉咸炘對《七略》大義遷變的考察。劉咸炘提出的《七略》與四部之大義，最大的特點是將四部平列的關係構建成以「史、子為主，經在上而集在下」的關係。

　　劉咸炘首先從部類的統攝關係上指出《七略》六藝略、諸子略、詩賦略、兵書略、數術略、方技略之間存在著六藝統群書的關係，六藝、諸子相承；兵書、數術、方技與諸子存在虛、實之分；詩賦則為《詩》之流，獨立自成一略，乃是「情文與事理」並立之理。四部之分類雖與《七略》不同，其大義卻是相通的：四部以史、子為主，經則為史、子之根，集為《詩賦》一略擴大而來。明白古今之異同，便可以「尊經」「廣史」「狹子」「卑集」治四部。探明《七略》到四部的遷變之由，則可救後世四部之失。

　　第二章介紹了劉咸炘對四部分類法的完善。以《七略》與四部之大義作為理論基礎，以「尊經」「廣史」「狹子」「卑集」作為原則、標準，劉咸炘調整四部分類法，本質上不在於打破原有的四部分類體系，而在於使四部分類體系更加完善，因而將類書、考訂、蒙學、書鈔等別出成外編一類，將異域之書鎔入四部之中。可見劉咸炘欲借四部鎔古今中外學術為一爐的勇氣，亦體現了其

相對保守的文化觀念。總之，劉咸炘雖無打破四部之意，但其做法實質上又打破了原有四部分類體系。

可以說，劉咸炘對部類源流的疏通是對章學誠「探源而不通流」的補過，對四部分類法的調整則是對章學誠「就四部之成法，而能討論流別」的補充。

清末民初之期，是對中國古典目錄分類進行批判整理，開闢新的圖書分類法的特殊時期。劉咸炘身處此期，自然難以避免受此趨勢的影響，但其堅持主客之辨，保守之中又可見其部類觀中的時代特色。故本文第三章主要以辨體、考鏡源流兩個角度對劉咸炘部類觀進行一番評議。考鏡源流需要做到存古通今，劉咸炘為了達到此目標，從理論到實踐，形成了一套完整的部類體系。因而，劉咸炘的部類觀，可視為對四部分類法的一次總結。稍不足者，其主客之辨的態度則讓其所定的四部類目過於牽強。

但是，劉咸炘在其《文學述林》中將天下之文以內容分為事、理、情三類，又聯繫其內實決定客觀之文體之說，或許對其鎔異域之書入四部有不同的看法。但限於本人學識有限，難以對此進行分析評論。

劉咸炘治學服膺章學誠，但本文對二人的對比研究十分不足；其次，從清末民初的特殊性來看，本文亦沒有從更廣泛的民國目錄學研究的背景入手，加強劉咸炘與同時代目錄學者的對比研究。劉咸炘目錄學部類觀念的背後，有完整的哲學觀念在支撐，如其「橫知統類，縱知源流」的部類觀念，是建構在其「明統知類」的哲學觀之上的。

# 參考文獻

## 一、史料

1. 尤袤:《遂初堂書目》,上海:商務印書館,1935 年。

2. 永瑢等:《四庫全書總目》,北京:中華書局,1965 年。

3. 章學誠著,葉瑛校注:《文史通義校注》,北京:中華書局,1985 年。

4. 章學誠:《章學誠遺書》,北京:文物出版社,1985 年。

5. 陳振孫撰,徐小蠻、顧美華點校:《直齋書錄解題》,上海:上海古籍出版社,1987 年。

6. 晁公武撰,孫猛校證:《郡齋讀書志校證》,上海:上海古籍出版社,1990 年。

7. 鄭樵撰,王重民點校:《通志二十略》,北京:中華書局,1995 年。

8. 黃虞稷撰,瞿鳳起、潘景鄭整理:《千頃堂書目》,上海:上海古籍出版社,2001 年。

9. 徐樹蘭編:《古越藏書樓書目》,《明清以來公藏書目彙刊》第 45 冊,北京:北京圖書館出版社,2008 年。

10. 陳乃乾編:《南洋中學藏書目》,《明清以來公藏書目彙刊》第 62 冊,北京:北京圖書館出版社,2008 年。

11. 劉咸炘:《文式》,《推十書》戊輯,上海:上海科學文獻技術出版社,2009 年。

12. 劉咸炘:《續校讎通義》,黃曙輝編校:《劉咸炘學術論集·校讎學編》,桂林:廣西師範大學出版社,2010 年。

13. 劉咸炘：《目錄學》，黃曙輝編校：《劉咸炘學術論集‧校讎學編》，桂林：廣西師範大學出版社，2010 年。

14. 劉咸炘：《文學述林》，黃曙輝編校：《劉咸炘學術論集‧文學講義編》，桂林：廣西師範大學出版社，2010 年。

15. 劉咸炘：《史學述林》，黃曙輝編校：《劉咸炘學術論集‧史學編》，桂林：廣西師範大學出版社，2010 年。

16. 劉咸炘：《校讎述林》，黃曙輝編校：《劉咸炘學術論集‧校讎學編》，桂林：廣西師範大學出版社，2010 年。

17. 劉咸炘：《中書》，黃曙輝編校：《劉咸炘學術論集‧哲學編》，桂林：廣西師範大學出版社，2010 年。

18. 張之洞撰，范希曾補正：《書目答問補正》，上海：上海古籍出版社，2010 年。

19. 阮孝緒：《七錄‧序》，《廣弘明集》卷 3，《乾隆大藏經》第 67 冊，北京：中國書店出版社，2010 年。

20. 來新夏、韋力、李國慶匯補：《書目答問匯補》，北京：中華書局，2011 年。

21. 班固：《漢書‧藝文志》，王承略、劉心明主編：《二十五史藝文經籍志考補萃編》第 1 卷，北京：清華大學出版社，2014 年。

22. 魏徵等：《隋書‧經籍志》，王承略、劉心明主編：《二十五史藝文經籍志考補萃編》第 13 卷，北京：清華大學出版社，2014 年。

23. 劉昫等：《舊唐書‧經籍志》，王承略、劉心明主編：《二十五史藝文經籍志考補萃編》第 17 卷，北京：清華大學出版社，2014 年。

24. 歐陽修等：《新唐書‧藝文志》，王承略、劉心明主編：《二十五史藝文經籍志考補萃編》第 17 卷，北京：清華大學出版社，2014 年。

25. 脫脫等：《宋史‧藝文志》，王承略、劉心明主編：《二十五史藝文經籍志考補萃編》第 20 卷，北京：清華大學出版社，2014 年。

26. 焦竑：《國史經籍志》，王承略、劉心明主編：《二十五史藝文經籍志考補萃編》第 23 卷，北京：清華大學出版社，2014 年。

27. 張廷玉等：《明史‧藝文志》，王承略、劉心明主編：《二十五史藝文經籍志考補萃編》第 25 卷，北京：清華大學出版社，2014 年。

## 二、著作

1. 鄭鶴聲編：《中國史部目錄學》，上海：商務印書館，1956 年。

2. 張舜徽：《廣校讎略》，北京：中華書局，1963 年。

3. 蔣元卿：《中國圖書分類之沿革》，臺北：臺灣中華書局，1983 年。

4. 王重民：《中國目錄學史論叢》，北京：中華書局，1984 年。

5. 昌彼得、潘美月：《中國目錄學》，臺北：文史哲出版社，1986 年。

6. 余嘉錫：《四庫提要辯證》，北京：中華書局，1986 年。

7. 嚴愷德、宋傳山主編：《中國圖書分類學史》，重慶：西南師範大學出版社，1993 年。

8. 周彥文：《中國目錄學理論》，臺北：臺灣學生書局，1995 年。

9. 司馬朝軍：《〈四庫全書總目〉研究》，北京：社會科學文獻出版社，2004 年。

10. 周鼎：《劉咸炘學術思想研究》，成都：巴蜀書社，2007 年。

11. 徐有富：《目錄學與學術史》，北京：中華書局，2009 年。

12. 蒙文通、肖萐父、龐樸等著：《推十書導讀》，上海：上海科學技術文獻出版社，2010 年。

13. 姚名達：《中國目錄學史》，上海：上海古籍出版社，2011 年。

14. 余嘉錫：《目錄學發微、古書通例》，北京：商務印書館，2011 年。

15. 杜定友：《校讎新義》，《杜定友文集》第 4 冊，廣州：廣東教育出版社，2012 年。

16. 周餘姣：《鄭樵與章學誠的校讎學研究》，濟南：齊魯書社，2015 年。

17. 歐陽禎人：《劉咸炘思想探微》，北京：商務印書館，2016 年。

## 三、論文

1. 黃文弼：《對於改革中國圖書部類之意見》，《圖書館學季刊》，1926 年第 2 期。

2. 劉國鈞：《四庫分類法之研究》，《圖書館學季刊》，1926 年第 3 期。

3. 李小緣：《中國圖書館事業十年之進步》，《圖書館學季刊》，1936 年第 4 期。

4. 周彥文：《中國圖書分類新論》，《書目季刊》，1988 年第 1 期。

5. 黃晏好：《四部分類是圖書分類而非學術分類》，《四川大學學報》，2000 年第 2 期。

6. 張全曉：《四部分類是學術分類而非圖書分類——兼與黃晏妤先生商榷》，《新餘高專學報》，2006 年第 3 期。

7. 梁繼紅：《章學誠的圖書分類思想與實踐》，《圖書館理論與實踐》，2007 年第 4 期。

8. 傅榮賢：《劉咸炘的〈漢志〉研究》，《〈漢書·藝文志〉研究源流考》，黃山書社，2007 年。

9. 曾紀綱：《論劉咸炘對〈四庫全書總目〉圖書分類體系之辨正》，《書目季刊》，2008 年第 2 期。

10. 徐有富：《試論劉咸炘的成才之路》，《古籍整理研究學刊》，2009 年第 1 期。

11. 王化平：《劉咸炘先生目錄學成就淺述》，《中華文化論壇》，2009 年第 1 期。

12. 王化平、周燕：《淺議章學誠對四部分類法的評論》，《河南圖書館學刊》，2009 年第 2 期。

13. 王化平、周燕：《劉咸炘和章學誠的目錄學思想比較研究》，《四川圖書館學報》，2009 年第 2 期。

14. 馬千里：《劉咸炘〈目錄學〉鉛印本的繫年問題及其他》，《四川教育學院學報》，2010 年第 12 期。

15. 劉伯谷、朱炳先：《劉咸炘先生傳略》，《〈推十書〉導讀》，上海科學技術文獻出版社，2010 年。

16. 喬好勤：《略論我國 1919～1949 年的目錄學》，《行走書林——喬好勤文集》，上海：華東師範大學出版社，2011 年。

17. 吳坤豔：《民國目錄學研究》，鄭州大學碩士論文，2011 年。

18. 滑紅彬：《劉咸炘與汪辟疆的目錄學思想比較研究》，《圖書館界》，2012 年第 2 期。

19. 歐陽禎人：《劉咸炘的思想來源》，《蜀學》，2013 年 00 期。

20. 楊伯：《劉咸炘的「校讎哲學」與民初史學的範式競爭》，《國際中國文學研究叢刊》，2013 年 00 期。

21. 楊柏：《劉咸炘的「校讎哲學」與民初史學的範式競爭》，《國際中國文學研究叢刊》，2013 年 00 期。

22. 劉全波：《再論類書的目錄學演變》，《圖書館理論與實踐》，2013 年第 6 期。

23. 周燕：《略論劉咸炘對四部分類體系的改造》，《古籍整理研究學刊》，2014 年第 2 期。

24. 陳開林：《試析劉咸炘的書錄解題思想及實踐》，《西華大學學報》，2015 年第 6 期。

25. 傅榮賢：《論章學誠「辨章學術，考鏡源流」理念的本質》，《大學圖書館學報》，2016 年第 2 期。

# 致　謝

　　在珞珈山三年的學習生活，即將劃上句點。猶記得 2016 年碩士複試結束後不久，便開始跟著導師司馬朝軍教授整理文獻資料，也正是在這些經歷中，自己收穫了許多。因為自己並非歷史學本科出身，功底非常薄弱，當時對於未來的學習充滿了各種擔憂。恰是在整理文獻資料的過程中，鍛鍊了自己識繁體字、看古文的基礎能力，也慢慢地接觸到了目錄學這一領域，十分感謝司馬老師這三年來對我的指導。

　　當時自己選擇劉咸炘作為研究對象，也具有很大的偶然性。最初想對《四庫全書總目・目錄類》做專類研究，但是限於自己薄弱的功底，發現自己難以勝任此類研究。但是在準備的過程中，接觸到了劉咸炘所著的《目錄學》，並逐漸為劉咸炘這一類的著作所吸引，最終在司馬老師的指導下選擇了劉咸炘作為研究對象。在確定論文角度的過程中，師兄曾志平博士提了許多建議，給予了很大的幫助。

　　感謝聶長順教授為我們籌備了開題會。在 2018 年 5 月底開題時，聶長順老師、洪均老師、彭敦文老師、姜海龍老師、彭雷霆老師針對我的研究都提出了十分寶貴的建議，並在司馬老師的指導下將研究領域限於目錄部類這一塊，縮小了範圍。在撰寫文章的過程中，愈發覺得各位老師所提的建議對我的重要性。

　　自身薄弱的文獻功底是自己撰寫文章最大的麻煩。因而難以針對具體的文獻歸類對劉咸炘的部類觀念進行深入地探討，只能膚淺地梳理劉咸炘的理論觀念。這一點要感謝我的摯友閆超凡，在我難以疏通文本時給予了最大的幫助。

　　雖然自己日後不再從事科研工作，畢業論文也比較粗糙，難以達到開題時各位老師指導和期盼的水平，但對自己來說卻是一份寶貴的答卷。

# 中編　劉咸炘專題研究

陳開林等

# 劉咸炘《呂氏春秋》研究述要

陳開林　李璿

摘要：

　　劉咸炘關於《呂氏春秋》的研究成果極為豐富，集中反映在所著《呂氏春秋發微》一書中。該書論列各篇，勝義紛呈，然而迄今尚未引起學界關注。本文將其研究成果歸結為五個方面：辨雜家、論體式、明主旨、撮篇義、貫全書。並結合相關資料，進行了論述。期於引起學界注意，以便加強進一步的研究。

關鍵詞：呂氏春秋；雜家；劉咸炘；呂思勉；《推十書》

　　劉咸炘（1896～1932），字鑒泉，號宥齋。四川雙流人。近代學術大家。生平著述甚豐，都二百三十五種，四百七十五卷，名曰《推十書》。先生治學涉及面廣，博通四部，多所論斷，精解別出。就子部著述而言，即有《子略》、《孟子章類》、《誦老私記》、《莊子釋滯》、《荀子正名篇詁釋補正》、《呂氏春秋發微》等多種。另外《舊書別錄》中，尚收有子部書錄二十餘篇。

　　先生對《呂氏春秋》用力至勤，撰成《呂氏春秋發微》一書。撰述始自庚午年（1930）三月廿一日，卒業於四月初七日。另外，《子疏》為探究諸子專書，乃先生「癸亥年（1923）十一月寫定，後屢有修補，辛未（1931）七月重寫定」[註1]，下冊有一篇名《雜家第十一》，亦論及《呂氏春秋》，可補《呂氏春秋發微》未盡之義。

　　先生關於《呂氏春秋》的研究，內容豐富，精義時見。王利器先生撰《呂

---

〔註 1〕劉咸炘：《子疏》〔M〕//《劉咸炘學術論集：子學編》，南寧：廣西師範大學出版社，2007 年，第 3 頁。

氏春秋注疏》，曾多有援引。然而學界迄今尚未見對其成果予以研究。本文略述其成果，以期引起學界關注，並加強進一步的研究。

## 一、辨雜家

司馬談《論六家要指》，評析當世學術，不及雜家。雜家一名，當出於劉向、劉歆校書中秘之時。後來成為古代學術之一目，則始見於《漢書·藝文志》。班固謂：

> 雜家者流，蓋出於議官。兼儒、墨，合名、法，知國體之有此，見王治之無不貫，此其所長也。及蕩者為之，則漫羨而無所歸心。〔註2〕

自班固指出雜家的弊端在「漫羨而無所歸心」之後，此一特性似乎成了主流界對雜家著作的界定。蕭公權先生認為雜家之雜，含有二義：「一為一流之中門戶互殊，二為一書之中眾說兼採」。〔註3〕及至後世，雜家漸失其精義，流於淺鄙龐雜之途。如《四庫全書總目》子部雜家類敘曰：

> 黃虞稷《千頃堂書目》於寥寥不能成類者併入雜家。雜之義廣，無所不包。班固所謂合儒、墨，兼名、法也。變而得宜，於例為善。今從其說，以立說者謂之雜學，辯證者謂之雜考，議論而兼敘述者謂之雜說，旁究物理、臚陳纖瑣者謂之雜品，類輯舊文，塗兼眾軌者謂之雜纂，合刻諸書、不名一體者謂之雜編，凡六類。〔註4〕

書因「寥寥不能成類」，便併入雜家，則雜家在後世已經喪失了應有之特質。雜而無主，泛濫無歸，自然於聲名有損。正如四庫館臣所言：「其名不美，人不肯居」〔註5〕。抱持這樣的成見，四庫館臣在評價雜家類著作時，往往持論有失公允，而偏於揶揄。

對於雜家，劉咸炘不同於前人的看法，而有了新的認識。他認為：

> 道原於一，本全也，分裂而為百家。鬥爭極，調和興，雜家乃會之，故論諸子而要其終始，則始為官守之賅，終為雜家之合。雜家言詎不重乎？〔註6〕

---

〔註2〕班固：《漢書》〔M〕，北京：中華書局，1962年，第1742頁。
〔註3〕蕭公權：《中國政治思想史》〔M〕，北京：新星出版社，2010年，第220頁。
〔註4〕紀昀：《欽定四庫全書總目》〔M〕，北京：中華書局，1997年，第1563頁。
〔註5〕紀昀：《欽定四庫全書總目》〔M〕，第1563頁。
〔註6〕劉咸炘：《呂氏春秋發微》〔M〕//《劉咸炘學術論集：子學編》，第285頁。

雜家並非雜駁纖瑣，而是名雖為雜，實則中有所主，一以貫之。《呂氏春秋》作為「雜家之始」〔註7〕，理應受到重視。然而，由於著者呂不韋的特殊身份和《呂氏春秋》的雜家性質，該書的實際地位比較尷尬。畢沅就指出：「不成於一人，不能名一家者，實始於不韋。」〔註8〕汪中也認為：「不出於一人之手，故不名一家之學。」〔註9〕對於這一問題，劉咸炘指出：

> 後世目錄所謂雜家，非真雜家也。古雜家之完存者首《呂氏春秋》，諸子書亦惟《呂氏春秋》為完整。蓋諸子書皆不出一時，不出一手，故其體碎雜。《呂氏春秋》獨有條理部勒，是尤可寶。顧世既因不韋而輕其書，又未識雜家之所以為雜家。〔註10〕

《呂氏春秋》不僅是雜家中的完整著述，而是是諸子書中體系完備的著作。並且有「條理部勒」，應當特別關注。劉咸炘要分析「雜家之所以為雜家」的原因，要澄清雜家非駁雜的情況，要改變輕詆雜家的傳統。因此，雜家類著作不應該被輕賤。既然《呂氏春秋》是雜家的典範，其價值自然不容忽視。

## 二、論體式

《呂氏春秋》內容分為十二紀、八覽、六論。其中每紀收文五篇、每覽收文八篇（《有始覽》缺一篇）、每論收文六篇。另《季冬紀》後有《序意》一篇。故全書共計 160 篇。

關於《呂氏春秋》一書的結構，此前已有多人進行討論，且有較大的分歧。茲錄諸家的觀點如下：

> （十二紀）末一篇標識年月，題曰《序意》，為十二紀之總論。殆所謂紀者猶內篇，而覽與論者為外篇、雜篇歟？唐劉知幾作《史通》內外篇，而自序一篇亦在內篇之末，外篇之前，蓋其例也。〔註11〕

> 《史記・十二諸侯年表序》及《呂不韋傳》並云著八覽六論十二紀，以紀居末，故世稱《呂覽》，舉其居首者言之。〔註12〕

四庫館臣和梁玉繩從不同的角度切入。前者認為《呂氏春秋》的「紀」「覽」

---

〔註7〕　呂思勉：《經子解題》〔M〕，上海：華東師範大學出版社，1995 年，第 178 頁。
〔註8〕　許維遹：《呂氏春秋集釋》〔M〕，北京：中華書局，2009 年，第 710 頁。
〔註9〕　許維遹：《呂氏春秋集釋》〔M〕，第 714 頁。
〔註10〕劉咸炘：《呂氏春秋發微》〔M〕//《劉咸炘學術論集：子學編》，第 285 頁。
〔註11〕紀昀：《欽定四庫全書總目》〔M〕，第 1568 頁。
〔註12〕梁玉繩：《呂子校補》〔M〕，北京：中華書局，1991 年，第 1 頁。

「論」當看成內篇、外篇和雜篇；而梁玉繩認為《呂氏春秋》文本的結構應該是先「覽」「論」「紀」，與今本排序不同。

對此，呂思勉先生亦有考辨。呂先生認為：

> 據本傳「號曰《呂氏春秋》」，則四字當為全書之名。故《漢志》亦稱《呂氏春秋》。然編次則當如梁玉繩說，先《覽》後《論》，而終之以《紀》。世稱《呂覽》，蓋舉其居首者言之……《序意》在《十二紀》之後，尤其明證。……《四庫提要》謂……皆非也。……古人著書，以春秋名者甚多，豈皆有十二紀以為之首耶？古書自序，例在篇末，《呂覽》本無內外雜篇之名，何得援唐人著述鑿空立說？〔註13〕

呂先生根據「古書自序，例在篇末」的傳統，並結合此前以《春秋》名書的實際，批駁了《四庫提要》對《呂氏春秋》「紀」「覽」「論」強分內、外、雜篇的觀點。同時肯定了梁玉繩提出的「先《覽》後《論》，而終之以《紀》」的看法。

對此，劉咸炘一方面充分肯定了呂先生作出的考辨，認為「呂氏之辨甚有力」；同時，對呂先生論證的疏漏也就進行了反駁：

> 然十二紀乃全書大旨所在，六論乃其餘義，且多泛雜。不應重者居後，輕者反居前。且《序意》固只言十二紀，不必居全書末。呂氏謂《序意》止言十二紀，乃後半有脫文。然如其說則所脫乃後半述覽、論之文，而所存乃前半述十二紀之文。既先述十二紀，是十二紀在首明矣。〔註14〕

呂先生立論的根據在於認為古書通例，序在書末；且《序意》篇下有脫文。劉咸炘首先從《序意》的內容只論述十二紀出發，認為《序意》不必定在書末。再則執呂氏之矛，攻呂氏之盾，直接從呂氏立論的根據出發，揭示其論證的自我矛盾，有力地進行了駁斥。

## 三、明主旨

《呂氏春秋》一書的主旨，向來聚訟紛紜，莫衷一是。一方面是囿於該書的編纂性質，成於眾手。由於參編者各自的學術背景不同，於是各家各派的思

---

〔註13〕呂思勉：《經子解題》〔M〕，第178～179頁。
〔註14〕劉咸炘：《呂氏春秋發微》〔M〕//《劉咸炘學術論集：子學編》，第286頁。

想在編寫過程中左右了參編者的書寫。另一方面,《呂氏春秋》的編纂宗旨在《序意》中明確提出,「上揆之天,下驗之地,中審之人」,目的是使「是非可不可無所遁」〔註15〕,就使得該書兼收並蓄,細大不捐。因此,就內容而言,《呂氏春秋》就顯得有些雜亂,貌似並無主旨。四庫館臣就認為《呂氏春秋·十二紀》「惟夏令多言樂,秋令多言兵,似乎有義。其餘則絕不可曉,先儒無說,莫之詳矣。」〔註16〕

認為《呂氏春秋》內容駁雜的原因,主要還是受到了傳統觀念影響。雜家之弊在於「漫羨而無所歸心」,這一成見極大的制約了人們對雜家的態度。因此,就書中任何一家觀點立論,均不能夠完整的概括《呂氏春秋》的思想傾向。

此前,《呂氏春秋》的主旨曾被概括為多種,一般來講,有主陰陽家說、主道家說、主儒家說、主法家說等。劉咸炘既然已經論定雜家「中有所主」的特質,自然對《呂氏春秋》的評價也別有見解。他極其贊同漢代高誘的論斷:

> 此書所尚,以道德為標的,以無為為綱紀,以忠義為品式,以
>
> 公方為檢格。〔註17〕

高誘曾經注解很多書,其中包括《呂氏春秋》。他論述《呂氏春秋》,標以「道德」「無為」「忠義」「公方」,評價較為賅備。對此,劉咸炘有極為詳細的論述,且博考全書,有所延伸。他說:

> 其所主者,則儒、道之大旨,以生生為本,己身為主,誠感為
> 用。此三旨者,道、儒之所同而大異於權勢、法術之說者也。生生
> 之旨見於《本身》《重己》《貴生》《情慾》《盡數》《先己》《審為》諸
> 篇,本身之旨見於《貴生》《先己》《論人》《論威》《決勝》《審己》
> 《本味》《必己》《察今》《執一》諸篇,誠感之旨詳於《精通》《應
> 同》《精諭》《具備》《貴信》《壹行》諸篇。〔註18〕

劉咸炘發展了高誘的學說,認為《呂氏春秋》一書「以生生為本,己身為主,誠感為用」。並對相關的篇目進行了條列,條分縷析,甚為允當。

最後,他提出了自己的觀點:

> 其餘合於儒、道者猶多。《四庫提要》謂大氐以儒為主而參以道

〔註15〕許維遹:《呂氏春秋集釋》〔M〕,北京:中華書局,2009年,第274頁。
〔註16〕紀昀:《欽定四庫全書總目》〔M〕,北京:中華書局,1997年,第1568頁。
〔註17〕許維遹:《呂氏春秋集釋》〔M〕,第3頁。
〔註18〕劉咸炘:《呂氏春秋發微》〔M〕//《劉咸炘學術論集:子學編》,第287頁。

家、墨家，陳蘭甫謂多古儒家之說，皆是也。〔註19〕
就《呂氏春秋》的主旨而言，呂先生亦主儒家說。儘管劉咸炘依然沿襲前人的
論斷，似為舊調重彈，無甚新義。但是仔細推敲劉咸炘的分析，就可以發現他
的結論是經過了自己冷靜的分析、有力的論證的，並非一般的人云亦云。

## 四、撮篇義

　　呂思勉先生曾著《經子解題》，條舉論列先秦經子。苦於前人書錄解題，
多僅論及全書大概，失之淺顯。因此，一改前人做法，而分篇撮其大意，便於
初學。對於《呂氏春秋》，呂先生不僅對全書大概有長篇的論辯，而且按照原
書順序，對十二紀、序意八覽、六論及各類下所收篇目均有相關論述。

　　劉咸炘另立新義，撰《呂氏春秋發微》。書中對呂先生《經子解題》中關
於《呂氏春秋》的論斷，多有徵引。劉咸炘對呂先生的論斷持有三種態度。

　　第一種是贊同呂先生的看法。在相關篇目下直接徵引呂先生的文字。不
另作評判。如《貴直論》中的《原亂》篇。

　　第二種是覺得呂先生的論斷不完整，尚可補正。如：

　　　　呂曰：「承前覽言用人之術。」按：此覽專言民之行俗，為君上
　　　言，宛轉貫串，與《孝行覽》結構相類。首篇謂矯行非通道，而亦
　　　可取。篇末「當務」二字即《冬紀》之《當務》。〔註20〕

再次就是不認同呂先生的說法，此類居多。先引呂先生文，然後予以商榷。如：

　　　　呂曰：「仲、季二紀因修己之道旁及觀人用人之術，而極之於君
　　　臣分職之理。」按：此說亦未明，旁及與極必有所緣，若止渾言，
　　　則何處不可旁及耶？（《仲春紀》）〔註21〕

　　　　呂曰：「此覽承上覽，言治國之本及總論成敗之道。」按：呂說
　　　太渾泛。此覽自人生論起，專明務本之義，中雖有支而首尾一貫，
　　　似亦承上覽之《務本》首篇以孝為本，得儒家之精。首末皆能包舉
　　　而中採曾子則少次第。（《孝行覽》）〔註22〕

除此之外，尚有很多條目為劉咸炘根據自身讀書所得而撰，獨抒己見，勝義迭
出。如《孝行覽》之《慎人》篇：

〔註19〕劉咸炘：《呂氏春秋發微》〔M〕//《劉咸炘學術論集：子學編》，第288頁。
〔註20〕劉咸炘：《呂氏春秋發微》〔M〕//《劉咸炘學術論集：子學編》，第312頁。
〔註21〕劉咸炘：《呂氏春秋發微》〔M〕//《劉咸炘學術論集：子學編》，第294頁。
〔註22〕劉咸炘：《呂氏春秋發微》〔M〕//《劉咸炘學術論集：子學編》，第315頁。

此及下二篇承上三篇而復歸於循心存我，謂遇雖由天而力在
人，盡其人而不望於天。故窮達如一，遇合無常。必審諸己，外物
不可必，君子必在己。〔註23〕

劉咸炘解《呂氏春秋》喜貫串全文，故爾立論多發於此，並牽聯相關諸篇言
之。《慎人》上三篇為《首時》、《義賞》、《長攻》，下兩篇為《遇合》、《必己》。
看似無甚關聯，而先生探賾索隱，認為《慎人》、《遇合》、《必己》乃順承而
下，「復歸於循心存我」，可謂心知其意。

## 五、貫全書

《呂氏春秋》雜採博收，百家之言並存不悖，歷來認為無中心，難以貫
通。因此，少見有貫通全書的論斷。劉咸炘非常注重雜家之辨析，並指出雜家
的起源是因為調和眾說，且調和並非一味雜陳，而是：

如調音以制樂，然裁剪部勒必有其中心之一貫；如調樂雖兼眾
音，而必有一元音為其調之主。〔註24〕

《呂氏春秋》既是雜家，自然可以貫說。他說：

近人呂思勉《經子解題》始知皆可貫說，而渾泛以貫之者居大
半，每篇各撮數語，又不能賅，蓋由未明其主旨。愚夙好是書，三
復而後得其綱要，知其根極大理，會通儒、道，乃為說以貫串發明
之。〔註25〕

此處皆可看出劉咸炘著書的本意，並且也能發見他對《呂氏春秋》用功甚勤，
確有灼見，方布之文字。「三復而後得其綱要」，然後揭豬該書內部的相關聯
繫，以貫串全書。茲舉一例，以見其通徹：

是書之調和據圓方同異公平之理。天圓地方舉於《孟春紀》末
之《圓道篇》，大同眾異舉於《覽》首之《有始篇》，而圓方公平總
舉於《序意篇》，圓方同異兼言於《處方篇》。圓者，同也、一也，其
義詳於《圓道篇》。凡《有始覽・應同篇》之言同，《論人》《圓道》
《大樂》《君守》《有度》《執一》諸篇之言一，皆同義也。方者，異
也、眾也，其義詳於《處方篇》。凡《審方篇》《勿躬篇》之言分，
《異用篇》之言無，《不才》《去尤篇》之言知美惡，《謹聽篇》之言

〔註23〕劉咸炘：《呂氏春秋發微》〔M〕//《劉咸炘學術論集：子學編》，第307頁。
〔註24〕劉咸炘：《呂氏春秋發微》〔M〕//《劉咸炘學術論集：子學編》，第286頁。
〔註25〕劉咸炘：《呂氏春秋發微》〔M〕//《劉咸炘學術論集：子學編》，第285頁。

不通，《用眾》《舉難》《博志》《執一》諸篇之言物固不全、各有長短，《似順》《別類》二篇之言似而非、類而不類，皆異義也。公平之理即由此生，詳於《貴公》《大樂》《有始》諸篇。此是書調貫眾說之根柢也。〔註26〕

劉咸炘認為《呂氏春秋》是調和眾說，標舉六個方面：圓、方；同、異；公、平。接著提綱挈領，從整體把握，認為天圓地方見《圜道篇》，大同眾異見《有始篇》，圓方公平見《序意》，圓方同異見《處方篇》。高屋建瓴，立論精審。然後分列圓、方、同、異四目，條列全書中所涉及之篇章，予以集中。論列圓、方、同、異之後，再進而言之，「公平之理即由此生」。看似散亂的《呂氏春秋》，經過他的分析，似乎同條共貫，富有聯繫了。

總之，劉咸炘《呂氏春秋》研究既是研究《呂氏春秋》及雜家的重要成果，特別是對全書的貫串，對《呂氏春秋》的探究有著獨特的價值；同時，晚清民國諸子學肇興，劉咸炘關於子部的論著甚多，《呂氏春秋》研究是其子部研究的重要組成部分，應當置於諸子學的大環境中，以揭豬其內涵。

## 參考文獻

1. 劉咸炘：《子疏》〔M〕//《劉咸炘學術論集：子學編》，南寧：廣西師範大學出版社，2007年，第1～172頁。
2. 班固：《漢書》〔M〕，北京：中華書局，1962年。
3. 蕭公權：《中國政治思想史》〔M〕，北京：新星出版社，2010年。
4. 紀昀：《欽定四庫全書總目》〔M〕，北京：中華書局，1997年。
5. 劉咸炘：《呂氏春秋發微》〔M〕//《劉咸炘學術論集：子學編》，南寧：廣西師範大學出版社，2007年，第283～318頁。
6. 呂思勉：《經子解題》〔M〕，上海：華東師範大學出版社，1995年。
7. 許維遹：《呂氏春秋集釋》〔M〕，北京：中華書局，2009年。
8. 梁玉繩：《呂子校補》〔M〕，北京：中華書局，1991年。

---

〔註26〕劉咸炘：《呂氏春秋發微》〔M〕//《劉咸炘學術論集：子學編》，第286～287頁。

# 劉咸炘《詩經》學成就述評

陳開林　齊穎〔註1〕

摘要：

　　劉咸炘對《詩經》用力甚勤，成果集中體現在所著《誦〈詩〉審記》一書中。該書評析了《詩經》各篇，創獲甚多，是民國時期《詩經》研究的重大成果。然而該書生前未曾刊行，故不為學界所知。新近《推十書》的出版，使該書得以面世，其價值亟待尋討。綜觀全書，其成就可以概括為前賢著述的公正評述、兼顧各方的學術取徑、以意逆志的治《詩》態度、訓詁旨意的獨到探尋四個方面。本文對此進行了述論，以期引起學界進一步的研究。

關鍵詞：劉咸炘；《詩經》；《誦〈詩〉審記》；經學；《推十書》

　　劉咸炘（1896～1932），字鑒泉，號宥齋，四川雙流人。一生勤於著述，總計235部，名為《推十書》。先生素好通人之學，治學範圍極廣。舉凡中外、新舊之學，先生多有論及。然而，先生很多著作刊印較少，有些則未曾刊行，因此，先生多方面的成果尚未得到有效的傳播和接受。

　　目前學界對其經學、史學、諸子學、目錄學等方面的成就，已有多篇文章加以討論。然而，學界對其文學成就的研究還比較薄弱。就《詩經》而言，先生撰有《誦〈詩〉審記》一書。該書徵引歷代學者研治《詩經》的專書，並結合自己的心得，以劄記的形式評點《詩經》中的305首詩，是一部完整的《詩

---

〔註1〕陳開林（1985～），男，漢族，湖北麻城人，華中師範大學文學院2012級中國古代文學專業博士。主要從事中國古代文學、目錄學研究。齊穎（1991～），女，漢族，河南信陽人，華中師範大學文學院2013級中國古代文學專業碩士。主要從事唐宋文學研究。

經》研究專書。內容極其豐富，新見迭出。然而，該書一直未曾刊行，故不為學界所知。如臺灣學者陳文采所著《清末民初〈詩經〉學史論》一書，詳細考察了晚清到民國一段時間內的《詩經》研究，內容豐贍。書後附有《清末民初間〈詩經〉著作一覽》〔註2〕，搜羅甚為詳盡。然而，並未提及劉咸炘及其《誦〈詩〉審記》。

　　隨著《推十書》首度結集刊行，《誦〈詩〉審記》亦得以面世。該書收錄於《推十書》壬集「劄記雜鈔」類，為相關的研究提供了極大的便利。然而，筆者陋見，迄今尚未得見學界相關專著、論文述及《誦〈詩〉審記》。有鑑於此，筆者不揣固陋，擬對此書的成就略作述評，以期引起學界的進一步研究。

## 一、前賢著述的公正評述

　　《詩經》作為中華元典，歷代學者相關的著述甚多。今人劉毓慶先生爬梳歷代典籍，指出「從漢初到清末，歷代的《詩經》著述，於歷代公私目錄、書志和文獻的零散記載，可考者約三千種」〔註3〕。從已編纂出版的《歷代詩經著述考》收錄情況來看，先秦至元代詩經著述計有 564 種〔註4〕，明代計有 740 餘種〔註5〕。清代學術昌明，考據學大興，大批學者沉潛典籍，皓首窮經。《詩經學》的研究成果更為豐碩。其著述數目尚不可確指。民國至今，作為顯學的《詩經》，其相關研究成果則不勝枚舉。由這些數目，就不難發見《詩經》在傳統學術中的顯著地位。

　　《詩經》既是傳統的「六經」之一，同時，又是中國古典詩學的淵藪，融經學價值和文學價值於一體。因此，歷代的學者對《詩經》的研治往往隨著時代風貌的變化、以及個人性情的差異而各有偏重。或是注重維護《詩經》的經學地位，或是重點凸顯《詩經》的文學色彩，二者交相輝映，各有千秋。

　　劉咸炘在《誦〈詩〉審記》後有一個附錄，名為《引用書》，列舉自己徵引的書籍（詳見下文）。並對所採之書均撰有相關的評論。內容主要是評論各書的特點，指陳其得失。雖然文字略顯簡短，但要言不煩，持論公允，頗有創見。今錄其關於清代《詩經》學的四部著作的評論如下：

---

〔註2〕 陳文采：《清末民初〈詩經〉學史論》〔M〕，臺北：花木蘭文化出版社，2007
　　　　年，第 367～372 頁。
〔註3〕 劉毓慶：《歷代詩經著述考（先秦—元代）》〔M〕，北京：中華書局，2002 年，
　　　　第 1 頁。
〔註4〕 劉毓慶：《歷代詩經著述考（先秦—元代）》〔M〕，第 1 頁。
〔註5〕 劉毓慶：《歷代詩經著述考（明代）》〔M〕，北京：中華書局，2008 年，第 1 頁。

　　陳碩甫（奐）《疏》詁訓精密，數百年無二。以毛為主，不用鄭
義冥想臆補，為功不小。毛無說者慎密說之，多合於朱。惟牽於毛
說，不免迴護。

　　胡墨莊（承珙）《後箋》標舉義類，折衷宋說。礱磨辨晰，與陳
《疏》同勝。特彼貴謹嚴，此貴明暢耳。

　　陳長發（啟源）《稽古編》先進開山，力復古說，抉摘宋誤，發
明毛、鄭，有椎輪之功。惟假借未通，說未精密。一意攻朱，吹求
太過。書末總論發朱之失，則甚明確，不可不知。

　　馬元伯（瑞辰）《傳箋通釋》專明小學，好破字，亦有可取。而
多失於深僻。不專主毛、鄭，間亦申朱。〔註6〕

陳啟源《毛詩稽古編》被四庫館臣贊為「古義彬彬，於斯為盛。此編尤其最著
也」〔註7〕。胡承珙《毛詩後箋》、馬瑞辰《毛詩傳箋通釋》、陳奐《詩毛氏傳
疏》，則被梁啟超稱為嘉慶、道光年間《詩經》學的「三部名著」〔註8〕。舉凡
論及清代《詩經》學，毫無疑問，就不可能避開這幾部書。這些書都是注解
《詩經》的典範之作，在《詩經》學史上佔有重要地位，其價值不容忽略。但
是，囿於時代的學術環境、著者的學識、立場、見聞等因素，這些書一方面擺
脫不了時代的烙印，同時，也或多或少地存有缺憾。劉咸炘指出陳奐「詁訓精
密，數百年無二」，但「牽於毛說，不免迴護」；陳啟源力主復古，「發明毛、
鄭」，然而「假借未通」「吹求太過」；馬瑞辰「專明小學」，字句訓釋頗多發
明，卻「多失於深僻」。胡承珙之書與陳奐之書「礱磨辨晰」，為其共性，而陳
書「貴謹嚴」，胡書「貴明暢」，又是二者的差別之所在。

　　結合劉咸炘對其他諸人諸書的評判，不難發現劉咸炘對這些著述能夠從
宏觀上予以整體把握，分析其成就與缺憾。當然，這種宏觀的感知不是空發
議論，而是在精熟書本內容的基礎上提出的真知灼見。尋繹《誦〈詩〉審記》
中關於每首詩的具體論述，可以明晰劉咸炘對各家著述的徵引和辨正。只有對
《詩經》做到了「好學深思，心知其意」，才能發現各家的得失，並予以借鑒
和考辨。

〔註6〕劉咸炘：《誦〈詩〉審記》〔M〕//《推十書：壬輯》，上海：上海科學技術文
　　　獻出版社，2009年，第536頁。
〔註7〕永瑢：《四庫總目提要》〔M〕，北京：中華書局，1965年，第132頁。
〔註8〕梁啟超：《中國近三年年學術史》〔M〕，北京：東方出版社，1996年，第208頁。

## 二、兼顧各方的學術取徑

上文提及《誦〈詩〉審記》附錄的《引用書》。計有岳珂刊本《毛傳》、《鄭箋》，宋代歐陽修《詩本義》、朱熹《詩集傳》、呂祖謙《呂氏家塾讀詩記》、戴溪《續呂氏家塾讀詩記》、嚴粲《詩輯》，清代王鴻緒《欽定詩經傳說匯纂》、傅恒《御纂詩義折衷》、阮元《詩書古訓》、《五經匯解》（陳啟源《毛詩稽古編》、陳奐《詩毛氏傳疏》、胡承珙《毛詩後箋》、顧廣譽《學詩正詁》、王引之、俞樾、李黼平、曾釗）、馬瑞辰《毛詩傳箋通釋》、龔橙《詩本誼》、魏源《詩古微》。當然，正文中所徵引的書目實不止此數，比如王夫之《詩經稗疏》、宋翔鳳《過庭錄》等書，《引用書》均未列入。所採均為歷代注解《詩經》的經典之作，其中以清人著述最多。

就徵引範圍來看，舉凡古今《詩經》名著，歷歷在目。然而，歷代研治《詩經》的著述達 3000 餘種，其中，享有盛譽者，亦不勝枚舉。同時，《詩經》學在不同的歷史時期有不同的流派。因此，如何較為全面地反映前賢的《詩經》研究成果，就面臨一個甄別、遴選的難題。劉咸炘在眾多作品中選取了十餘種，比較完美地解決了這個問題，體現了開闊的學術視野。

### （一）兼顧了「經古文」與「經今文」

「經古文」與「經今文」是經學史上的一個大問題。就《詩經》而言，漢代出現了魯、齊、韓、毛四家《詩》。其後，毛詩獨行，而三家詩逐漸亡佚。清代嘉慶、道光時期，由於諸多因素的影響，《詩經》今文經學逐步復興〔註9〕，這也是清代《詩經》學的晚期特徵。劉咸炘既採錄陳啟源《毛詩稽古編》、陳奐《詩毛氏傳疏》、胡承珙《毛詩後箋》，又採錄龔橙《詩本誼》、魏源《詩古微》，即是對今古文問題抱持不偏主一家的態度。

### （二）兼顧了「漢學」與「宋學」

《四庫全書總目‧經部總敘》中總結經學的歷史流變，稱「要其歸宿，則不過漢學、宋學兩家互為勝負。」並指出「漢學具有根柢」「宋學具有精微」〔註10〕。《詩經》同樣面臨「漢學」「宋學」之爭。清代考據學發達，王引之《經義述聞》、《經傳釋詞》、俞樾《群經平議》、李黼平《毛詩　義》、曾釗《詩說》，均是運用考據的方法治《詩》，顯與「宋學」異趣。劉咸炘對於「漢、宋

---

〔註 9〕 何海燕：《清代詩經學研究》〔M〕，北京：人民出版社，2011 年，第 143 頁。
〔註 10〕 永瑢：《四庫總目提要》〔M〕，第 1 頁。

之爭」，顯於是做到了「消融門戶之見而各取所長」〔註11〕。

## （三）兼顧了「尊序」與「廢序」

《詩序》，是闡釋《詩經》義旨不可避免的問題。歐陽修《詩本義》主張探究詩人之意和聖人之志〔註12〕，已經開始懷疑和反對《詩序》。至朱熹《詩集傳》則明確標出棄《序》言詩的姿態。而作為朱熹摯友的呂祖謙，卻在《詩序》問題上與朱熹存有嚴重的分歧，勢如水火。呂祖謙言《詩》，力主尊《序》，且「《呂氏家塾讀詩記》是宋代尊《序》派總結性的著作」〔註13〕。劉咸炘選取歐陽修、朱熹、呂祖謙三人的書，顯然是對《詩序》採取一種審慎的態度。對《序》中言之有理的就需要吸收，穿鑿附會的就必須摒棄。

## （四）兼顧了「官學」與「私學」

清人皮錫瑞將清代稱為「經學復盛時代」，篇首指出「國朝稽古右文，超軼前代」〔註14〕，列舉的證據就是康熙、乾隆朝御纂、欽定的經書。康熙朝《欽定詩經傳說匯纂》以朱熹《詩集傳》為綱、乾隆朝《御纂詩義折衷》則透漏了尊漢學的傾向。而與之相對應的，是民間的私人著述。學者著書立說，一方面與官方保持一致，同時，在某些問題上又有一定的游移。劉咸炘重視學者的私人研究，也兼顧了官方的成果。

# 三、以意逆志的治《詩》態度

《詩經》產生的時間較早，涉及的地域較廣，延續的時間較長。隨著歷史的流逝，《詩經》在傳承過程當中逐漸的發生了一些微妙的變化。諸如文本的差異、字句的訓釋、詩旨的闡發等等。圍繞這些問題，一代又一代學者傾注了畢生的心血，從事考訂、闡釋的工作，力圖探尋《詩經》的本義。儘管歷代相沿的著述汗牛充棟，然而，《詩經》中有待解決的疑義尚有許多。乾隆皇帝在《御纂詩義折衷序》中感慨：

> 《詩》之教大矣，古今言《詩》者眾矣。自《小序》而下，《箋》、
> 《疏》、傳注各名其家，各是其說。辨難糾紛，幾如聚訟。〔註15〕

---

〔註11〕永瑢：《四庫總目提要》〔M〕，第 1 頁。
〔註12〕戴維：《詩經研究史》〔M〕，長沙：湖南教育出版社，2001 年，第 272 頁。
〔註13〕戴維：《詩經研究史》〔M〕，第 340 頁。
〔註14〕皮錫瑞：《經學歷史》〔M〕，北京：中華書局，2008 年，第 295 頁。
〔註15〕傅恒：《御纂詩義折衷》〔M〕//《景印文淵閣四庫全書：第 87 冊》，臺北：臺灣商務印書館社，1983 年，第 1 頁。

乾隆皇帝陳述《詩經》學的狀態頗得其實情。經師、學者「各名其家，各是其說」，以致「辨難糾紛，幾如聚訟」。而《四庫全書總目·詩類小序》中對此也指出：

> 《詩》有四家，毛氏獨傳，唐以前無異論，宋以後則眾說爭矣。
> 然攻漢學者意不盡在於經義，務勝漢儒而已。伸漢學者意亦不盡
> 於經義，憤宋儒之詆漢儒而已。各挾一不相下之心，而又濟以不平
> 之氣，激而過當，亦其勢然歟！〔註16〕

四庫館臣揭櫫《詩經》的「漢學」與「宋學」之爭，而導致了《詩經》「眾說爭矣」的局面。當然，《詩經》闡發駁雜的原因除此之外，尚有許多其他的因素，如「經古文」與「經今文」的問題、「尊序」與「廢序」的問題、經學與文學的問題……即以解《詩》者的身份而言，對《詩經》的解讀就有很大的影響。大體來說，「文士之說《詩》，多求其意；講學者之說《詩》，則務繩以理」〔註17〕。《詩經》眾說紛紜的狀況由此可見一斑。誠如四庫館臣所言：「諸經之中，惟《詩》文義易明，亦惟《詩》辨爭最甚。蓋《詩》無達詁，各隨所主之門戶，均有一說之可通也。」〔註18〕

因此，如何研治《詩經》，亦即是抱持何種態度研治《詩經》，就是準確理解、闡釋《詩經》本義的關鍵。這需要直面諸多問題，比如刪詩、變雅、詩《序》等，劉咸炘在《誦〈詩〉審記·序》中均有相應的闡發。《誦〈詩〉審記·序》體例較為獨特，比較接近後人著述中《凡例》，共由十一則文字組成。其中，最為重要的內容，則是劉咸炘研治《詩經》的態度。他指出：

> 毛鄭本多異同，清儒考辨極多，猶未詳察。一句之中每有歧異，
> 沖遠調停期間，多泯其跡。大氐毛多簡直，鄭多迂曲，添字為說，
> 不顧上下文義，皆所不免。讀而生疑，輒糾正之，非好譏刺，實以
> 解經貴自然，忌牽強也。〔註19〕

> 詩無達詁。因其詳說人情，以正說之則得其正，以邪說之則亦
> 偏畸。故必以意逆志而不以文害詞，不以詞害意。《序》文少，意多
> 未達，後儒附會，遂多誤解。〔註20〕

---

〔註16〕永瑢：《四庫總目提要》〔M〕，第119頁。
〔註17〕永瑢：《四庫總目提要》〔M〕，第121頁。
〔註18〕永瑢：《四庫總目提要》〔M〕，第136頁。
〔註19〕劉咸炘：《誦〈詩〉審記》〔M〕//《推十書：壬輯》，第151頁。
〔註20〕劉咸炘：《誦〈詩〉審記》〔M〕//《推十書：壬輯》，第151頁。

劉咸炘指出了毛《序》、鄭《箋》、孔《疏》的問題，認為清儒治《詩》取得了重大成就，但是「猶未詳察」。因此，自己在研讀《詩經》中「讀而生疑」，就從事對前賢解《詩》的訂補工作。針對《詩經》兼具詩學和經學的雙重特色，劉咸炘提出了別具特色的治《詩》主張。就經學而言，他提倡「解經貴自然，忌牽強也」，有力的迴避了曲意解經，穿鑿附會，求之過深的弊病。同時，他充分認識到《詩經》的詩學特質，極力遵循孟子的主張，「以意逆志而不以文害詞，不以詞害意。」「以意逆志」自孟子發端，歷代解《詩》者以此自我標榜者為數也不少，然而，要真正付之實踐則並非易事。

今結合《頌〈詩〉審記》的內容，略舉兩例：

> 毛義本無黏滯，鄭乃舉葛烏一一比附，謂興某興某，此如後世說阮嗣宗《詠懷》明月清風皆喻魏、晉易代之事也，太拘泥矣。後詩（按：疑作「世」）說詩之誤踵謬者極多，有識者始辨之，不意康成乃其濫觴，陳集諸家皆沿其誤。〔註21〕

> 腹心，《毛傳》未確，《經》文無制斷意。《左傳》斷章，未足為信，且安知非秦漢間儒者附會。何也？《經》文但言腹心，若加制斷二字，則《經》文當添矣。添字解經，吾所不取。〔註22〕

《周南·葛覃》「黃鳥于飛，集于灌木，其鳴喈喈」，鄭《箋》云：「葛延蔓之時，則摶黍飛鳴，亦因以興焉。飛集叢木，興女有嫁於君子之道。和聲之遠聞，興女有才美之稱，達於遠方。」〔註23〕針對鄭玄過度比附的現象，劉咸炘用後世阮籍《詠懷詩》作類比，認為「太拘泥矣」。並對後人「踵謬」的行為進行了批判。《周南·兔罝》「赳赳武夫，公侯腹心」，毛傳云：「可以制斷公侯之腹心。」孔穎達疏解「毛以為兔罝之人有文有武，可以為腹心之臣。言公侯有腹心之謀事，能制斷其是非。」〔註24〕就「腹心」二字的箋釋，劉咸炘批駁了「斷章取義」和「添字解經」這兩種做法。儘管他有提出相應的結論，但這種審慎的做法當是可取的。

## 四、訓詁、旨意的獨到探尋

皮錫瑞在《經學通論》書中論及《詩經》，首先就「論《詩》比他經尤難

---

〔註21〕劉咸炘：《誦〈詩〉審記》〔M〕//《推十書：壬輯》，第154頁。
〔註22〕劉咸炘：《誦〈詩〉審記》〔M〕//《推十書：壬輯》，第157頁。
〔註23〕孔穎達：《毛詩正義》〔M〕，北京：北京大學出版社，1999年，第31頁。
〔註24〕孔穎達：《毛詩正義》〔M〕，第50頁。

明」，並指出「其難明者」的八個原因〔註25〕。《詩經》產生的時間較早，涉及的地域較廣，延續的時間較長。隨著歷史的流逝，《詩經》在傳承過程當中逐漸的發生了一些微妙的變化。諸如文本的差異、字句的訓釋、詩旨的闡發等等。圍繞這些問題，一代又一代學者傾注了畢生的心血，從事考訂、闡釋的工作，力圖探尋《詩經》的本義。儘管歷代相沿的著述汗牛充棟，然而，《詩經》有待解決的疑義尚有許多。正如皮錫瑞所言：「古義既亡，其僅存於今者，又未必皆《詩》之本義。說《詩》者雖以意逆志，亦苦無徵不信，安能起詩人於千載之上，而自言其義乎？」〔註26〕解《詩》之人如何「神遊冥想，與立說之古人，處於同一境界」〔註27〕，不斷地去接近作《詩》之人，這是對解《詩》之人的極大考驗。

劉咸炘治通人之學，抱持兼顧各方的學術態度，對前賢的著述有著深入的研究，同時，承襲前人以意逆志的治《詩》態度。因此，在研治《詩經》的過程中，就《詩經》各篇的字句、詩旨進行評論，一方面繁徵博引，加以考訂；一方面折衷己意，新見迭出。

如《邶風·擊鼓》中「死生契闊，與子成說。執子之手，與子偕老」，成為《詩經》千古傳誦的名句。然而，「契闊」一詞究為何意？歷來無定解。劉咸炘說：

> 契闊為憂苦，為約束，皆似於詁訓不實，《傳》說未可從。韓訓為約束，則由契字望文生訓也。此四字自是平說，謂或生或死，或合或離，皆有成說。朱訓隔遠與闊義合，與契義反。契，合也。上章言今闊而不復契矣，死而不復生矣，前之信不可踐矣。如此說似較平順。契闊二字無由有勤勞之義，吾終不敢信。〔註28〕

劉咸炘從《詩》義出發，對前人訓詁提出了異議。下文，他又對胡承珙、顧廣譽等人之說予以了駁正，提出了「信《傳》不如信《經》，與《經》文意不貫，毋寧闕焉」的主張，誠為公允之論。

再如《王風·兔爰》：

> 毛說構怨連禍，於詞毫無可徵。兔爰、雉羅，抑揚言之，明是譏禁綱之疏闊，而胡氏必欲護之，何也。呂氏、戴氏說平王、桓王

---

〔註25〕皮錫瑞：《經學通論》〔M〕，北京：中華書局，1954年，第1～2頁。
〔註26〕皮錫瑞：《經學通論》〔M〕，第1～2頁。
〔註27〕陳寅恪：《金明館叢稿二編》〔M〕，北京：三聯書店，2001年，第279頁。
〔註28〕劉咸炘：《誦〈詩〉審記》〔M〕//《推十書：壬輯》，第170頁。

年代紛紜不定，徒多事耳。《明辨錄》及《稽古編》之言至為尖利，

胡破之極是，亦可見鑿空附會之難於無罅也。虞東謂閔周是而衍

《序》非，是矣。然以為平王詩亦泥。〔註29〕

針對《兔爰》，《毛詩小序》稱：「《兔爰》，閔周也。桓王失信，諸侯背叛，構
怨連禍，王師傷敗，君子不樂其生焉。」〔註30〕對對，歷代《詩經》注者頗有
贊同或反對的呼聲。劉咸炘逐一考察了呂祖謙《呂氏家塾讀詩記》、戴溪《續
呂氏家塾讀詩記》、胡承珙《毛詩後箋》、沈青崖《毛詩明辨錄》、陳啟源《毛
詩稽古編》、顧鎮《虞東學詩》之說，均予以辨正，指出其各自的得失。

## 五、小結

劉咸炘《頌〈詩〉審記》是完整評析《詩經》的專書，學術價值極大。本
文選取了四個方面，對其成就略作評述。加之該書劄記體的形式，也難以作綜
合研究。關於該書進一步的深入研究尚待學界的努力。

## 參考文獻

1. 陳文采：《清末民初〈詩經〉學史論》〔M〕，臺北：花木蘭文化出版社，
   2007 年。
2. 劉毓慶：《歷代詩經著述考（先秦—元代）》〔M〕，北京：中華書局，2002
   年。
3. 劉毓慶：《歷代詩經著述考（明代）》〔M〕，北京：中華書局，2008 年。
4. 劉咸炘：《誦〈詩〉審記》〔M〕 //《推十書：壬輯》，上海：上海科學技
   術文獻出版社，2009 年。
5. 永瑢：《四庫總目提要》〔M〕，北京：中華書局，1965 年。
6. 梁啟超：《中國近三年年學術史》〔M〕，北京：東方出版社，1996 年。
7. 何海燕：《清代詩經學研究》〔M〕，北京：人民出版社，2011 年。
8. 戴維：《詩經研究史》〔M〕，長沙：湖南教育出版社，2001 年。
9. 皮錫瑞：《經學歷史》〔M〕，北京：中華書局，2008 年。
10. 傅恒：《御纂詩義折衷》〔M〕 //《景印文淵閣四庫全書：第 87 冊》，臺
    北：臺灣商務印書館社，1983 年。

〔註29〕劉咸炘：《誦〈詩〉審記》〔M〕 //《推十書：壬輯》，第 200 頁。
〔註30〕孔穎達：《毛詩正義》〔M〕，第 262 頁。

11. 孔穎達：《毛詩正義》〔M〕，北京：北京大學出版社，1999 年。

12. 皮錫瑞：《經學通論》〔M〕，北京：中華書局，1954 年。

13. 陳寅恪：《金明館叢稿二編》〔M〕，北京：三聯書店，2001 年。

# 劉咸炘《文心雕龍》研究述略

陳開林　馮之

摘要：

　　晚清民國時期，「龍學」大興。黃侃《文心雕龍箚記》、劉永濟《文心雕龍校釋》、范文瀾《文心雕龍注》、楊明照《文心雕龍校注拾遺》諸書均蜚聲學界。而劉咸炘《文心雕龍闡說》一書由於生前未曾刊行，不為學界所知。隨著《推十書》的刊布，《文心雕龍闡說》的價值亟待發掘。劉咸炘運用箚記的形式，對《文心雕龍》50篇予以評點，頗多創見。然千慮一失，亦偶有失誤。本文對此進行了述論，以期引起學界進一步的研究。

關鍵詞：劉咸炘；《文心雕龍》；《文心雕龍闡說》；《文式》；《推十書》

　　劉咸炘（1896～1932），字鑒泉，號宥齋，四川雙流人。近代著名學者。生平博通四部，著述甚豐。總計著書235部，475卷，名為《推十書》。自幼沉潛文史，素所用心。就古代文學研究而言，著作就有《文學述林》、《文式》、《文說林》、《文心雕龍闡說》、《誦〈文選〉記》、《清文話》、《誦〈詩〉審記》、《學略》等多部。其中，關於《文心雕龍》的研究成果因為生前未曾刊行，故不為學界所知。筆者管見，迄今未見有專著、論文論及其《文心雕龍》研究成果。

　　隨著《推十書》的出版，先生的著作得以全面結集面世。特別是其中的多部未刊稿，均係首次面世，價值重大。劉咸炘對《文心雕龍》的研究成果，是亟待發掘的學術財富。這對於推進《文心雕龍》研究具有較大意義，同時，也是全面剖析劉咸炘學術的重要組成部分。當然，我們要客觀的進行學術評判，就需要做到在肯定其成果創獲甚多的同時，也要發現書中存在的不足之處。筆

者不揣孤陋，擬對劉咸炘《文心雕龍》研究成果略作述評，以期引起學界的關注和進一步的研究。本文引錄《文心雕龍闡說》、《續記》、《文式》的論述，結合《文心雕龍》的相關內容，予以辨析，考釋其正誤，指陳其得失。

## 一、《文心雕龍闡說》綜論

梁代劉勰所撰《文心雕龍》，計 50 篇，是我國古代文學批評的集大成者。清代黃叔琳曾言：「劉舍人《文心雕龍》一書，蓋藝苑之秘寶也。觀其苞羅群籍，多所折衷。於凡文章利病，抉摘靡遺。綴文之士，苟欲希風前秀，未有可捨此而別求津逮者。」〔註 1〕可謂公允之論。然而，由於時代久遠，《文心雕龍》在流傳過程中，文字頗多錯訛；加之內容「使事遣言，紛綸葳蕤，罕能切究」〔註 2〕的特點，因此，歷代學者對之傾注了大量的心血，從事校正字詞，箋釋文句，闡發義理的工作。

伴隨著學者的不斷研討，有關《文心雕龍》的成果極為豐富。如今，學界每以「龍學」稱之，其分量由此可見一斑。晚清民國時期，研治《文心雕龍》的學者極多，湧現出的成果也非常顯著。比較著名的，有黃侃《文心雕龍劄記》、劉永濟《文心雕龍校釋》、范文瀾《文心雕龍注》、楊明照《文心雕龍校注拾遺》、王元化《文心雕龍創作論》等。這些書均為「龍學」史上的典範之作，迄今享譽學界，澤被後人至深。

劉咸炘治學，素所服膺章學誠，因此，極為重視「辨章學術，考鏡源流」。對傳統的文學而言，文體、文論、文式等都是劉咸炘極為關注的對象。而作為中國傳統「文學批評之傑作」〔註 3〕——《文心雕龍》而言，自然也就成了劉咸炘研習的重點。

劉咸炘研究《文心雕龍》的成果，集中在《文心雕龍闡說》和《文式》中。《文心雕龍闡說》文末，附有劉咸炘的一篇短跋。茲錄跋文如下：

> 丁巳撰此書時，於文章體宜係別，尚未了了。彼時方知放膽作箚記也。庚申七月，因撰《文式》，復讀《雕龍》，取舊稿閱之，亦頗有可喜者。但微意少，常談多；大義少，細論多耳。以其敷暢本文，不無裨益，遂稍稍刪改存之。茲之所得，別附於後，則於大體頗有

〔註 1〕 范文瀾：《文心雕龍注》〔M〕，北京：人民文學出版社，1962 年，第 2 頁。
〔註 2〕 范文瀾：《文心雕龍注》〔M〕，第 2 頁。
〔註 3〕 朱東潤：《中國文學批評史大綱》〔M〕，武漢：武漢大學出版社，2009 年，第 45 頁。

發明。若上篇廿五中辨體宜之說，本有是非，悉已引入《文式》而
申駁之矣，此冊不復論也。庚申七月十二日晨記。〔註4〕

由劉咸炘跋，可知《文心雕龍闡說》作於丁巳年，即 1917 年；《續記》作於庚
申年，即 1920 年。關於二者的體例，劉咸炘自言是「作劄記」，這與傳統學人
的治學方法一樣。劉咸炘的《誦〈文選〉記》、《呂氏春秋發微》、《文史通義識
語》、《誦〈詩〉審記》等均採用這一形式撰寫。《文心雕龍闡說》評點了《奏
啟》篇之外的其他 49 篇文章，《續記》分別評點了《徵聖》、《宗經》、《辨騷》、
《明詩》、《樂府》、《諧隱》、《史傳》、《論說》、《詔策》、《封禪》、《章表》、《書
記》、《定勢》、《章句》、《麗詞》、《比興》、《誇飾》、《鍊字》、《隱秀》、《指瑕》、
《附會》、《總術》、《時序》、《才略》、《程器》25 篇文章，另有一則題為「下篇
廿五」的總論。

　　另外，就立論基點而言，《文心雕龍闡說》主要為「敷暢本文」，多「常談」
「細論」；三年後所作《續記》則偏重於推尋《文心雕龍》書中的「微意」「大
義」。另外，「辨體宜之說」則採入新撰的《文式》一書中，且有相關辨正。劉
咸炘自謂《文心雕龍闡說》「頗有可喜者」，《續記》「於大體頗有發明」，則對
其價值頗不諱言。

## 二、《文心雕龍闡說》的成就

　　《文心雕龍闡說》乃就《文心雕龍》的論斷進行條舉論列，每篇條辨的
書目或多或少，或長或短。如《論說》篇，劄記共計十五條，而《議對》篇、
《知音》篇，則各僅有三條。綜觀其內容，舉陳其成就，可以歸結為以下三個
方面：

### （一）推求劉勰立論之依據

　　清代張澍（1781～1847）稱《文心雕龍》「殫各體之軌範，標眾作之源流」
〔註5〕，史念祖（1842～1910）稱「稽古探源，於文章能道其所以，不溺於六
朝淺識。……其為文亦稱贍雅。」〔註6〕。《文心雕龍》既包孕了豐富的內容，
同時又要做到文詞「贍雅」（即駢文），這就要求簡練的詞傳達出巨大的信息，

〔註4〕　劉咸炘：《〈文心雕龍〉闡說》〔M〕//《推十書：戊輯》（二），上海：上海科
　　　　學技術文獻出版社，2009 年，第 979 頁。
〔註5〕　王利器：《文心雕龍校證》〔M〕，上海：上海古籍出版社，1980 年，第 336 頁。
〔註6〕　王利器：《文心雕龍校證》〔M〕，第 340 頁。

使得「辭」與「意」之間存在一個極大的張力。職此之故，劉勰在撰文過程中，自己的立論依據往往被摒棄。後人要理解文意，必須重新拾起這些被忽略的要素。劉咸炘在揣摩文意的時候，對劉勰立論的依據多有發見。如：

> 《雞鳴》、《陌上》諸篇，彥和未論，疑非漢詩，且係樂府體，故敷陳極侈，與諷諭者別。(《明詩》) [註7]

> 論諧隱而從謠諺入，蓋彥和敘有韻之文，以諧隱為殿。(《諧隱》) [註8]

> 彥和蓋以詔、策體大，戒、敕體小，故一宗偉麗，一宗簡切。(《詔策》) [註9]

> 體要二字，乃彥和論文宗旨，故惡飾羽尚畫之流。(《序志》) [註10]

除此之外，劉咸炘探尋劉勰立論依據的例句還有很多。有上舉四例可以考見劉咸炘在研究《文心雕龍》的時候，確實是能夠神遊冥想，而深契於劉勰。

## （二）敷暢劉勰之論斷

劉咸炘自言《文心雕龍闡說》多「敷暢本文」，即是對劉勰的觀點予以疏證闡發，以便於初學者理解文意。范文瀾（1893～1969）注《文心雕龍》時，在《凡例》中一則曰：「劉氏之書，體大思精，取材浩博」[註11]，再則曰「古人文章，每多訓詁深茂，不附注釋，頗難讀解」[註12]，可見，《文心雕龍》不僅字句難以解讀，其文義則更難推尋。

翻檢《文心雕龍闡說》，多見劉咸炘對劉勰的認同，如「極當」「極分明」「極精確」等斷語，直接附和劉勰。此外，劉咸炘還對劉勰的某些較隱晦的論斷進行了深入的闡發，使之語意明瞭。

如劉勰在《詮賦》中論述賦體流變，提到：

> 然則賦也者，受命於詩人，而拓宇於《楚辭》也。於是荀況《禮》《智》，宋玉《風》、《釣》，爰錫名號，與詩畫境，六義附庸，蔚成大

---

[註7] 劉咸炘：《《文心雕龍》闡說》[M] //《推十書：戊輯》(二)，第954頁。
[註8] 劉咸炘：《《文心雕龍》闡說》[M] //《推十書：戊輯》(二)，第958頁。
[註9] 劉咸炘：《《文心雕龍》闡說》[M] //《推十書：戊輯》(二)，第960頁。
[註10] 劉咸炘：《《文心雕龍》闡說》[M] //《推十書：戊輯》(二)，第973頁。
[註11] 范文瀾：《文心雕龍注》[M]，第4頁。
[註12] 范文瀾：《文心雕龍注》[M]，第5頁。

國。遂述客主以首引，極聲貌以窮文。斯蓋別詩之原始，命賦之厥

初也。〔註13〕

劉勰提出關於賦體的起源和流變的一個主要觀點就是「受命於詩人，而拓宇於

《楚辭》」。這是賦學史上的一個重要命題，指出了「賦體產生與《詩》有密切

關係，但卻是在楚辭的基礎上拓寬了疆界」〔註14〕。但言之稍略，對此，劉咸

炘進行了解讀。他說：

> 詩有賦義而鮮鋪陳，比物託景，取足達意，寥寥不繁。屈子始
> 縱辭騁氣，遠說天神，詞多於意，諷喻遂隱。故曰：受命詩人，拓
> 宇楚詞。然後世宮殿田獵，大敷厥詞，拓之過大矣。宮殿田獵等
> 作，尤於六藝無關，直沿蘇、張說形勢之餘意，而澤以屈、宋之詞
> 采耳，於經史子皆無所當也。詞賦之別出為類，竟與六藝諸子並
> 立，蓋非屈子所及料也。屈子直是一字。客主仿於諸子，聲貌起於
> 荀、屈。〔註15〕

劉咸炘著重區分了詩人和屈原之間的差別，指出「詩有賦義而鮮鋪陳」，而

「屈子始縱辭騁氣」。從而使得「受命詩人，拓宇楚詞」的論斷較為明晰，便

於理解和接受。非僅如此，劉咸炘在此基礎上進行了延伸，論及後世「宮殿田

獵等作」，當即漢代的大賦。指出大賦「大敷厥詞」，乃「沿蘇、張說形勢之餘

意」，縱橫捭闔，開合變化。這一類賦作已經偏離了辭賦原來的方向，而是

「別出為類」了。

### （三）駁斥劉勰之論

梁啟超（1873～1929）曾為范文瀾《文心雕龍講疏》作序，稱「求其是非

不謬，華實並隆，析源流，明體用，以駢儷之言，而有馳驟之勢，含飛動之才，

極瑰瑋之觀者，其唯劉彥和之《文心雕龍》乎？」〔註16〕《文心雕龍》內容豐

富，確如梁啟超所言「析源流，明體用」，涉及到文體論、創作論、批評論等

多個方面。但是，劉勰所持之論，卻並非能達到「是非不謬」的境界。劉咸炘

對書中的錯誤論斷進行了駁斥。

---

〔註13〕王利器：《文心雕龍校證》〔M〕，第49頁。
〔註14〕何新文、蘇瑞隆、彭安湘：《中國賦論史》〔M〕，北京：人民出版社，2012年，
　　　　第116頁。
〔註15〕劉咸炘：《〈文心雕龍〉闡說》〔M〕//《推十書：戊輯》（二），第955頁。
〔註16〕范文瀾：《文心雕龍講疏》〔M〕，天津：新懋印書局，1925年，第1頁。

如《序志》篇，劉勰品評「近代之論文者」，包括「魏文述典，陳思序書，應瑒文論，陸機《文賦》，仲洽《流別》，弘範《翰林》」，認為這些作品「各照隅隙，鮮觀衢路」〔註17〕。對此，劉咸炘認為：

> 魏陳之書，固甚狹略。陸《賦》則詳於功候，精語極多，非彥和所有。謂為「碎亂」乃其詞，然抑亦文人相輕之結習也。〔註18〕

劉勰對其時論文之作頗為揶揄。劉咸炘同意他「魏典密而不周，陳書辯而無當」〔註19〕的看法。而對「陸《賦》巧而碎亂」〔註20〕的論斷表示反對。他認為「陸《賦》精語極多」，劉勰對之批評，是因為文人相輕的緣故。

再如，關於前舉賦的問題，劉咸炘在《文式·賦》中亦有引申：

> 勰又稱受命詩人，拓宇《楚辭》，以屈、宋為大，而荀、宋並稱。蓋以荀、宋始賦庶物耳。然屈、荀皆楚人而同時，荀非沿屈，未可與宋玉、景差儕也。且屈體衍長，變古已成，荀體短促，猶存詩式。後世合和二家，兼取其義耳，非本同也。宋玉《風》、《釣》之體，亦非荀卿《蠶》、《箴》之倫也。〔註21〕

此段議論，主要針對劉勰《詮賦》篇「荀況《禮》《智》，宋玉《風》、《釣》，爰錫名號，與詩畫境，六義附庸，蔚成大國」的觀點而發。劉咸炘認為屈原、荀子乃同時代人，並且同在楚國，因此「荀非沿屈」，而是別有所受。從這個角度辨析了荀子和宋玉的差別，指出荀子「未可與宋玉、景差儕也」，進而探尋了二人的學術旨歸。並進一步對後世「合和二家」的現象進行了分析。

## （四）駁斥前人評注

《文心雕龍》歷代注本較多，或箋釋文本，或推尋文義，蔚為大觀。《文心雕龍》一書體大思精，儘管歷代注者均為「好學深思，心知其意」者，每每探驪得珠，頗多新義。然而智者千慮，必有一失，囿於各自的知識結構和文學觀念，總難免有未解之疑義，及箋釋失誤之處。

清乾隆時期著名學者紀昀（1724～1805），曾對《文心雕龍》做過點評，共計有210餘則。紀昀號為一代通人，其評點極富卓識。然疏漏亦難免。劉咸

---

〔註17〕王利器：《文心雕龍校證》〔M〕，第294～295頁。
〔註18〕劉咸炘：《《文心雕龍》闡說》〔M〕//《推十書：戊輯》（二），第973頁。
〔註19〕王利器：《文心雕龍校證》〔M〕，第295頁。
〔註20〕王利器：《文心雕龍校證》〔M〕，第295頁。
〔註21〕劉咸炘：《文式》〔M〕//《推十書：戊輯》（二），上海：上海科學技術文獻出版社，2009年，第728頁。

炘對紀氏之說多有辨正，除《通變》篇稱「紀評甚當」〔註22〕、「紀評甚允」〔註23〕外，他處均予以否定。如：

> 紀氏未明章表疏奏之別，故以為末段無甚發明。豈知章、表之事緩，疏、奏之事切，故主質。八代成規，彥和故論之甚詳析哉。（《章表》）〔註24〕

> 紀氏去泰去甚之評是也。然未字字摭實，難於措筆，則未知質實主文，文各有體也。（《誇飾》）〔註25〕

> 此篇與《總術》，乃總《定勢》以下諸篇而言，非專論章法也。若專論章法，則當次《定勢》之後矣。故次段兼舉情志、事義、詞采、宮商，通篇皆兼言四者，紀氏誤認為專論章法，遂謂夫才量學文以下三行為可刪，謬矣。觀後半並論字句之失，《附會》豈專指章法哉。（《附會》）〔註26〕

結合劉咸炘他處對紀昀的批評，可以發見劉咸炘主要認為紀昀不明了「文體之別」，未能從宏觀把握劉勰的著述結構，因此對《文心雕龍》的篇章結構、劉勰的觀點均未能融會貫通。如謂《徵聖》篇為「裝點門面」〔註27〕、謂《史傳》篇「無甚高論」〔註28〕等，均於劉勰未達一間。劉咸炘對紀昀的駁斥，可謂深中肯綮。

## 三、《文心雕龍闡說》的缺陷

囿於《文心雕龍闡說》劄記體例的限制，劉咸炘發論只是就自己有感悟的相關問題進行簡要的評點。因此，失之瑣碎，不成體系。由於點評只是隻言片語，記錄自己閱讀時的體悟，未能充分展開論證，致使其論議不足以使人信服。這就是《文心雕龍闡說》最大的缺陷。

如《文心雕龍·程器》，探究文與德的關係。古今文人，文、德二者兼備的比較少見。文中備列古今文人之細行，茲節錄如下：

〔註22〕劉咸炘：《《文心雕龍》闡說》〔M〕//《推十書：戊輯》（二），第 964 頁。
〔註23〕劉咸炘：《《文心雕龍》闡說》〔M〕//《推十書：戊輯》（二），第 965 頁。
〔註24〕劉咸炘：《《文心雕龍》闡說》〔M〕//《推十書：戊輯》（二），第 976 頁。
〔註25〕劉咸炘：《《文心雕龍》闡說》〔M〕//《推十書：戊輯》（二），第 977 頁。
〔註26〕劉咸炘：《《文心雕龍》闡說》〔M〕//《推十書：戊輯》（二），第 978 頁。
〔註27〕劉咸炘：《《文心雕龍》闡說》〔M〕//《推十書：戊輯》（二），第 974 頁。
〔註28〕劉咸炘：《《文心雕龍》闡說》〔M〕//《推十書：戊輯》（二），第 975 頁。

> 略觀文士之疵：相如竊妻而受金，揚雄嗜酒而少算，敬通之不
> 修廉隅，杜篤之請求無厭，班固諂竇以作威，馬融黨梁而黷貨，文
> 舉傲誕以速誅，正平狂憨以致戮，仲宣輕銳以躁競，孔璋傯恫以粗
> 疏，丁儀貪婪以乞貨，路粹餔啜而無恥，潘岳詭禱於愍懷，陸機傾
> 仄於賈郭，傅玄剛隘而詈臺，孫楚狠愎而訟府。〔註29〕

前舉諸人，自漢初的司馬相如，到晉代的孫楚，均為擅文之士。劉勰指抉他們
各自的缺點，即「文士之瑕累」。對於這段材料，劉咸炘有一個評論：

> 孟堅未嘗作威，文舉亦非傲誕。余並當。〔註30〕

對於劉勰的論斷，劉咸炘大體同意。不過，他反對班固「諂竇以作威」、孔融
「傲誕以速誅」的說法。孔融的性情，史傳記載較詳，「傲誕以速誅」的評價當
為平和公正之論。而班固的「作威」，歷代《文心雕龍》注本均舉班固依附外
戚竇憲。惟日本學者思波六郎說：「彥和所云，指何事實，今不得詳」〔註31〕，
持論頗為謹慎。劉咸炘雖然提出了否定意見，然而只是一筆帶過，點到為止，
並未提供相關的證據。說服力不強，似有故持高論之嫌。

再如《才略》篇，劉勰稱「《新序》該練」〔註32〕。「該練」一詞，詹鍈
（1916～1998）注為「完備而精練」〔註33〕。而劉咸炘云：

> 《新序》未見該練。雜記古事，頗多舛誤。〔註34〕

《新序》乃漢代劉向雜採歷代傳記行事，編纂而成，與《說苑》性質相近。劉
咸炘提出「《新序》未見該練」的觀點，也並沒有作進一步的論證，其論斷也
難以讓人接受。劉咸炘著有《舊書別錄》一書，乃其讀書提要彙編，其中有一
篇關於《新序》、《說苑》的提要。文中指出：

> 後之論是書者亦屢糾其舛繆失實，其言皆當。然知著書之旨則
> 此不足為病。本採他書，子政不任咎。〔註35〕

劉咸炘清楚的認識到《新序》的成書特點，並且意識到劉向編纂《新序》的目

---

〔註29〕王利器：《文心雕龍校證》〔M〕，第 291 頁。
〔註30〕劉咸炘：《〈文心雕龍〉闡說》〔M〕//《推十書：戊輯》（二），第 979 頁。
〔註31〕詹鍈：《文心雕龍義證：下冊》〔M〕，北京：中華書局，1989 年，第 1873 頁。
〔註32〕王利器：《文心雕龍校證》〔M〕，第 282 頁。
〔註33〕詹鍈：《文心雕龍義證：下冊》〔M〕，第 1786 頁。
〔註34〕劉咸炘：《〈文心雕龍〉闡說》〔M〕//《推十書：戊輯》（二），第 972 頁。
〔註35〕劉咸炘：《舊書別錄》〔M〕//《劉咸炘學術論集：子學編》，桂林：廣西師範
　　　大學出版社，2007 年，第 425 頁。

的是為了「當諫書」〔註36〕，因此，錯訛在所不計。意氣平和，且持論公允，顯與此處「雜記古事，頗多舛誤」的苛責態度不同。

此外，誠如劉咸炘自己所說的，在撰寫《文心雕龍闡說》時，乃「放膽作劄記」，在「敷暢本文」時，多「常談」、多「細論」。翻檢其內容，有些條目完全重複前人之說，或復述劉勰之論，了無新意，而失之刪削。

## 四、小結

要全面瞭解劉咸炘的學術思想，就需要對其各個領域的成果進行深入研究。劉咸炘素所擅長的文史、校讎、諸子之學就尤為突出。而從其文學研究而言，劉咸炘治學的堂廡甚大，對傳統文學經典《詩經》、《文選》、《文心雕龍》等均有專書存世。劉咸炘關於《文心雕龍》的研究是其文史研究的主要組成部分。他浸淫《文心雕龍》時間較長，論列《文心雕龍》涉及的內容較廣，但較為零碎，不成系統，難以作全面、整體的研究。本文只是選取其中幾個方面略作述評，以揭豬其得失。至於其學術價值，尚待學界進一步的研究。

## 參考文獻

1. 范文瀾：《文心雕龍注》〔M〕，北京：人民文學出版社，1962 年。

2. 朱東潤：《中國文學批評史大綱》〔M〕，武漢：武漢大學出版社，2009年。

3. 劉咸炘：《〈文心雕龍〉闡說》〔M〕//《推十書：戊輯》（二），上海：上海科學技術文獻出版社，2009 年。

4. 王利器：《文心雕龍校證》〔M〕，上海：上海古籍出版社，1980 年。

5. 何新文、蘇瑞隆、彭安湘：《中國賦論史》〔M〕，北京：人民出版社，2012年。

6. 范文瀾：《文心雕龍講疏》〔M〕，天津：新懋印書局，1925 年。

7. 劉咸炘：《文式》〔M〕//《推十書：戊輯》（二），上海：上海科學技術文獻出版社，2009 年。

8. 詹鍈：《文心雕龍義證：下冊》〔M〕，北京：中華書局，1989 年。

9. 劉咸炘：《舊書別錄》〔M〕//《劉咸炘學術論集：子學編》，桂林：廣西師範大學出版社，2007 年。

---

〔註36〕詹鍈：《文心雕龍義證：下冊》〔M〕，第 424 頁。

# 劉咸炘《文選》評點述論

陳開林

**摘要：**

　　學者關於《文選》的研究涉及領域較廣，《文選》評點是其重要形式。歷代積累的《文選》評點著作是「文選學」的重要組成部分。劉咸炘《誦〈文選〉記》一書，運用箚記的形式，對《文選》的大部分篇目予以評點，頗多創見。由於著者生前未曾刊行，不為學界所知。隨著《推十書》的刊布，《誦〈文選〉記》的價值亟待發掘。其價值表現在條辨諸家得失、尋繹文章源流、考訂文本異同三個方面。本文對此進行了述論，以期引起學界進一步的研究。

關鍵詞：劉咸炘；《文選》；文選學；《誦〈文選〉記》；評點

　　劉咸炘（1896～1932），字鑒泉，號宥齋，四川雙流人。近代著名學者。治學博涉四部，著述甚豐。新近整理出版的《推十書》，共收書235部，計475卷。然而，其著作於生前刊行較少，流佈不廣。加之先生一生足不出川，且英年早逝，故其學術價值尚未得到充分的發掘和較好的利用。

　　《文選》作為我國現存的第一部詩文總集，在中國文學史上地位極為顯著，歷來就是學者創作取資的泉源和研治的重點對象。自古迄今，有關《文選》的研究牽涉到諸多方面，而《文選》評點則是其中的重要組成部分。歷代學者前後相繼，留下了大量的《文選》評點著作，極大地豐富了「選學」的領地。對此，學界已有相關的研究。如王書才先生《文選評點述略》、《明清文選學述評》、《〈昭明文選〉研究發展史》、趙俊玲女史《〈文選〉評點研究》等專著，對歷代《文選》評點的著作進行了較為全面的梳理和評述。劉咸炘著有《誦〈文選〉記》一書，亦屬《文選》評點性質，頗多新義。然而，由於該書

在作者生前未曾刊行，故不為人知，迄今並未引起學界注意，即如前舉《文選評點述略》一書於劉咸炘的《文選評點》絲毫未曾論及〔註1〕。

　　《誦〈文選〉記》是民國「選學」研究的成果之一，是亟待發掘的學術財富。這對於推進晚清民國時期的《文選》研究具有較大價值，同時，也有利於全面總結、評價劉咸炘的學術成就。鑒於學界忽視此書價值的現狀，本文擬對《誦〈文選〉記》一書的體例和價值略作評述，以期引起學界關注，並作進一步的研究。

## 一、《誦〈文選〉記》的體例

　　蕭統選編的《文選》乃是現存最早的詩文總集。內容共三十卷（唐代李善作注時析為六十卷），選錄先秦至梁代一百多位作家的詩文名篇，計七百餘篇。關於《文選》的編排方式，蕭統在《文選序》中明言「凡次文之體，各以匯聚。詩賦體既不一，又以類分；類分之中，各以時代相次」〔註2〕。即是按照文體進行分類，各類之中又以作者先後順序進行排列。《文選》的文體，共計三十七類，依次為賦、詩、騷、七、詔、策、令、教、文、表、上書、啟、彈事、牋、奏記、書、檄、對問、設論、辭、序、頌、贊、符命、史論、史述贊、論、連珠、箴、銘、誄、哀、碑文、墓誌、行狀、弔文、祭文。其中，賦體又分為十五小類，詩體分為二十一小類。每種文體均選錄歷代典範作品，數目多寡不一。最多的文體，除賦、詩外，書類錄文 24 篇、表類錄文 18 篇；最少的文體如墓誌，僅選任昉《劉先生夫人墓誌》一篇。

　　由於編者具有優越的編選條件和明確的編選標準，使得《文選》成為一部取材廣闊、選擇精嚴的文學選本，對後世文學產生了深遠的影響。因此，歷代文人對《文選》極為重視，諷誦、研治甚勤。就《文選》研究而言，內容主要包括校勘、版本、文字、音韻、注釋、名物、地名、評點等方面，涉及面廣。

　　《文選》作為「文章之衡鑒，著作之淵藪」〔註3〕，因此，在多角度的研究領域中，有關其文學價值的探討歷來被學者所青睞。因此，以文學評論與欣賞、文章章法與結構為重點的《文選》評點就頗為盛行。自宋末元初的著名

---

〔註1〕 王書才：《文選評點述略》〔M〕，上海：上海古籍出版社，2012 年，第 372～375 頁。

〔註2〕 蕭統編、李善等注：《六臣注文選》〔M〕，北京：中華書局，2012 年，第 4 頁。

〔註3〕 紀昀：《欽定四庫全書總目》〔M〕，北京：中華書局，1997 年，第 2598 頁。

學者方回撰《文選顏鮑謝詩評》發端〔註4〕，此後《文選》評點的著作層出不窮，至明清時期而極盛，蔚為大觀。

　　民國時期，學術處於新舊時代的變遷之際，亦呈現出多元並立的格局。作為一代通人的劉咸炘，儘管受到了新時期的學術思潮的影響，並在其著作中對西學屢有援引和申述。然而，囿於「家學槐軒，私淑實齋」〔註5〕的學術淵源和治學宗旨，劉咸炘治學依舊是沿襲傳統的路徑。因此，在其治學生涯中，有很多部著作都是用傳統的劄記體寫就。如《訂韓》、《文史通義識語》、《誦〈詩〉審記》、《呂氏春秋發微》、《誦老私言》、《莊子釋滯》等均採用這一形式撰寫。其中《呂氏春秋發微》、《誦老私言》、《莊子釋滯》均作於庚午年（1930），即先生棄世前二年。據此，可知傳統治學方法貫穿了其整個的學術生涯。

　　《誦〈文選〉記》一書亦採用劄記體寫成。該書無序跋，據劉咸炘弟子李克齊、羅體基所編《繫年錄》丁巳年載：「治《文選》畢，有《誦文記》一卷」〔註6〕。丁巳年乃公曆1917年，時年劉咸炘22歲。雖然，此時先生年歲不高，然而此前先生沉潛學術，已著有《讀〈小戴記〉小箋》、《漢書知意》、《龔定庵集文句義》、《定盦詩箋》等書。因此，《誦〈文選〉記》雖為先生早年所著，然精見迭出，並非敷衍舊說，其學術價值不可小覷。

　　《文選》三十七種文體，除了賦、詩之外，劉咸炘對其他三十五類作品均擇要進行了評點，點評較為全面。就形式而言，大體上是單篇進行評論，偶有幾篇文篇一起評點的情況，如鄒陽《上書吳王》、《獄中上書自明》、枚乘《上書諫吳王》、《上書重諫吳王》，四篇文章合評，此類情況不多。就內容而言，《繫年錄》總結為「主辯氣格，間及考辨」〔註7〕。下文擬從條辨諸家得失、尋繹文章源流、考訂文本異同真偽三個角度進行論述。

## 二、博引諸家，條辨是非

　　歷代學者多研治《文選》，評點類著述甚豐。著述類型大至《文選》評點專書，小至詩話、文話、筆記、詩文選本等，不一而足。就專書而言，明代孫

---

〔註4〕王書才：《文選評點述略》〔M〕，第5頁。
〔註5〕周鼎：《劉咸炘學術思想研究》〔M〕，成都：巴蜀書社，2008年，第30頁。
〔註6〕李克齊、羅體基編：《繫年錄》〔M〕//《推十書：壬癸合輯》（三），上海：上海科學技術文獻出版社，2009年，第1128頁。
〔註7〕李克齊、羅體基編：《繫年錄》〔M〕//《推十書：壬癸合輯》（三），第1128頁。

鑛《孫月峰先生評文選》、鄒思明《文選尤》、清代方廷珪《昭明文選集成》、于光華《文選集評》均為《文選》評點的專書，蜚聲學界。此外，詩話、文話、筆記、詩文選本作為傳統學術的載體，其中文學批評的內容頗為豐富。這些著作中關於《文選》的相關評述，也是《文選》評點的重要來源。如清代何焯《義門讀書記》中關於《文選》的部分，價值較為突出，備受學界關注。

《誦〈文選〉記》中，劉咸炘徵引了前人的大量的評點文字。粗步統計，徵引的學者及著述就有唐代李善《文選注》、劉知幾《史通》、元代馬端臨《文獻通考》、明代孫鑛（1542～1613）《孫月峰先生評文選》、陸雲龍（雨侯）、清代邵長蘅（子湘，1637～1704）、何焯（1661～1722）《義門讀書記》、方廷珪（伯海）《昭明文選集成》、蔣士銓（心餘，1725～1785）、于光華（1727～1780）《文選集評》、錢大昕（1728～1804）、章學誠（1738～1801）、李兆洛（申耆，1768～1841）《駢體文鈔》、祖父劉沅（1768～1855）、包世臣（慎伯，1775～1855）、曾國藩（1811～1872）、譚獻（復堂，1831～1901）。就徵引書籍來看，時代自唐代訖晚清，歷代學人的經典著述均予以參考；體裁有《文選》評點專書、有文學總集、有史書、有筆記，內容豐富，細大不捐。這也充分反映了劉咸炘讀書泛觀博取的特質。

劉咸炘徵引前人之說，一方面認為古人的評點較為公允，大有「我思古人，實獲我心」之感。如任彥升《求立太宰碑表》，劉咸炘評曰：「心餘曰：『質文並茂』」〔註8〕；謝惠連《祭古冢文》，評曰「月峰曰：『醒快』」〔註9〕。都只援引前人的評語，不作更多闡釋。由於評點性的文字著墨不多，只是點到為止，較為簡練，對此，劉咸炘在引用的時候往往多有申述。如顏延年《陶徵士誄》，劉咸炘評曰：

> 方伯海曰：「作忠烈人誄，出色易；作恬退人誄，出色難。英氣易，靜氣難也。此作能以靜氣傳之。」按：此語最諦。選詞密而潔，反覆細緻，耐人諷籀。伯海評文多套語，此獨甚卓。〔註10〕

劉勰《文心雕龍·誄碑》稱：「誄者，累也。累其德行，旌之不朽也。」〔註11〕

---

〔註8〕 劉咸炘：《誦〈文選〉記》〔M〕//《推十書：戊輯》（二），上海：上海科學技術文獻出版社，2009年，第925頁。

〔註9〕 劉咸炘：《誦〈文選〉記》〔M〕//《推十書：戊輯》（二），第948頁。

〔註10〕 劉咸炘：《誦〈文選〉記》〔M〕//《推十書：戊輯》（二），第945頁。

〔註11〕 劉勰著、范文瀾注：《文心雕龍注》〔M〕，北京：人民文學出版社，1958年，第212頁。

並指出誄文的體制為「蓋選言錄行，傳體而頌文，榮始而哀終。」〔註12〕則誄文本為紀功頌德而作，這就要求被紀誦的對象生前有顯赫的聲名和功業。「作忠烈人誄，出色易；作恬退人誄，出色難」即是據此而言。而《陶徵士誄》的乃是顏延之追思陶淵明而作。陶淵明在《晉書》、《宋書》均入《隱逸傳》，一生平淡無奇。針對陶淵明的特殊身份，顏延之行文緊扣「南嶽之幽居者」〔註13〕這一角度而展開，達到了「不特為淵明寫照，而其品概，亦因之翛然遠矣」的效果。〔註14〕

　　另一方面，對於前人的評點，劉咸炘更多的是覺得他們立論不夠精審，抑或持論有誤，因而予以辨駁。如陸士衡《弔魏武帝文》，劉咸炘評曰：

　　　　極惆悵矣。月峰猶以為未峭，豈非鍾、譚好尖新之習歟？月峰
　　謂主意未定，終未合旨，此過求深刻之故。又以誄首為常語涉浮亦
　　太過，此固應有之文也。〔註15〕

陸機因在秘閣看到曹操《遺令》，有感於曹操臨終前「雄心摧於弱情，壯圖終於哀志」的做法，心有感慨，而創作了《弔魏武帝文》一文。歷代學者對此文，評價甚高。如南宋劉克莊稱「詞簡而事甚備，語絕而意愈新，當為魏晉間文章第一。」〔註16〕然而，孫鑛卻沿襲明代竟陵派鍾惺、譚元春論文評點之法，對此文多有微詞。對孫鑛的觀點，劉咸炘均作了相應的辯證。持論公允，頗得實情。

## 三、知人論世，剖判源流

　　在中國傳統的文學批評史上，孟子的文學思想佔有重要地位。在《萬章上》篇，他與弟子討論《詩經》，指出說《詩》者的態度，應該是「不以文害辭，不以辭害志。以意逆志，是為得之」〔註17〕。在《萬章下》篇，他又提出「頌其詩，讀其書，不知其人，可乎？是以論其世也」的觀點〔註18〕。這就是著名

---

〔註12〕劉勰著、范文瀾注：《文心雕龍注》〔M〕，第 213 頁。
〔註13〕蕭統編、李善等注：《六臣注文選》〔M〕，第 1060 頁。
〔註14〕許槤評選：《黎經誥箋注‧六朝文挈箋注》〔M〕，北京：中華書局，1962 年，第 169 頁。
〔註15〕劉咸炘：《誦〈文選〉記》〔M〕//《推十書：戊輯》（二），第 948 頁。
〔註16〕陸士衡著，劉運好校注：《陸士衡文集校注》〔M〕，南京：鳳凰出版社，2007年，第 931 頁。
〔註17〕焦循：《孟子正義》〔M〕，北京：中華書局，1987 年，第 638 頁。
〔註18〕焦循：《孟子正義》〔M〕，第 726 頁。

的「以意逆志說」和「知人論世說」。孟子的觀點對後世產生了深遠的影響。直到民國時期，王國維為張采田《玉谿生年譜會箋》所作的《序》中還提到「是故由其世以知其人，由其人以逆其志，則古詩雖有不能解寡矣。」〔註19〕為《玉谿生年譜會箋》作序的另一位學者孫德謙在《序言》中同樣徵引了孟子的觀點。僅就二篇序文而言，孟子文論的影響可見一斑。

劉咸炘論文，亦尊奉孟子之論。如東方朔《非有先生論》，劉咸炘指出「世人讀此篇，多覺其輕泛無精彩，皆由未知東方之為人與其立言之意也。」〔註20〕針對前人的研討，劉咸炘認為「義門略有所窺而未昭晰」，因此用了較大的篇幅進行「詳釋」。茲節錄其評論如下：

> 東方初見武帝，蓋以為猶足用為善，故上書自詡以嘗試之。過以俳優見遇，乃為以仕易農之計。欲竭其誠，則不可入，故以俳自隱。然又不欲素餐，故略伸直諫。此中頗有酌量，擬之柳下，非過譽也。此論蓋以明己之不談，乃談之不易，以諷武帝。見有道者，非問不談，並示後世見己之自飲不談，非無欲談，特不可於言則不言者。武帝用兵封禪之事，非先生所學，不能枉道以希旨，故日進善以輔治，退不揚主譽。若以正道告之，則所謂悖於目、拂於耳、謬於心者也。欲苟合則志士仁人不忍為。〔註21〕

東方朔本來負有報國之志，然而面對的君王（漢武帝）則是好大喜功、心懷猜忌之人，並且對臣下是「以倡優蓄之」。所以其處境極為困窘。《史記‧滑稽列傳》載東方朔飲酒作歌言「陸沉於俗，避世金馬門」〔註22〕，不過是一時的自我解嘲而已。由於東方朔不是尸位素餐之人，面對艱難的政治局面，依然不依不饒，「略伸直諫」。《非有先生論》文末一段：「故治亂之道，存亡之端，若此易見，而君人者莫肯為也。臣愚竊以為過，故詩曰：『王國克生，惟周之貞。濟濟多士，文王以寧』，此之謂也」〔註23〕，再三致意。劉咸炘稱「末稱臣，乃正諷諫之旨」，並尋繹全文，認為「通篇以談何容易為主」，可謂的論。

另外，劉咸炘治學服膺章學誠，好校讎之學，深得「辨章學術，考鏡源流」之旨。論文時，洞悉源流，好為追本溯源之論。針對《非有先生論》，劉咸炘

---

〔註19〕張采田：《玉谿生年譜會箋》〔M〕，北京：中華書局，1963年，第3頁。
〔註20〕劉咸炘：《誦〈文選〉記》〔M〕//《推十書‧戊輯》（二），第940頁。
〔註21〕劉咸炘：《誦〈文選〉記》〔M〕//《推十書‧戊輯》（二），第940頁。
〔註22〕司馬遷：《史記》〔M〕，北京：中華書局，1959年，第3205頁。
〔註23〕蕭統編、李善等注：《六臣注文選》〔M〕，第956頁。

還作了文體上的評述：

> 設論之體，大自東方，以不歌而頌之體，為婉而多風之詞。古
> 詩之流，屈子之變，答難言志也。此篇則言志而兼諷刺。〔註24〕

班固《漢書‧藝文志》稱「傳曰：『不歌而誦謂之賦，登高能賦可以為大夫。』」
〔註25〕，可知「不歌而頌」乃是賦的特徵。劉咸炘對設論之體進行了文體的辨
析，認為「設詞，亦賦也」〔註26〕，極大地擴展了「賦」體的範圍〔註27〕。明
確了「設論之體」的文體範疇，並進而對《文選》的歸類提出異議，指出「此
篇與《四子講德論》皆設論體，不當入此。」

除此之外，劉咸炘在文體的追溯、章法的模擬等方面還有不少論述。如：

> 詞賦祖宗，形容少而敷陳多。氣勢駿利，縱橫之遺。（枚叔《七
> 發》）〔註28〕

> 縱橫辭賦交關於此。書說本於詩教，諷諫譎說，體亦宜之。（鄒
> 陽《二書》、枚乘《二書》）〔註29〕

> 頓挫渲染，悉本鄒陽、馬遷，竟是摹擬。（江文通《詣建平王上
> 書》）〔註30〕

> 學其外祖。（楊子幼《報孫會宗書》）〔註31〕

> 此乃從《過秦》出。（陸士衡《豪士賦序》）〔註32〕

劉咸炘對這些文章進行了一番正本清源的梳理，一方面可以清晰地發見文章
流變的軌跡，各種文體的演化；另一方面可以從中體認到作家的學習、創作的
歷程。即以枚乘《七發》而言，枚乘首創「七」體，在後世產生重大影響，學
人擬作甚多。儘管《文選》將其從「賦」體分離出來，別立「七」體，但是其
辭賦性質難以改變，劉咸炘其指出文中受縱橫之風影響較深。

---

〔註24〕劉咸炘：《誦〈文選〉記》〔M〕//《推十書：戊輯》（二），第 941 頁。
〔註25〕班固：《漢書》〔M〕，北京：中華書局，1962 年，第 1755 頁。
〔註26〕劉咸炘：《文式》〔M〕//《推十書：戊輯》（二），上海：上海科學技術文獻出
　　　　版社，2009 年，第 739 頁。
〔註27〕陳開林：〈劉咸炘賦論思想初探〉〔J〕，《商丘師範學院學報》，2014 年第 11 期，
　　　　第 58 頁。
〔註28〕劉咸炘：《誦〈文選〉記》〔M〕//《推十書：戊輯》（二），第 923 頁。
〔註29〕劉咸炘：《誦〈文選〉記》〔M〕//《推十書：戊輯》（二），第 923 頁。
〔註30〕劉咸炘：《誦〈文選〉記》〔M〕//《推十書：戊輯》（二），第 926 頁。
〔註31〕劉咸炘：《誦〈文選〉記》〔M〕//《推十書：戊輯》（二），第 930 頁。
〔註32〕劉咸炘：《誦〈文選〉記》〔M〕//《推十書：戊輯》（二），第 936 頁。

## 四、考訂文本，辨析真偽

前人關於《文選》的研究，涉及到多個方面。其中，文本考訂是一種重要的方面。由於傳抄、校勘、刊刻等原因，《文選》收錄文章的文本在流傳過程中存有差異，並引起了歷代學者的爭議。對此，劉咸炘在評點的時候亦有涉及。

如「頌」類有史孝山《出師頌》，文中云「歷紀十二，天明中易。西零不順，東夷構逆」。前兩句李善注云：「《漢書》曰：漢起元高祖，終於孝平王莽之誅，十有二世矣」〔註33〕，劉良注同〔註34〕。對此，劉咸炘有評述曰：

> （陸雨侯）又疑其西零上脫敘光武。按：申耆本作「六」，不知何本。善本作「十二」，申耆殆因此疑而改之，然又不得云「中易」也。恐有脫文。〔註35〕

「歷紀十二」一句，李兆洛《駢體文鈔》卷二「頌」類所收《出師頌》，實作「歷紀十六」〔註36〕。劉咸炘敏銳的發現了《駢體文鈔》文本的差異，並分析了其改字的原因，是因為陸雨侯之「疑其西零上脫敘光武」。同時，劉咸炘結合史孝山的原文文意進行分析，指出李兆洛改字不當。

另外，《文選》收錄的一些作品，作者的歸屬問題也存有疑義。古人著書不自署名，加之時代久遠，記載缺失，這些作品究為何人所作也就成了聚訟紛紜的焦點。如「雜詩」類所收李陵《與蘇武詩》三首、蘇武《詩》四首等，歷來頗有爭議。

同樣，「書」類所收李陵《答蘇武書》的真偽亦存有問題。對此，劉咸炘有長篇考評。他首先備引劉知幾、馬端臨、孫鑛、何焯、錢大昕、章學誠之說，並對其各自的得失予以條辨。並且另附有其《書李陵〈答蘇武書〉後》一文。劉咸炘稱「以文而論，誠如諸家所疑，不必有考證」〔註37〕。明確指出此文不作於西漢，無有疑義。然而，「千年來自昭明選後，鮮不以為陵作」〔註38〕的狀況並未改觀。因此，劉咸炘再三申論。今摘要如下：

> 此篇筆勢推蕩，轉不遽轉，全是摹史公《報任安書》。以「然陵

〔註33〕蕭統編、李善等注：《六臣注文選》〔M〕，第886頁。
〔註34〕蕭統編、李善等注：《六臣注文選》〔M〕，第886頁。
〔註35〕劉咸炘：《誦〈文選〉記》〔M〕//《推十書：戊輯》（二），第937頁。
〔註36〕李兆洛：《駢體文鈔》〔M〕，上海：上海書店出版社，1988年，第20頁。
〔註37〕劉咸炘：《誦〈文選〉記》〔M〕//《推十書：戊輯》（二），第928頁。
〔註38〕劉咸炘：《誦〈文選〉記》〔M〕//《推十書：戊輯》（二），第929頁。

不死」一節與彼「夫人情莫不貪生戀死」一節比觀自知。長短不同，而機軸無異。〔註39〕

　　且陵即怨漢，不過及武帝一身，與諸帝何與……況漢之族陵家，本以誤李緒事，為陵坐其教單于為兵備漢故耳，非因其降也。今謂「厚誅陵以不死」，亦與本事相乖也。此時田千秋為宰相，桑弘羊為御史大夫，霍子孟、上官少叔用事。霍與上官故善陵，烏睹所謂「妨功害能之臣，盡為萬戶侯；親戚貪佞之類，悉為廊廟宰」者哉！〔註40〕

一方面，劉咸炘從文章風格的角度，發見了《答蘇武書》乃是摹擬司馬遷《報任安書》，斧鑿斑斑；另一方面，劉咸炘從《答蘇武書》的內容出發，結合當時的史實，指出文章記述失實。其論證方法是從文體和史實兩方面進行著手，頗為新穎。

## 五、小結

　　王書才先生《文選評點述略》一書對於民國《文選》評點的介紹集中在第十五章和十六章。第十五章評述了黃侃《文選平點》。第十六章題為《民國詩話與〈文選〉作家作品評論》，但寥寥數頁，論述較為單薄。事實上，民國時期關於《文選》評點的資料遠不止詩話中的零星記載，即如文話、論學文章等也有相關的內容。劉咸炘《誦〈文選〉記》則是《文選》評點的專書。因此，關於民國《文選》評點尚有很大的研究空間。本文僅就劉咸炘《誦〈文選〉記》的基本情況略作述評。該書內容豐富，其學術價值尚待學界進一步研究。

## 參考文獻

1. 王書才：《文選評點述略》〔M〕，上海：上海古籍出版社，2012 年。
2. 蕭統編、李善等注：《六臣注文選》〔M〕，北京：中華書局，2012 年。
3. 紀昀：《欽定四庫全書總目》〔M〕，北京：中華書局，1997 年。
4. 周鼎：《劉咸炘學術思想研究》〔M〕，成都：巴蜀書社，2008 年。
5. 李克齊、羅體基編：《繫年錄》〔M〕//《推十書：壬癸合輯》（三），上海：上海科學技術文獻出版社，2009 年，第 1125～1141 頁。

〔註39〕劉咸炘：《誦〈文選〉記》〔M〕//《推十書：戊輯》（二），第 928～829 頁。
〔註40〕劉咸炘：《誦〈文選〉記》〔M〕//《推十書：戊輯》（二），第 929 頁。

6. 劉咸炘：《誦〈文選〉記》〔M〕//《推十書：戊輯》（二），上海：上海科學技術文獻出版社，2009 年，第 921～948 頁。

7. 劉勰著、范文瀾注：《文心雕龍注》〔M〕，北京：人民文學出版社，1958 年。

8. 許槤評選：《黎經誥箋注‧六朝文絜箋注》〔M〕，北京：中華書局，1962 年。

9. 陸士衡著，劉運好校注：《陸士衡文集校注》〔M〕，南京：鳳凰出版社，2007 年。

10. 焦循：《孟子正義》〔M〕，北京：中華書局，1987 年。

11. 張采田：《玉谿生年譜會箋》〔M〕，北京：中華書局，1963 年。

12. 司馬遷：《史記》〔M〕，北京：中華書局，1959 年。

13. 班固：《漢書》〔M〕，北京：中華書局，1962 年。

14. 劉咸炘：《文式》〔M〕//《推十書：戊輯》（二），上海：上海科學技術文獻出版社，2009 年，第 699～874 頁。

15. 陳開林：〈劉咸炘賦論思想初探〉〔J〕，《商丘師範學院學報》，2014 年第 11 期。

16. 李兆洛：《駢體文鈔》〔M〕，上海：上海書店出版社，1988 年。

# 劉咸炘賦論思想初探

陳開林〔註1〕

摘要：

　　目前學界關於劉咸炘的研究主要集中於史學、目錄學等方面的成就，然而其著作中含有大量的文學評論文字，其中賦論資料較為豐富。由於散見於各書，以致其賦論思想迄今無人論及。本文從賦體的界定、前人賦論之辨析、歷代賦家賦作之平議、關於賦體分類之溯源及流變四個方面論述其賦論思想。

關鍵詞：劉咸炘；賦論；辭賦；文式；文學述林；文學評論

　　劉咸炘（1896～1932），字鑒泉，號宥齋，四川雙流人。先生幼承家學，好學深思。博通群籍，為通人之學。雖得年36歲，享壽不永，然一生筆耕不輟，勤於著述，總計著書235部，475卷，名為《推十書》。其著述數量之多，學問之淵博，見解之超凡，當世罕見。然而，劉氏一生授徒巴蜀，且英年早逝，加之著述宏富，較多稿件未刊，傳佈不廣，故爾聲名不彰，學界對其關注相對不足。

　　隨著《推十書》首度全集刊行，及相關著作單行刊印，劉咸炘才逐漸引起學界的關注。學界其文學、史學、目錄學等研究時有討論。然而，就文學而言，學界目前主要集中於其文章學、文體觀等方面的整體研究，其他方面則付之闕如。

　　比如劉咸炘的賦論，尚未引起學界關注。上世紀90年代，徐志嘯先生編

---

〔註1〕作者簡介：陳開林（1985～），男，漢族，湖北麻城人，華中師範大學文學院2012級中國古代文學專業博士。主要從事中國古代文學、目錄學研究。

《歷代賦論輯要》曾據劉咸炘《文學述林》輯入五則賦論材料〔註2〕，然而，迄今為止，賦論專著、論文均未見論及劉咸炘賦論思想。其實，劉咸炘不僅僅在《文學述林》中有論賦的文字，其他專著裏亦時有提及，如《文式》、《學略》卷五《文詞略》等，內容較為豐富。本文擬就劉咸炘的賦論思想略作評述。

## 一、賦體的界定

賦作為一種歷史悠久而最具民族特色的文學樣式，是中國古典文學園地中的奇葩。賦論者在研究賦的創作、欣賞極其功用、價值等的時候，首先需要解決的問題即是關於賦的文體性質的界定。因此，賦的文體性質的界定就成了歷代論賦者極為關注的話題，並且成為中國賦論的基本內容之一。

自漢至今，有相當豐富的論賦文字圍繞著這個話題而轉開，論賦者各自提出了見仁見智的觀點。然而，眾說紛紜，迄今未有定論。何新文教授曾爬梳、整理歷代賦論資料，對此問題有一總結性的結論：

> 將其歸納起來，大致有這麼幾種解釋：（1）《漢書·藝文志·詩賦略》說「不歌而誦謂之賦」；（2）班固《兩都賦序》「或曰：賦者古詩之流也」；（3）劉勰《文心雕龍·詮賦》曰「賦者鋪也，鋪采摛文，體物寫志也」；（4）郭紹虞《漢賦之史的研究序》說「賦之為體，非詩非文，亦詩亦文」。〔註3〕

論賦者的視角各有倚重，因此從不同的角度揭示了賦的文體性質。見仁見智的結論，也顯示了賦這種文體的獨特性和複雜性。

劉咸炘在此問題上，獨具一格，提出了不同於前人的見解。這突出表現在他不是單純從某一角度出來，來對賦這一複雜的問題作出界定。而是摻互眾家，擇善而從。

一方面，他沿襲了班固《兩都賦序》的觀點，認為賦是「古詩之流」。

> 賦者，古詩之流。以漢魏六朝為則。唐韓、柳猶能為之，宋人則不能矣。（《文詞略·賦》）〔註4〕

---

〔註2〕徐志嘯：《歷代賦論輯要》〔M〕，上海：復旦大學出版社，1991年。

〔註3〕何新文、蘇瑞隆、彭安湘：《中國賦論史》〔M〕，北京：人民出版社，2012年，第6頁。

〔註4〕劉咸炘：《學略》〔M〕，上海：華東師範大學出版社，2009年，第76頁。

　　　　《七略》詩賦略亦先賦後詩，蓋當時自以漢賦直承《三百篇》。
　　五言詩初興，境猶未廣。古人視詩賦為一，不似後人之分別。(《文
　　選序說》)〔註5〕
另一方面，又比較贊同劉勰的觀點：

　　　　劉勰《詮賦》，辨體嚴矣。鋪采摛文，體物寫志。斯二語者，該
　　乎眾類。鋪采摛文，言賦之體而颺頌符命諸體該焉；體物寫志，言
　　賦之旨，而義類分焉。(《文式·賦》)〔註6〕

本來，賦體的界定就眾說紛紜，莫衷一是。每一種說法都有其合理性，同時
也有以偏概全的嫌疑。劉咸炘綜闓第(2)說和第(3)說，是比較合理的界
定，而且這兩個方面並不衝突。認同賦是「古詩之流」，是從賦體起源的角度
來進行探討；認同賦「鋪采摛文，體物寫志」，是對賦的體制特點作了精闓的
概括。

　　另外，劉咸炘還擴大了傳統的「賦」體文學的範圍。中國古代文體分類較
細，文章總集、文論專著每每有不同的分類。如《文選》、《文心雕龍》、《文苑
英華》等等。如頌、贊、設詞、連珠，向來別為一體，獨自為類。劉咸炘《文
式》中有《頌讚》、《設詞》、《連珠》三篇，認為頌、贊、設詞、連珠均屬賦，
可謂發前人所未發。

## 二、前人賦論之辨析

　　賦論是伴隨著賦文學創作的興起而不斷發展的。自西漢起，即有關於賦的
相關評論。雖然是隻言片語，但已經開論賦之先河。此後，不斷繁榮，且蔚為
大觀，形成了大量的賦論資料。這些論賦的言論、筆記、專文、專著數量之
大，足以與古典詩話、詞話、文話比肩。劉咸炘在論著中輯錄了相當數量的前
人賦論文字，如《文式·賦》便輯錄有李祥、章學誠、司馬遷、劉勰、《四庫
總目提要》、周中孚、洪邁、祝堯等語。更重要的是，劉咸炘對於前人賦論時
有評論和辨析。

　　《文詞略》第四《賦》有三則文字：

　　　　王鐵夫芑孫《讀賦卮言》探古義，表正法，足為導師。然斯事

〔註5〕劉咸炘：《文學述林》〔M〕//《推十書：戊輯》(一)，上海：上海科學技術文
　　　　獻出版社，2009年，第24頁。
〔註6〕劉咸炘：《文式》〔M〕//《推十書：戊輯》(二)，上海：上海科學技術文獻出
　　　　版社，2009年，第728頁。

非易，昔人云能讀千賦，便能作賦，允矣。

　　文評以《文心雕龍》為極淳古精確。陸士衡《文賦》亦得大端。繼起者包氏《藝舟雙楫》，平正精當。劉融齋熙載《藝概》樸至深遠。近人《國故論衡》中篇，探古明法，甚超卓。（原注：是三書皆兼論詩。）

　　八家者流，則《惜抱軒尺牘》挈其要，劉海峰《論文偶記》、呂月滄璜輯吳仲倫德旋《古文緒論》皆可觀。近出吳翊亭曾麟《涵芬樓文選》、姚仲實永樸《文學研究法》，皆平近翔實。姚書《緒論》尤多精到語。〔註7〕

劉氏評書，要言不煩，點到為止。古者有陸機《文賦》、劉勰《文心雕龍》，近者有王芑孫《讀賦卮言》、包包世臣《藝舟雙楫》、劉熙載《藝概》。甚至同時代的著作，劉氏亦有關注。劉氏一生未出蜀，但搜羅書籍至勤，閱讀之廣，由此亦可見一斑。

《文式‧賦》篇末徵引元祝堯《古賦辨體》一則文字：

　　元祝堯《古賦辨體》論《子虛》、《上林》，謂問答之體，源出《卜居》、《漁父》，宋玉肇述之，至漢而盛，首尾是文，中間是賦，傳久而變。中間之賦，以鋪張為靡，專於詞者，流為齊、梁、唐初之俳體。首尾之文，以議論為便，專於理者，流為唐末及宋之文體。《提要》稱於正變源流，言之最確。〔註8〕

此文見《古賦辨體》卷三。四庫館臣於此書提要云「採摭頗為賅備」「於正變源流，亦言之最確。」〔註9〕對於祝堯及《四庫館臣》的觀點，劉咸炘提出了不同看法：

　　按：此說大非。諸子書多藉問答，問答原不止於賦乃有之。《卜居》自是設詞，《客難》、《解嘲》所祖，與《子虛》、《上林》自殊。鋪張之賦，原於《楚辭》諸篇，不專祖《卜居》、《漁父》。源流各別，何可以其皆問答而混之？班固《兩都》，亦藉問答發端，此自《子虛》、《上林》之裔，非出《卜居》、《漁父》也。祝氏既不知其各別，乃又強分文賦。賦本一篇，非同於序，豈可分哉？強名為文，

----

〔註7〕劉咸炘：《學略》〔M〕，第77頁。
〔註8〕劉咸炘：《文式》〔M〕//《推十書：戊輯》（二），第732頁。
〔註9〕永瑢：《四庫全書總目》〔M〕，北京：中華書局，1965年，第1708頁。

尤屬虛造。堯書以擬騷為外集，本未知源流，《提要》乃亟稱之，誤
矣。〔註10〕

《古賦辨體》原文中尚有「此兩賦及《兩都》、《兩京》、《三都》等作皆然」一
句，祝堯認為漢晉「問答體」賦原於《卜居》、《漁父》，且具有「首尾是文，
中間乃賦」的特徵。劉咸炘從先秦諸子文著手，分析了「問答體」乃諸子常用
論證方式，否定了「原於《卜居》、《漁父》」之說。同時對「首尾是文，中間
乃賦」的賦體發展為唐宋「俳體」「文體」的流變過程亦予以駁斥。

## 三、歷代賦家、賦作之平議

　　何新文先生曾將中國賦論的基本內容概括為十個方面，其中第 6 類為「論
賦作家」、第 7 類為「論賦作品」。劉咸炘關於此兩類評述文字較多。

　　　　賦者，古詩之流。以漢、魏、六朝為則。唐韓、柳猶能為之，
　　宋人則不能矣。歐公《秋聲》，蘇子《赤壁》皆別調也。言八家者之
　　不知賦久矣。姚、曾皆粗解而不專精。若應試之賦，則制藝試帖之
　　流耳。〔註11〕

關於賦的發展演變，歷來存在較大分歧。清代程廷祚《騷賦論》曾指出：「唐
以後無賦。其所謂賦者，非賦也。君子於賦，祖楚而宗漢，盡變於東京，沿流
於魏、晉，六朝以下無譏焉。」〔註12〕劉咸炘顯然沿襲程廷祚的觀點，崇尚楚
騷漢賦，不過又有所修正，對魏晉六朝、唐代韓愈、柳宗元之賦，亦持肯定態
度。對於唐以後之賦，則貶低其成就。於姚鼐、曾國藩頗有微詞。關於試賦，
則予以否定。

　　劉咸炘以漢魏六朝為宗的辭賦觀，在其論辭賦選本的文字也有反映：

　　　　賦選歷代無善本。張皋文《七十家賦抄》斷自隋，詮微旨，明
　　正宗，至精卓。清駢文家多善賦，以皋文及其甥董晉卿為最。〔註13〕

翻檢歷代目錄著作，歷代辭賦選本數量較多。然而編選者有不同的文學觀念
及編選意圖，反映到成書的辭賦選本，就往往難愜眾意。劉咸炘認為「賦選
歷代無善本」，是比較公正的評判。他對張惠言《七十家賦抄》頗有揄揚，也
是與其辭賦觀有關聯。《七十家賦抄》六卷，輯錄屈原至庾信 70 家之賦，間

〔註10〕劉咸炘：《文式》〔M〕//《推十書：戊輯》（二），第 732 頁。
〔註11〕劉咸炘：《學略》〔M〕，第 76～77 頁。
〔註12〕程廷祚：《青溪集》〔M〕，合肥：黃山書社，2004 年。
〔註13〕劉咸炘：《學略》〔M〕，第 77 頁。

有評論。馬積高先生指出張惠言「實際是以戰國兩漢為宗的辭賦復古論者」
〔註14〕，這和劉咸炘的辭賦觀極為相近。因此，他對《七十家賦抄》作出「詮
微旨，明正宗，至精卓」的評價，也就不難理解了。

再如論《楚辭》注本：

> 《楚辭》，王逸始注，簡當，真漢人筆。備於洪慶善與祖《補注》，
> 然多失繁蕪。清於朱晦庵《集注》，然每傷武斷。龔海峰景瀚之《箋》
> 便於初學，王壬父之《釋》別出新知。〔註15〕

對於《楚辭》的五種注本，即王逸《楚辭章句》、洪興祖《楚辭補注》、朱熹《楚
辭集注》、龔景瀚《離騷箋》、王闓運《楚辭釋》，劉咸炘作了簡要的評判，言
簡意賅。從時間上看，這五種注本也較有特色。《楚辭》注本，古往今來，可
謂汗牛充棟。《楚辭章句》是《楚辭》第一個注本，《楚辭補注》、《楚辭集注》
是傳播極廣、影響極大的兩部《楚辭》著作。龔景瀚乃乾隆時期人，王闓運乃
同時期人。這也充分體現了劉咸炘厚古而不薄今的學術態度。

## 四、賦體分類之溯源及流變

賦按照其內容，可以分為很多類型。比如蕭統《文選》就將賦分為京都
賦、郊祀、耕藉、畋獵、紀行、遊覽、宮殿、江海、物色、鳥獸、志、哀傷、
論文、音樂、情十五類。追溯各類賦的起源，應該不是「古詩之流」這一籠統
的說法所能說清的。劉咸炘在這各方面也作出了一些論斷。茲摘錄其《文式·
賦》相關文字如下：

> 屈原賦二十五篇，眾體兼備。《離騷》遠。《九章》，後世述志序
> 行之祖也。《九歌》，後世神弦曲迎神送神詞哀誄之祖也。《卜居》、
> 《漁父》，設問辭之祖也。

> 荀卿賦六篇：《禮》、《智》為談理之祖，《雲》、《蠶》、《箴》為賦
> 物之祖。其賦物不雕形象而專比喻。後世賦物雕鏤揚厲，乃祖屈、宋，
> 非出於荀。末一篇總敘大旨，而終以小歌，亦重曰、亂曰之例。

> 空論義理，與序志出入，始於荀卿。賈誼《鵩賦》是其類也。
> 後世恨別之賦，以一事為小體者，亦此類也。

> 述行之體，原於《遠遊》、《九章》。後世述行，多寫山川景物，

〔註14〕馬積高：《歷代辭賦研究史料概述》〔M〕，北京：中華書局，2001年。
〔註15〕劉咸炘：《學略》〔M〕，第76頁。

憑弔古蹟，與屈體異。班彪《北征》，殆其始也。遊覽之作，則王粲
《登樓》，殆其始也。

京都宮苑之體，於古無原，不得援《斯干》、《閟宮》為說也。
章學誠謂原於蘇、張之侈陳六國形勢，殆是也。

郊祀、耕籍、畋獵諸作，皆記典禮，原於大、小《雅》，非京都
宮苑之比也。

賦人者始於宋玉《神女》，而後人沿之，多為穠靡，失比興之旨。

賦物色者，蓋遠出九功之歌，始於荀卿、宋玉。

賦有專以哀傷為體者，出於《黃鳥》之詩，始於屈原《九歌》、
宋玉《招魂》。如賈《弔屈原》，馬《哀二世》，漢武《悼李夫人》是
也。此為哀誄之祖。〔註16〕

劉咸炘基本按照《文選》對賦的劃分，對各類型的賦作了一個追本溯源的工
作。如「述行之體，原於《遠遊》、《九章》」之類。同時，對於不能確切解說
的，則存疑，如「京都宮苑之體」，只說「於古無原，不得援《斯干》、《閟宮》
為說也」，表現了學術謹嚴的態度。另外，對於賦體在後世的演變，亦有論
辯。如：

序志之作，屈為最古。宋玉《九辨》、賈誼《大招》，下至劉向
《九歎》，皆其裔也。而別出枚乘一宗，沿《九辨》而成七體；東方
朔、揚雄不用楚聲以暢其說，又成設詞之體。體變而義旨亦校宏而
質矣。其循賦體者，司馬遷、班婕妤而下，亦多其著者。《慰志》、
《顯志》以下，直以志名；《幽通》、《思玄》而下，則合《遠遊》、
《天問》於《離騷》體中。六代作者尚多，顏介《觀我生賦》其特出
也，自後漸稀。〔註17〕

這裡，劉咸炘探討了序志體賦的源頭是屈原之作，並揭豬了此體在後世的典範
作品，如宋玉《九辨》、賈誼《大招》、劉向《九歎》。此外，由此而衍生出的
「變體」，如七體、設詞體等。既追溯了序志體的源流，又梳理其在後世的流
變，自先秦，歷秦漢，至六朝，原原本本，使得該體脈絡清晰的呈現出來。

此外，關於《漢書·藝文志·詩賦略》的一段概括文字，亦較有價值：

《漢志·雜賦》區為十二類：一、客主。二、行出頌德，即述

---

〔註16〕劉咸炘：《文式》〔M〕//《推十書：戊輯》（二），第729～732頁。
〔註17〕劉咸炘：《文式》〔M〕//《推十書：戊輯》（二），第730頁。

行及頌也。三、四夷及兵。四、中賢失意，此即序志之流，如《士不遇》，《九歎》之類是也。五、思慕悲哀死，即《文選》情與哀傷二類也。六、鼓琴劍戲，人事也。七、山陵水泡雲氣雨旱，天地類也。八、禽獸六翮昆蟲，動物也。九、器械草木，即器物動物也。末三類曰大雜賦、成相雜詞、隱書，成相即彈詞之祖，隱書則繇讖，可見賦之無不包矣。〔註18〕

《漢書·藝文志·詩賦略》將賦分為四類：屈原賦、陸賈賦、荀卿賦、雜賦。關於班固劃分四類的原因，學界有許多討論，但未見較為中肯的結論。然而雜賦類作品今皆不存，故討論多集中於前三類賦。《漢志》著錄雜賦類十二家，二百三十三篇。劉咸炘將其分為十二類，同時指出其對應的賦體類型，和其賦體溯源的工作密不可分。

　　除此之外，劉咸炘還對辭賦關係、齊梁小賦、唐人律賦等有相關評論。總之，劉咸炘雖然沒有相關的賦論專著，然而，作為文史大家，在其相關的文學著作中，均設有關於賦的相關節目。這些賦論資料，涉及面廣，內容豐富，尚待進一步研究。

## 參考文獻

1. 徐志嘯：《歷代賦論輯要》〔M〕，上海：復旦大學出版社，1991 年。

2. 何新文、蘇瑞隆、彭安湘：《中國賦論史》〔M〕，北京：人民出版社，2012 年。

3. 劉咸炘：《學略》〔M〕，上海：華東師範大學出版社，2009 年。

4. 劉咸炘：《文學述林》〔M〕//《推十書：戊輯》（一），上海：上海科學技術文獻出版社，2009 年。

5. 劉咸炘：《文式》〔M〕//《推十書：戊輯》（二），上海：上海科學技術文獻出版社，2009 年。

6. 永瑢：《四庫全書總目》〔M〕，北京：中華書局，1965 年。

7. 程廷祚：《青溪集》〔M〕，合肥：黃山書社，2004 年。

8. 馬積高：《歷代辭賦研究史料概述》〔M〕，北京：中華書局，2001 年。

〔註18〕劉咸炘：《文式》〔M〕//《推十書：戊輯》（二），第 731 頁。

# 劉咸炘韓愈研究述略

陳開林　魏敏〔註1〕

摘要：

　　韓愈作為詩文名家，向為論文者所關注。劉咸炘所著《訂韓》，評議韓愈其人其書，頗多精義。然而該書因未刊而隱晦不彰，迄今未引起學界關注。隨著《推十書》的刊布，其學術價值有待深入研討。文章介紹了《訂韓》撰寫的原因及體例，並結合劉咸炘的具體論述，從韓愈行誼的評判、韓愈詩文的平議兩個方面進行了總結。行誼表現為崇儒排佛，徒有其表；干謁請乞，敗壞儒風；持論不公，撰述失實。詩文則包含詩文品鑒和詩文定目二個方面。

關鍵詞：劉咸炘；《訂韓》；韓愈；《推十書》

　　劉咸炘（1896～1932），字鑒泉，號宥齋，四川雙流人。民國著名學者。一生筆耕不輟，勤於著述，雖享壽不用，卻成果豐碩，總計著書235部，475卷，名為《推十書》。劉咸炘學貫四部，對文學素有積蘊，頗多灼見。新近整理出版的《推十書》戊輯四冊除其自身創作的文學作品外，另有他的文學研究專著多部，如《文學述林》、《文式》、《文說林》、《文心雕龍闡說》、《誦〈文選〉記》等，研治範圍極廣。對於韓愈，劉咸炘亦素有研討。

　　韓愈（768～824）作為中唐時代傑出的文學家，散文和詩歌創作取得了巨大成就，對後世文人產生了深遠影響。這樣一位家喻戶曉的文人，由於多種原

---

〔註1〕 作者簡介：陳開林（1985～），男，湖北麻城人，中國古代文學博士生。研究方向：宋元明清文學、古典文獻學研究。魏敏（1990～），女，湖北應城人，文藝學碩士生。研究方向：文學理論與近代學術研究。

因的交互作用，往往成為後世聚訟的焦點。後人對韓愈其人其文的評價，因時代、評論者而異，其地位起伏極為顯著。劉咸炘所作《訂韓》，由於生前未曾刊行，不為學界所知。雖然篇幅不多，但極富價值，值得探究。本文擬對該書略作論述，以期引起學界進一步的研究。

## 一、《訂韓》撰寫的原因及體例

《訂韓》一篇，今收入《推十書》丙輯第四冊，為未刊稿。題後注「己未二月」、題下一行注「此書成稿甚早，尚須刪簡，又有引前人說未鈔全者」〔註2〕。故今本《訂韓》似為作者未竟之稿，且文中尚有二處殘缺。「魏鶴山《韓愈不如孟子論》」條〔註3〕、「史稱愈明銳不詭隨」條〔註4〕，條後均有整理者按語：「以下有空頁。」

劉咸炘注明《訂韓》成書時間為「己未二月」，即為公曆1919年2月，成書年代甚早。然而在後人研究的韓愈論著中，《訂韓》一直被忽略，故爾其學術價值未能彰顯。吳文治先生編《韓愈資料彙編》，凡四冊，在《凡例》中指出「本書輯錄從中堂至『五四』一千一百餘年間有代表性的評述五百三十餘家」〔註5〕，其後汕頭大學中文系所編《韓愈研究資料彙編》中，收有張惠民先生的《1911～1948年間韓愈研究綜述》〔註6〕，論列頗詳，然均未載錄劉咸炘《訂韓》的內容。《韓愈集》的相關評注本亦未參考劉咸炘的成果。究其原因，恐為《訂韓》未刊的緣故。

關於《訂韓》寫作的原因，《訂韓敍》中有明確的交代。《敍》開篇提出：

唐史部侍郎文公韓子退之，後世所稱道德文章之宗也，從祀於孔子之廟。讀書者莫不讀其文學者，數三代以下魁儒，指不十屈必及焉。……咸炘讀退之之書，竊嘗有不愜於心，詳而察之，然後知其多不虞之譽。〔註7〕

韓愈在後世的地位，自其弟子大肆推尊，及至蘇軾倡為「文起八代之衰，道

---

〔註2〕劉咸炘：《訂韓》//《推十書：丙輯》〔M〕，上海：上海科學技術文獻出版社，2009年，第1403頁。

〔註3〕劉咸炘：《訂韓》//《推十書：丙輯》〔M〕，第1405頁。

〔註4〕劉咸炘：《訂韓》//《推十書：丙輯》〔M〕，第1405頁。

〔註5〕吳文治：《韓愈資料彙編》〔M〕，北京：中華書局，1983年，第1頁。

〔註6〕張惠民：《1911～1948年間韓愈研究綜述》//《韓愈研究資料彙編》〔C〕，汕頭：汕頭大學中文系，1986年，第166～178頁。

〔註7〕劉咸炘：《訂韓》//《推十書：丙輯》〔M〕，第1403頁。

濟天下之溺」〔註 8〕之後，頗為尊崇。然結合具體事實，不難發現其中多有意
氣之辭，非公允之論。對此，劉咸炘有所指責。他認為：「李翱《行狀》、皇
甫湜《墓誌》《神道碑》，其推退之之文，皆師弟之私。宋子京亦尊韓者，故
撰《新書》本傳，亦極推之，皆不可信也」〔註 9〕，對韓愈弟子、史書之記載
表示懷疑。

　　儘管韓愈在後世有著極高的地位，但是對其詆毀污蔑之詞亦不少見。要合
乎知人論世之道，不僅要對韓愈的「不虞之譽」予以澄清，也要對其「求全之
毀」予以辨正。劉咸炘指出：「近百年來漢學興盛，言理則鄙程朱，言文則薄唐
宋，其於韓子又不無過毀」〔註 10〕，因此，客觀公正的態度，即是要做到二者
兼顧，方能做到意氣平和，不偏不倚。職此之故，劉咸炘在文尾總結道：

　　　　佐佑六經，粹然一出於正（《新書》）；扶經之心，執聖之權，精
　　　能之至，出神入天（《行狀》），何其言之易也！至於卓然樹立，成一
　　　家言，刊落陳言，橫鶩別驅，汪洋大肆（《新書》）；鯨鏗春麗，驚耀
　　　天下，然而密栗窈眇，章妥句適（《行狀》），則庶幾乎！（按：括號
　　　內字原為小字。括號乃筆者所加）〔註 11〕

對於李翱《正議大夫尚書吏部侍郎上柱國贈禮部尚書韓公行狀》、皇甫湜《韓
文公墓誌》、《韓文公神道碑》、宋祁《新唐書·韓愈傳》等文對於韓愈的評價，
劉咸炘是用公允的立場予以取捨的。一方面，對於過度地拔高韓愈的形象，誇
大其影響的評論，他覺得「言之太易」，認為不太可信；另一方面，對於韓愈
捍衛儒學、改良文風所做出的努力和取得的成就，應該予以充分肯定。

　　鑒於「積習生常，過枉害直，縱毀譽而亂是非之真」的狀況，劉咸炘力持
客觀的態度，因而「鉤考遺書，採集眾議，錄為一篇」，對韓愈其人其文進行
了評價。不過《訂韓》內容主要是「多舉其瑕而略其瑜」，目的在於「以定韓
子之真」。他進而解釋「訂」的意思為「評議」〔註 12〕，當是從許慎《說文解
字》之本義。這就說明他並非是「喜為掊擊」，專為攻韓愈之惡，而是經過尋
討之後，深有洞見之舉。

〔註 8〕 韓愈著，屈守元：《常思春校注·韓愈全集校注》〔M〕，成都：四川大學出版
　　　　社，1996 年，第 3113 頁。
〔註 9〕 劉咸炘：《訂韓》//《推十書：丙輯》〔M〕，第 1439 頁。
〔註 10〕 劉咸炘：《訂韓》//《推十書：丙輯》〔M〕，第 1403 頁。
〔註 11〕 劉咸炘：《訂韓》//《推十書：丙輯》〔M〕，第 1439 頁。
〔註 12〕 劉咸炘：《訂韓》//《推十書：丙輯》〔M〕，第 1403 頁。

關於《訂韓》的體例，主要是採用劄記的形式，加以點評。這也是劉咸炘著述一貫的風格。如他所著的《文心雕龍闡說》、《誦〈文選〉記》、《呂氏春秋發微》、《文史通義識語》等，均為此一形式寫成。就內容而言，《訂韓》可以分為二個部分：（1）評判韓愈的行誼；（2）平議韓愈的詩文。下文將結合具體文字，從這二個方面進行論述。

## 二、韓愈行誼的評判

行誼，按照《漢語大詞典》的解釋，有二個含義：（1）品行、道義；（2）事蹟、行為。〔註13〕韓愈的品行、行為在後世爭議較大，用行誼一詞較為切合。後人關於韓愈行誼的評價，主要聚訟在以下三個方面：一是其崇儒排佛之矛盾；二是其干謁之無恥；三是其撰述內容之失實。對此，劉咸炘均有評判。評判的方法，或獨抒己見；或先徵引前人文字，間下己意，或駁或贊。茲條列於下：

### （一）崇儒排佛，徒有其表

歷代學者對韓愈崇儒排佛的議論文字極多，聚訟紛紜。學者所抱持的態度大體可以歸為三類：肯定排佛的積極意義；從韓愈言行不一否定其排佛；韓愈對佛學有取捨。〔註14〕導致意見分歧的原因，主要可以歸結為韓愈與僧徒的交往。一方面，韓愈以儒學繼承者自居，極力捍衛道統，排斥佛法，撰寫了《原道》、《論佛骨表》等文章，且險因闢佛而喪命。同時，他又與僧徒頻繁往來，甚或對其人稱羨不已。這一矛盾的事實集中在韓愈一人身上，頗為費解。對韓愈的道統問題，劉咸炘認為：

> 韓愈自命接孟子之傳，屢見於言。然孟子大本領，韓子全不知。孟子言性善，而退之言性有三品。孟子闢楊墨，退之知之，而《讀墨子》則謂「孔、墨必相為用」，是其大旨已乖。況治經非有發明，不如漢儒；學道未窺精微，未及宋儒。其於從祀之例，無一當者，徒以闢佛老耳，徒以宋人稱之耳。縱寬取之，亦豈應如是之空濫耶？〔註15〕

---

〔註13〕漢語大詞典編輯委員會：《漢語大詞典：第3冊》〔M〕，上海：漢語大詞典出版社，1989年，第919頁。
〔註14〕張惠民：《1911～1948年間韓愈研究綜述》//《韓愈研究資料彙編》〔C〕，第1～2頁。
〔註15〕劉咸炘：《訂韓》//《推十書：丙輯》〔M〕，第1405頁。

韓愈在《原道》中指出：「堯以是傳之舜，舜以是傳之禹，禹以是傳之湯，湯以是傳之文、武、周公，文、武、周公傳之孔子，孔子傳之孟軻，軻之死，不得其傳焉」〔註16〕，揭櫫道統的傳承，隱然以道統自命。後世的儒學道統論亦將韓愈納入傳承的譜系之中。劉咸炘從韓愈「接孟子之傳」入手，對比了二人之間的區別，論定韓愈與孟子差異較大。下文並徵引了鄭少微之說，指出「孟、韓之功其同二，而立言行己其異五」〔註17〕。更何況韓愈「治經非有發明」「學道未窺精微」，就道統而言，配享孔廟，實為名不副實。

至於闢佛之舉，劉咸炘首先指出「闢佛老之誤，亦非一言所能辨」，並說其祖劉沅（1768～1855）「《正訛》已取《原道》而詳駁之矣」〔註18〕。繼而徵引清人包世臣《書韓文後》，對「退之以辟二氏自任，史氏及後儒推崇皆以此」〔註19〕的現象進行了駁斥，並進一步指出「退之與大顛遊，蓋亦惑於禪家之說」〔註20〕。

對於韓愈的道統地位及闢佛行為，主流觀點均予以肯定。如《新唐書》本傳所云「愈獨喟然引聖，爭四海之惑」〔註21〕。建國後，陳寅恪先生發表《論韓愈》，指出韓愈的六大功績，其中就有「建立道統」「排斥佛老」「呵詆釋迦」〔註22〕。湯用彤先生亦稱「文公一生，志與佛法為敵，嘗以孟子闢楊墨自比」〔註23〕，並論歷朝闢佛諸人「用功未有昌黎之勤，議論未若昌黎之酷烈」〔註24〕。而劉咸炘對韓愈此舉，基本持否定態度。當然，劉咸炘並未就此而徹底否定韓愈其人。他一則備錄程子（程顥，1032～1085 年）之說，認為韓愈「亦近世豪傑之士」；再則引王安石之詩「可憐無補費精神」，甚為韓愈惋惜。對於「予奪乃大有不同」的矛盾，劉咸炘折衷以己意，認為韓愈「其言常詳於外而略於內，其志常極於遠大而其行未必能謹於細微」〔註25〕，可謂一語中的。

---

〔註16〕韓愈著，屈守元：《常思春校注・韓愈全集校注》〔M〕，第 2665 頁。
〔註17〕劉咸炘：《訂韓》∥《推十書：丙輯》〔M〕，第 1405 頁。
〔註18〕劉咸炘：《訂韓》∥《推十書：丙輯》〔M〕，第 1403 頁。
〔註19〕劉咸炘：《訂韓》∥《推十書：丙輯》〔M〕，第 1403 頁。
〔註20〕劉咸炘：《訂韓》∥《推十書：丙輯》〔M〕，第 1404 頁。
〔註21〕歐陽修、宋祁：《新唐書：第 17 冊》〔M〕，北京：中華書局，1975 年，第 5269 頁。
〔註22〕陳寅恪：《金明館叢稿初編》〔M〕，北京：三聯書店，2001 年，第 319～332 頁。
〔註23〕湯用彤：《隋唐佛教史稿》〔M〕，北京：北京大學出版社，2010 年，第 26 頁。
〔註24〕湯用彤：《隋唐佛教史稿》〔M〕，第 27 頁。
〔註25〕劉咸炘：《訂韓》∥《推十書：丙輯》〔M〕，第 1404 頁。

### （二）干謁請乞，敗壞儒風

近人錢穆（1895～1990）稱：「唐代士人干謁之風特盛。姚鉉《唐文粹》至專闢《自薦書》兩卷。」即此，唐代干謁之風可見一斑。錢穆更論「而韓昌黎《三上宰相書》，乃獨為後世所知。」〔註26〕再翻檢歷代關於韓愈干謁之文的議論，和錢穆持論相同的不乏其人。在後世的印象裏，韓愈此類文章頗遭非議。劉咸炘對韓愈的干謁文章亦頗有微辭。他說：

> 讀退之三上宰相、應舉與人諸書，何其干乞之無恥也！乞之不能而繼以憤怨，炫之不能而繼以卑哀。上宰相則舉周公以形人之醜，自言其窮餓；上於襄陽則乞斗米僕賃之資；應科目與人書則既搖尾乞憐焉而以為不，何其靦也！唐人多上書自薦，固不止退之一人。然退之固儼然自謂接孟子之傳，其於七篇之書，豈熟視而無睹邪，抑假以為重而言不顧行耶？〔註27〕

韓愈干謁之文頗多。劉咸炘曾指出「《上兵部侍郎書》、《上於襄陽書》、《與鳳翔邢尚書書》、《應科目時與人書》、《上賈滑州書》、《上考功崔虞部書》，皆干進之詞也」〔註28〕。他首先標舉「人生大事，莫過於出處」〔註29〕，繼而對韓愈《上宰相書》、《上於襄陽》、《應科目時與韋舍人書》等文逐一進行駁斥，並與李白、董仲舒作對比，深切地鞭笞了韓愈的請乞行為。

關於唐代文人干謁行為，本為當時社會的普遍現象，不能用現在的價值觀去妄作評判。錢穆稽考史實，認為當時「固不以此為卑鄙可羞」〔註30〕。劉咸炘對韓愈干謁的否定，表面上似乎是沿襲前人的態度，夷考其實，則不盡然。他說：

> 儒術之壞，由於游說干進，苟一蹈之，則不足以為儒。此固未可遍責之常人，而於退之不能不厚責焉，則以其持儒義以道自任，易為後世籍口也。後世方以韓、孟並稱，苟不明此義，方將謂干進為儒事矣，可不辨哉。〔註31〕

尋繹文中所言，可見劉咸炘並非對韓愈過於苛責，而是有深層的思考和隱

---

〔註26〕錢穆：《讀史隨箚》〔M〕，北京：九州出版社，2011年，第87頁。

〔註27〕劉咸炘：《訂韓》//《推十書：丙輯》〔M〕，第1405頁。

〔註28〕劉咸炘：《訂韓》//《推十書：丙輯》〔M〕，第1406頁。

〔註29〕劉咸炘：《訂韓》//《推十書：丙輯》〔M〕，第1404頁。

〔註30〕錢穆：《讀史隨箚》〔M〕，第95頁。

〔註31〕劉咸炘：《訂韓》//《推十書：丙輯》〔M〕，第1405～1406頁。

憂。干謁之風，不僅有關一人之得失，實則足以敗壞儒術。「厚責」韓愈的原因，在於他「持儒義以道自任」的身份。劉咸炘的目的在維繫儒術之業不墜，可謂用心良苦，切不可因他表面的責斥而忽視了其背後的喻意。

### （三）持論不公，撰述失實

韓愈一生歷經代、德、順、憲、穆、敬六朝，時勢動盪，宦海浮沉。一生撰述，多有內容不切事實之處。就其從仕途而言，為謀求職位，不得不行干謁之舉，故爾文中多「諛詞」。如前舉《上於襄陽書》，劉咸炘就指出：「於頔之為人無足取，其文亦何美？而韓子上書乃以有言渾渾噩噩為頌，幾於諛矣。」〔註32〕此類文章，前已具論。

第二類為「諛墓文」。《韓愈集》中碑銘之作，頗涉諛墓之嫌。韓愈同時的劉叉已經揭櫫了這一事實，說韓愈的潤筆乃「諛墓中人所得耳」。〔註33〕北宋司馬光（1019～1086）也曾提到韓愈「好悅人以誌銘而受其金」〔註34〕。對司馬光的觀點，劉咸炘表示支持。不過這一類文章，往往是應人之請，其內容多為外在的人情世態所決定。正如袁枚所言：「其人雖於世庸庸，於我落落。而無奈其子孫欲展孝思，大齎金幣來求吾文，則亦不得不且感且慚，貶其道而為之」〔註35〕，頗能道出個中緣由。接受了這樣的委託，在寫作過程中也就難以免俗。對此，無需苛責韓愈。

相較而言，劉咸炘關注的是韓愈的第三類文章，主要與政治書寫有關。他說：

> 退之平生私見失言而亂是非且又玷大節者，莫如《順宗實錄》與《永貞行》。吾讀《實錄》而大疑之。既讀近儒書，乃知己有先我發之者。〔註36〕

為了支撐自己對《順宗實錄》的看法，他備錄前人之說，「更為推求之」，記有范仲淹、王應麟、閻若璩、何焯、全祖望、趙彥衛、劉克莊、江瀚、王鳴盛、王志堅、孫宜、張燧、賀貽孫、陳祖範、李詳、魏了翁，達十六人之多，且多長篇徵引。推究劉咸炘立論的依據，集中於《順宗實錄》一書「失言而

---

〔註32〕劉咸炘：《訂韓》//《推十書：丙輯》〔M〕，第1406頁。
〔註33〕辛文房：《唐才子傳》〔M〕，鄭州：中州古籍出版社，1987年，第205頁。
〔註34〕劉咸炘：《訂韓》//《推十書：丙輯》〔M〕，第1406頁。
〔註35〕袁枚：《與翁東如》//《小倉山房尺牘》〔M〕，長沙：湖南文藝出版社，1987年，第331頁。
〔註36〕劉咸炘：《訂韓》//《推十書：丙輯》〔M〕，第1408頁。

亂是非」。如韓愈所舉逆黨，凡陸質、呂溫、李景儉、韓泰、韓曄、陳諫、房
啟、凌稚、程異、劉禹錫、柳宗元等人，皆精進之士；而李實、俱文珍等姦邪
之人，韓愈則大書特書，持論殊為不公。此外，韓愈《上李實書》、《送汴州監
軍俱文珍序》等文對其人大肆吹捧，亦有黨同之嫌。前舉劉咸炘所言及《永貞
行》一詩，陳寅恪即評為「不過俱文珍私黨之誣詞，非公允之論也」〔註37〕。
不過，若縱觀全書，劉咸炘也承認該書「詳書李實之惡及宮市、乳母、五坊小
兒事，書陸贄、陽城事，皆可謂直筆」〔註38〕，並非對其一概否定。結合當時
的政治環境，以及韓愈自身的政治主張，則政治書寫中的偏頗、失實也是可以
理解的。韓愈本來是文人，用「不虛美，不隱惡」的良史標準來衡量他，確實
懸鵠太高。

### 三、韓愈詩文的平議

　　韓愈的詩文成就，《舊唐書》稱「自成一家新語」〔註39〕、《新唐書》稱
「深深本元，卓然樹立，成一家言」〔註40〕，其詩文創作的獨特風格對後世產
生了深遠的影響。其文學地位經蘇軾等倡呼，文集經方崧卿、朱熹等考訂，道
統又經宋儒等鼓吹，其人其文的地位日益增加，因此在宋代，韓愈除了配享孔
廟外，甚至還出現了「五百家注韓」的盛況。

　　不過，對韓愈詩文創作的評價也存有爭議。他部分文章獨異的風格、以
文為詩的詩歌創作，自古就招致了一些人的反對。如韓愈頗有特色的《毛穎
傳》，今日看來實為千古奇文，但在當時就遭到了張籍的否定，認為「駁雜無
實」〔註41〕。《舊唐書·韓愈傳》也譏為「文章之甚紕繆者」〔註42〕。至於作
詩，韓愈獨闢蹊徑，趨奇尚險，儘管開闢了一個新的詩歌世界。不過流弊繼
起，亦給後人以口實。因此，譽之者欲其昇天，毀之者欲其入地。雙方各執一
詞，喋喋不休。

　　劉咸炘對韓愈詩文的平議主要表現在兩個方面：一是結合具體的詩文，
用劄記的形式予以評論；二是分為三品，定其高下。

〔註37〕陳寅恪：《唐代政治史述論稿》〔M〕，北京：三聯書店，2009年，第308頁。
〔註38〕劉咸炘：《訂韓》//《推十書：丙輯》〔M〕，第1436頁。
〔註39〕劉昫：《舊唐書：第13冊》〔M〕，北京：中華書局，1975年，第4204頁。
〔註40〕歐陽修、宋祁：《新唐書：第17冊》〔M〕，第5265頁。
〔註41〕張籍著，徐禮節：《余恕誠校注·張籍集繫年校注》〔M〕，北京：中華書局，
　　　　2011年，第994頁。
〔註42〕劉昫：《舊唐書：第13冊》〔M〕，第4205頁。

## （一）韓愈詩文的品鑒

　　劉咸炘按照體裁將韓愈作品劃分為賦、詩、文三個部分。韓愈賦，今存《感二鳥賦》、《復志賦》、《閔己賦》、《別知賦》四篇，故爾賦類評論文字較短，而評詩、評文則較多。

　　劉咸炘評論的內容，第一種為歸類。如評文部分，他將韓愈的碑銘按一些特質進行了整合，歸結為「簡質合體者」，計 19 篇；「用傳記法者」，計 12 篇；「少事蹟而矜重者」，計 25 篇；「有空衍議論而不盡矜重者」，計 5 篇。評詩部分亦有將數首詩同時進行評論，糾集其共性，如「《東野失子》、《落齒》、《雙鳥》、《苦寒》諸篇刻酷而近於戲，惡道也」〔註43〕。

　　第二種為指陳得失。即落實到具體作品，指出該作品的妙處或不足。此類文字最多，亦最有價值。如：

　　　　聯句詩真所謂「無補費精神」者也。《柏梁》已不足信，況又限
　　之以韻，苦澀強湊，戲而不工，亦何取哉。〔註44〕

　　　　《爭臣論》義正矣而文亦善，其茂暢可置之魏、晉間。〔註45〕

　　　　《送王含》文筆美而意無聊，乃以酒起興。〔註46〕

限於劄記的體例，劉咸炘的評論往往只是點到為止，並未展開說明。但是，點評者好學深思，心知其意，故爾其隻言片語即能切合文章的利弊，要言不煩，言必有中。

　　第三種為探溯詩文摹仿之本源。班固《漢書·藝文志》謂諸子出於王官，推本九流之本始；鍾嶸《詩品》，亦追溯詩人之所從出。這種推本溯源的做法，雖然略顯牽強，不過由此可以明瞭學術傳承、流變的譜系。劉咸炘精熟傳統學術，故對詩文進行品鑒時，往往可以洞悉詩文模仿的痕跡，予以辨析。如：

　　　　《郾州溪堂詩》之摹《三百篇》，尤其傑也。〔註47〕

　　　　歌行短篇學太白，長篇學杜。〔註48〕

　　　　論著諸篇，大抵學韓非耳。〔註49〕

〔註43〕劉咸炘：《訂韓》//《推十書：丙輯》〔M〕，第 1424 頁。
〔註44〕劉咸炘：《訂韓》//《推十書：丙輯》〔M〕，第 1424 頁。
〔註45〕劉咸炘：《訂韓》//《推十書：丙輯》〔M〕，第 1428 頁。
〔註46〕劉咸炘：《訂韓》//《推十書：丙輯》〔M〕，第 1430 頁。
〔註47〕劉咸炘：《訂韓》//《推十書：丙輯》〔M〕，第 1424 頁。
〔註48〕劉咸炘：《訂韓》//《推十書：丙輯》〔M〕，第 1425 頁。
〔註49〕劉咸炘：《訂韓》//《推十書：丙輯》〔M〕，第 1426 頁。

《東晉行狀》力摹左史，是用意之作。〔註50〕

通過對詩文摹仿本源的探討，一方面可以結合被摹仿的作品，來進一步解讀韓愈的仿作，加深瞭解韓愈詩文的風格；另一方面，也可以通過韓愈詩文的摹仿對象，來體察韓愈的知識結構。這項工作需要品鑒者具備豐富的知識，同時對韓愈作品有較深的體會。劉咸炘將二者進行了完美的結合，並付諸實踐，收到了「辨章學術，考鏡源流」〔註51〕的效果。

### （二）韓愈詩文的定目

劉咸炘對韓愈詩文平議，最有特色的部分就是《韓文定目》。《韓文定目》將韓愈詩文定為上中下三品，且指出分類標準：上品「與古抗行，可為後世法」〔註52〕、中品「工能」〔註53〕、下品「自作狡獪，不可為法者」〔註54〕。各品之內，收有不同體裁的相關作品。瀏覽此目，即可感知韓愈詩文的宏觀印象。翻檢《推十書》戊輯，劉咸炘另有《四文定目》一書，分別為《韓文定目》、《柳文定目》、《近代八家之目》、《近代善文目》。由此可見，劉咸炘頗為熱衷此道。

中國傳統對人進行分等評品的思想起源很早。其後班固在《漢書》中獨創《古今人表》，備列古今人物，分為九等。其後，鍾嶸《詩品》對此又有吸收，正如鄭振鐸（1898～1958）所言：「也許是受有《漢書‧古今人表》的若干影響吧，故他把五言詩人們分別為上中下三品而討論之。」〔註55〕而郭紹虞（1893～1984）則明言《詩品》「本班固九品論人之法以衡詩，分為上中下三等」〔註56〕。隨著魏晉時期人物品鑒的興盛，其後逐漸波及到藝術的層面，如詩文字畫等到的品評，且蔚為大觀。

劉咸炘《韓文定目》是在對韓愈詩文品鑒的基礎上形成的。有了對作品的品鑒，其藝術成就的高下之分也就一目了然。可以說，定目是品鑒的自然結

---

〔註50〕劉咸炘：《訂韓》//《推十書：丙輯》〔M〕，第 1436 頁。

〔註51〕章學誠著，王重民通解：《校讎通義通解》〔M〕，上海：上海世紀出版集團，2009 年，第 1 頁。

〔註52〕劉咸炘：《訂韓》//《推十書：丙輯》〔M〕，第 1437 頁。

〔註53〕劉咸炘：《訂韓》//《推十書：丙輯》〔M〕，第 1438 頁。

〔註54〕劉咸炘：《訂韓》//《推十書：丙輯》〔M〕，第 1438 頁。

〔註55〕鄭振鐸：《中國文學史》〔M〕，長春：吉林人民出版社，2013 年，第 183 頁。

〔註56〕郭紹虞：《中國文學批評史》〔M〕，天津：百花文藝出版社，1999 年，第 104 頁。

果，二者的關係就如同瓜熟自然蒂落，水到自然渠成一般。只是歷來的論文者對韓文的賞鑒只是停留在單篇字句，而未顧及全書。從這個意義來講，劉咸炘的《韓文定目》是一個創新，且有獨特的價值。

《韓文定目》有兩個版本。一個收在《訂韓》中，一個收在《四文定目》中。因《四文定目》撰寫時間不詳，今無從確定二書成書先後。對比二者，略有差別。《訂韓》中每品均有「五言古詩」一體，《四文定目》中全無；《四文定目》下品中有「聯句詩」一體，但並未羅列相關作品，而《訂韓》中無此一類。此外，尚有詩文順序、題名等不同。

《韓文定目》是劉咸炘對韓愈詩文評價的一種直觀呈現。我們可以結合劉咸炘對上中下三品劃分所提出的標準，以及他對韓愈部分詩文的具體品鑒，來進一步考察韓愈詩文。比如，韓愈《送孟東野序》一文，入選韓愈詩文選本的頻率甚高，且歷來飽受讚譽。劉咸炘認為該文「波瀾壯闊，便於初學摹效」〔註57〕然而，劉咸炘在《韓文定目》中將其歸為「下品」。推求其原因，只能從「自作狡獪，不可為法者」入手。

## 四、小結

韓愈作為詩文名家，開一派風氣，向為論文者所關注。因此，關於其人其文的相關研究成果極為豐富。即以民國時期而論，有關韓愈的研究就很多。較著名的如陳登原《韓愈評》、錢基博《韓愈志》、《韓愈文讀》、陳柱《正韓篇》、《禮韓》、范幼夫《韓文毛病舉隅》等。這些書籍，坊間大多可以尋訪。對於韓愈其人其文，歷來持論紛紜，毀譽不一，難免意氣用事，流於極端。即使是蘇軾一人，對韓愈的評價也前後不一。既稱韓愈「文起八代之衰，道濟天下之溺」，又譏其「於聖人之道，蓋亦知好其名矣，而未能樂其實」〔註58〕。評價人物之難，由此可見一斑。而劉咸炘對韓愈其人其文的評析，往往毀譽交雜，並非一味駁斥，或一味讚揚。意氣平和，持論公允，乃其最大特色。總之，「明韓氏之功罪」〔註59〕乃其用心之所在。本文就此條舉數則，至於其學術價值有待學界進一步研討。

---

〔註57〕劉咸炘：《訂韓》//《推十書：丙輯》〔M〕，第1430頁。
〔註58〕蘇軾著：《孔凡禮點校・蘇軾文集》〔M〕，北京：中華書局，1986年，第114頁。
〔註59〕錢基博：《韓愈志》〔M〕，武漢：華中師範大學出版社，2013年，第5頁。

## 參考文獻

1. 劉咸炘：《訂韓》//《推十書：丙輯》〔M〕，上海：上海科學技術文獻出版社，2009 年。

2. 吳文治：《韓愈資料彙編》〔M〕，北京：中華書局，1983 年。

3. 張惠民：《1911～1948 年間韓愈研究綜述》//《韓愈研究資料彙編》〔C〕，汕頭：汕頭大學中文系，1986 年。

4. 韓愈著，屈守元：《常思春校注‧韓愈全集校注》〔M〕，成都：四川大學出版社，1996 年。

5. 漢語大詞典編輯委員會：《漢語大詞典：第 3 冊》〔M〕，上海：漢語大詞典出版社，1989 年。

6. 歐陽修、宋祁：《新唐書：第 17 冊》〔M〕，北京：中華書局，1975 年。

7. 陳寅恪：《金明館叢稿初編》〔M〕，北京：三聯書店，2001 年。

8. 湯用彤：《隋唐佛教史稿》〔M〕，北京：北京大學出版社，2010 年。

9. 錢穆：《讀史隨箚》〔M〕，北京：九州出版社，2011 年。

10. 辛文房：《唐才子傳》〔M〕，鄭州：中州古籍出版社，1987 年。

11. 袁枚：《與翁東如》//《小倉山房尺牘》〔M〕，長沙：湖南文藝出版社，1987 年。

12. 陳寅恪：《唐代政治史述論稿》〔M〕，北京：三聯書店，2009 年。

13. 劉昫：《舊唐書：第 13 冊》〔M〕，北京：中華書局，1975 年。

14. 張籍著：徐禮節，《余怒誠校注‧張籍集繫年校注》〔M〕，北京：中華書局，2011 年。

15. 章學誠著，王重民通解：《校讎通義通解》〔M〕，上海：上海世紀出版集團，2009 年。

16. 鄭振鐸：《中國文學史》〔M〕，長春：吉林人民出版社，2013 年。

17. 郭紹虞：《中國文學批評史》〔M〕，天津：百花文藝出版社，1999 年。

18. 蘇軾著：《孔凡禮點校‧蘇軾文集》〔M〕，北京：中華書局，1986 年。

19. 錢基博：《韓愈志》〔M〕，武漢：華中師範大學出版社，2013 年。

# 試析劉咸炘的書錄解題思想及實踐

陳開林

摘要：

　　劉咸炘精於目錄學，其目錄學思想頗為豐富。書錄解題是目錄學的重要部分。研究劉咸炘的書錄解題思想，有助於更加深入的、全面的總結其目錄學思想。他認為書錄解題有兩個評價的標準：一是「考證」，二是「批評」。依照這個標準，他對歷代目錄學著作做出了評論，分析其得失。並且在觀覽典籍時，自己也撰寫了大量的書錄解題，且有自身的特色。

關鍵詞：劉咸炘；書錄解題；目錄學；考證；批評

　　劉咸炘（1896～1932），字鑒泉，號宥齋。四川雙流人。近代學術大家。生平著述甚豐，共計二百三十五種，四百七十五卷，名曰《推十書》。治學服膺章學誠，精研校讎之學，且頗有建樹。

　　從新近整理出版的《推十書》收錄其著作來看，劉咸炘的目錄學思想極為豐富，撰有《續校讎通義》、《校讎述林》、《目錄學》等專著。當前學界對其目錄學思想研究多集中於其《目錄學》、《續校讎通義》等書的探討，且多概述其目錄學思想，往往流於泛泛而談。然而目錄學範圍較廣，書錄解題為其重要組成部分。關於書錄解題，劉咸炘有理論的探討，主要見於《目錄學·題解第九》。而且身體力行，在研讀典籍過程中，也撰寫了多篇解題，見於《舊書別錄》、《內景樓檢書記》等書。本文試圖從書錄解題的角度，來總結劉咸炘的書錄解題思想，並結合其撰寫實務，歸納其書錄解題的特色。

## 一、論解題之撰寫標準

余嘉錫先生曾將目錄書分為三類：（1）部類之後有小序，書名之下有解題者；（2）有小序而無解題者；（3）小序解題並無，只著書名者。〔註1〕第（1）類目錄，即如晁公武《郡齋讀書志》、陳振孫《直齋書錄解題》、《四庫總目提要》等；第（2）類目錄，即如《漢書・藝文志》、《隋書・經籍志》等；第（3）類目錄，即如《舊唐書・經籍志》、《新唐書・藝文志》、《宋史・藝文志》、《明史・藝文志》、周洪祖《古今書刻》等。至於三類目錄之價值當如何評判，余先生指出：

> 昔人論目錄之學，於此三類，各有主張。而於編目之宗旨，必求足以考見學術之源流，則無異議。〔註2〕

自從劉向、劉歆父子校書，撰寫書錄，撮其大意之後，其後目錄作者，往往限於識見，不能完全遵照劉向父子的路數。因此「枝分歧出，派別斯繁，不能盡限於一例」〔註3〕。取照《隋書・經籍志》和毋煛《古今書錄序》所論，則第（1）類目錄能夠有效地收到「覽錄而知旨，觀目而悉詞」〔註4〕的效果。而第（3）類目錄，只是記錄書名，類似於帳簿，自然難以避免「博覽之士疾其渾漫」〔註5〕了。

劉咸炘向來服膺章學誠，除《續校讎通義》外，另有《文史通義識語》三卷、《文史通義解》等。其文史撰著中，亦時時援引章學誠之語。欽佩之情，足以想見。王華平先生《劉咸炘先生目錄學成就淺述》一文中也指出，劉咸炘的目錄學思想「啟於章學誠，超越章學誠」。〔註6〕因此，對於目錄學中的重要組成部分——解題而言，劉咸炘自然繼承了章學誠的觀點。

章學誠的目錄學思想集中見於《校讎通義》。在該書《序》中，章學誠曾指出：

> 校讎之義，蓋自劉向父子部次條別，將以辨章學術，考鏡源流。非深明於道術精微、群言得失之故者，不足語此。後世部次甲

〔註1〕 余嘉錫：《目錄學發微》〔M〕，北京：商務印書館，2011 年，第 8 頁。
〔註2〕 余嘉錫：《目錄學發微》〔M〕，第 8 頁。
〔註3〕 余嘉錫：《目錄學發微》〔M〕，第 7 頁。
〔註4〕 劉昫：《舊唐書》〔M〕，北京：中華書局，1975 年，第 1965 頁。
〔註5〕 魏徵、令狐德棻：《隋書》〔M〕，北京：中華書局，1973 年，第 992 頁。
〔註6〕 王化平：〈劉咸炘先生目錄學成就淺述〉〔J〕，《中華文化論壇》，2009 年第 1 期，第 28～29 頁。

乙，紀錄經史，代有其人，而求能推闡大義，條別學術異同，使人

由委溯源，以想見於墳籍之初者，千百之中不十一焉。〔註7〕

章學誠所謂的校讎非普通意義上的文字校對，而是寓目錄、版本、校勘於一
體。他主張校讎學要「辨章學術，考鏡源流」，至今被學界奉為不刊之論。余
嘉錫評判三類目錄學，也指出「要以能敘學術源流者為正宗」，與章學誠同聲
相應。〔註8〕要敘學術源流，自然非解題莫屬。

　　然而，目錄無解題自然無資憑藉，有解題也未必能愜人意。解題的撰寫並
非易事，而是需要目錄學家具有相當深厚的識見。《隋書・經籍志》指出王儉
《七志》，阮孝緒《七錄》，雖仿傚劉向、劉歆，而實則不如遠甚。余嘉錫也強
調劉向父子之後，「其後作者，不能盡符斯義，輒為通人所詆訶」〔註9〕。明瞭
解題撰寫對撰者的高要求，個中緣由就不難理解。職是之故。余嘉錫指出：

凡目錄不著解題但記書名者，固薄其渾漫，視為無足重輕；即

有解題者，若其識解不深，則為美猶有憾。〔註10〕

解題對目錄學而言，其價值不容忽略；同時，其撰寫又極具難度。解題究竟應
該如何撰寫，即解題應該包含什麼內容，應該傳遞什麼信息，對此《四庫全書
總目・凡例》曾提出了較為完備的解題體例：

今於所列諸書，各撰為提要，分之則散弁諸編，合之則共為

《總目》。每書先列作者之爵里，以論世知人；次考本書之得失，權

眾說之異同，以及文字增刪、篇帙分合，皆詳為訂辨，鉅細不遺。

而人品學術之醇疵，國紀朝章之法戒，亦未嘗不各昭彰癉，用著勸

懲。〔註11〕

則解題內容大約可以概括為：著者生平、著作內容大旨與得失、文字增刪、卷
帙分合及版本異同等。劉咸炘對《四庫總目》頗為推崇，故其對解題撰寫的見
解與《四庫全書總目・凡例》一脈相承。同時，劉咸炘憑藉其淵博的知識和深
入的思考，並結合自身撰寫解題的經驗，對《四庫全書總目・凡例》亦有微詞
（詳見下文），故爾在其基礎上又有所深入，並提出了自己的見解。他在《目
錄學・題解第九》中指出：

---

〔註7〕章學誠：《校讎通義》〔M〕，北京：古籍出版社，1956年，第1頁。
〔註8〕余嘉錫：《目錄學發微》〔M〕，第7頁。
〔註9〕余嘉錫：《目錄學發微》〔M〕，第7頁。
〔註10〕余嘉錫：《目錄學發微》〔M〕，第9頁。
〔註11〕永瑢等：《四庫全書總目》〔M〕，北京：中華書局，1965年，第17～18頁。

夫解題之職，蓋有二焉。一為考證，存佚真偽，名目篇卷，當詳徵具說，不厭縟繁。爵里行事，自不待論。一為批評，推明旨意，核定體例，務求完其面目。又須橫知統類，縱知源流，乃能定其位置。必如是已，然後可以論斷同異得失，論斷不可輕先也。〔註12〕

由此可見，劉咸炘認為解題的功用，應該從二個方面進行切入。第一類是考證，即是介紹書籍作者及內容的相關情況；第二類是批評，即是討論書之旨意。總之，此二項內容與《四庫全書總目·凡例》遙相呼應。不同的是，劉咸炘特別指出「存佚真偽，名目篇卷，當詳徵具說，不厭縟繁」，這是與其目錄學理論分不開的。其《目錄學》一書分上下兩編，下編五章，分言版本、校勘、格式、文字、餘論，主要與校勘相關；而上編九篇，分論著錄、存佚、真偽、名目、卷篇、部類、互注別裁、次第、題解，顯為目錄學所發。其目恰與《題解》所言「存佚真偽，名目篇卷」相合。

另外，他格外重視「橫知統類，縱知源流」，這不僅是要從縱向的角度清楚學術流變的過程，同時要從橫向的角度，辨析同時代學術的統類。縱橫交錯，方可明瞭「定其位置」。在此基礎上，才能「論斷同異得失」。也只有做了這一工作，作出的批評才有分量。

## 二、前人解題之平議

劉向校書中秘，「每一書已，向輒條其篇目，撮其指意，錄而奏之。」〔註13〕這些書錄後由劉歆收入《七略·輯略》中，迄今尚有數篇留存，如《戰國策書錄》、《晏子書錄》、《管子書錄》《孫卿書錄》、《列子書錄》等。此後，依仿劉向父子，撰寫書錄解題者，代不乏人。如北宋曾鞏曾刊定官本，亦製作序文多篇，如《新序目錄序》、《列女傳目錄序》、《南齊書目錄序》、《梁書目錄序》、《陳書目錄序》等。

至於早期的題、跋、書後等，乃偶一為之，至於後世的藏書目錄，則卷次、內容、體式等均有較大變化，數量也頗為豐富，至清代已蔚為大觀。僅見錄於來新夏《清代目錄提要》的清代目錄就已有三百八十餘部〔註14〕。剔除掉其中無解題的部分，其數量也不在少數。典型如丁丙《善本書室藏書志》、

---

〔註12〕劉咸炘：《目錄學》〔M〕//《劉咸炘學術論集·校讎學編》，桂林：廣西師範大學出版社，2010 年，第 351～352 頁。

〔註13〕班固：《漢書》〔M〕，北京：中華書局，1962 年，第 1701 頁。

〔註14〕來新夏：《清代目錄提要》〔M〕，濟南：齊魯書社，1997 年，第 2 頁。

張金吾《愛日精廬藏書志》、陸心源《皕宋樓藏書志》、繆荃孫《嘉業堂藏書志》、耿文光《萬卷精華樓藏書記》等。

　　隨著歷史的演進，歷朝歷代的目錄學家撰寫了如此豐富的書錄解題，學者藉以「辨章學術，考鏡源流」，足為學界瑰寶。然書錄解題的質量，往往疏誤難免，故時有學者平議。如四庫館臣對曾鞏所撰序文，曾有論說：「然鞏好借題抒議，往往冗長，而本書之始末源流轉從疏略。」〔註15〕曾鞏序文因為好借題發揮，不僅體現為文字是長篇大論，而且往往偏離主題，不免有舍本逐末之嫌。曾鞏乃文章大家，尚且遭此譏評，足見書錄解題的撰寫難度。

　　對於前人的書錄解題，劉咸炘亦有過評論：

　　　　宋人好為題跋，別集中多有之，本屬偶然涉筆，不為整理一書，晁、陳二書未脫題跋之習，故不詳明。但晁頗及著述風習，陳見能評書之得失，尚多可採，勝於《崇文》。明世著錄稱為苟簡，有解題者惟高儒《百川書志》，較之晁、陳，又下之矣。至於專目，則高氏《子》《史》二《略》，詳而不整，所及亦隘。朱氏《經義考》則用馬氏之例，詳錄序跋，而考訂語少。《四庫提要》之作，誠為全無古人。然語涉名物，則毛舉旁證，覶縷不休；語涉理學，則曲譏巧詆。偏恣無節，批評之識，猶多未足。自後版本學盛，著錄題跋者大氏偏重於此，詳書行款，辨敍鈔刻，或羅序跋，以證源流。至於批評，尤為疏略，或偶書己見（如彭元瑞《知聖道齋讀書跋》），或鈔襲舊文（如丁丙《善本書室藏書志》），校之《提要》，又不及焉。〔註16〕

因為劉咸炘主張書錄解題一要考證、二要批評，所以對歷來的目錄學著作就頗有揶揄之意。晁公武《郡齋讀書志》、陳振孫《直齋書錄解題》被認為是「未脫題跋之習，故不詳明」，然尚各有所長。而高似孫《子略》、《史略》則「詳而不整」。明代目錄學著作歷來評價不高。高儒《百川書志自序》聲言「各以類從，少著大意，條目昭明，一覽之餘，仰見千載聖賢用心之確」〔註17〕，然而所記不過作者及卷數而已，甚為簡略。朱彝尊《經義考》依仿馬端臨《文獻通考·經籍考》，備錄序跋，乃經學輯錄體目錄學的典範。然而「考訂語

---

〔註15〕永瑢等：《四庫全書總目》〔M〕，第 17 頁。
〔註16〕劉咸炘：《目錄學》〔M〕//《劉咸炘學術論集·校讎學編》，第 351 頁。
〔註17〕高儒：《百川書志》〔M〕，上海：古典文學出版社，1957 年，第 2 頁。

少」。至於《四庫提要》，劉咸炘推崇備至，然而考證、批評均未切當。此後著作，多偏於載錄序跋及版本，少見批評之內容。

當然，對於載錄序跋及版本等信息，劉咸炘並不反對。他認為：

> 專目之書及近世著錄之偏重版本源流者多備錄敘跋，兼徵他傳志書，此於解題為長編之體。〔註18〕

版本學為校讎學的重要部分。劉咸炘於文中引錄孫詒讓《溫州經籍志敘例》為論證，認為版本、敘跋功用甚大，不容忽視。相反，如果目錄家忽略了這些信息，可能會導致相應的謬誤。他指出：

> 及今目錄版本之學，尚以敘跋為要資。版本家重在傳刻經歷，故雖短題小引，罔敢疏忽。目錄家因其多陳因泛濫，不免略置。且謂直考本書，無容事此。然有稍不詳審，而遂致巨謬者。〔註19〕

結合具體的案例，劉咸炘舉了《王荊公詩李璧注》和《名臣言行錄》二書，利用敘跋考訂其版本信息，認為敘跋的價值不容忽視。

儘管劉咸炘操持考證、批評作為書錄解題的標準，對歷代目錄學著作多致不滿。不過，尚有愜人心意者，足資學習。他曾予以指明：

> 自昔著錄之書，能考證者已少，能批評者尤稀。粗具二長可為楷式者，惟莊述祖《歷代載籍足徵錄》、周中孚《鄭堂讀書記》耳。惜皆殘缺不全。近世文集中單篇之作頗有精者，如孫星衍《晏子春秋敘》、嚴可均《鶡子敘》、龔自珍《最錄穆天子傳》、黃以周《范子計然略敘》、劉師培《周書略說》，皆可為模範。〔註20〕

對於目錄學專書，劉咸炘認為符合考證、批評二項標準的，莊述祖《歷代載籍足徵錄》、周中孚《鄭堂讀書記》稍為可人。而近世文人別集中，亦頗有「可為模範」之作。

綜觀劉咸炘對於歷代目錄學諸書的評論，始終圍繞著考證、批評二者兼顧的視角來展開。從他對《四庫總目》的評價即可見一斑。

## 三、解題撰述之特色

劉咸炘不僅對他人書錄解題撰寫的簡介，而且自己也從事解題的撰寫。其成果頗為豐富。周秦諸子之書錄，備見《子疏》。另《校讎述林》中有一篇《農

---

〔註18〕劉咸炘：《目錄學》〔M〕//《劉咸炘學術論集·校讎學編》，第 352 頁。
〔註19〕劉咸炘：《目錄學》〔M〕//《劉咸炘學術論集·校讎學編》，第 353 頁。
〔註20〕劉咸炘：《目錄學》〔M〕//《劉咸炘學術論集·校讎學編》，第 352 頁。

書錄》，亦有農書提要十數篇。此外，所作解題集中於《舊書別錄》、《內景樓
檢書記》兩書。《內景樓檢書記》所作解題頗為簡練，體式頗似譚獻（1832～
1901）《復堂日記》談藝之體。故本文論述以《舊書別錄》為準。

　　關於《舊書別錄》撰寫緣起及形式，該書《序》中略有交代：

　　　　宋人讀古書，能知見大而往往失之疏略武斷，是不通校讎之故
　　也。近人矯其弊，又專任校勘，但識其小。是所謂我益書，非書益
　　我矣。曾文正公謂讀古書以訓詁為本，吾謂尤以通校讎為本。章實
　　齋未論次古書，莊葆琛業焉而未竟，龔定菴最錄數篇，猶未皆精。
　　譚復堂私淑三家，《日記》中零條碎記，精者十八九矣。吾甚慕焉，
　　因本譚意，以仿莊書，遠師吾家中累，條其篇目，撮其旨意，羅列
　　眾說而辨正之。〔註21〕

劉咸炘對於劉向、劉歆之後的歷代書錄解題均致不滿，因為不盡符合其「考
證」「批評」二重標準。於近代著述，則頗為推崇莊述祖（字葆琛，1750～
1816）、龔自珍（號定菴，1792～1841）、譚獻（號復堂，1832～1901）諸人之
作。因此，《舊書別錄》一書的撰寫原則，即是「因本譚意，以仿莊書，遠師
吾家中累」，規模譚獻、莊述祖、劉向諸人；其體例則是「條其篇目，撮其旨
意，羅列眾說而辨正之」。詳審其書，則該書特色可歸結為以下三個方面：

### （一）縱橫交錯，剖判學術

　　劉咸炘認為「橫知統類，縱知源流，乃能定其位置」，因而在論及某人、
某書時，往往將其放置於學術大環境中予以評判。如卷六《遜志齋集》解題：

　　　　自蘇門諸子、葉、陳諸儒以後，子家書絕，儒者拘於講義，文人
　　耽於藝事，並政論之文亦少見焉。至宋景濂、劉伯溫而始有子書，然
　　宋則詞勝於理，劉理稍勝，故僅雜說而無宗統，僅標舉而不極論。獨
　　方正學《遜志齋集》有一貫之旨，復能極辯論之勢，疏達成理，足以
　　超葉正則、陳同甫而上繼張文潛，雖師景濂，蓋出藍矣。〔註22〕

首先揭櫫宋元以來，子書不振的現實。直至明初，宋景濂《龍門子凝道記》、
劉伯溫《郁離子》乃「佐明以興」之人遭亂世而作，「非如無病而呻」〔註23〕

---

〔註21〕劉咸炘：《舊書別錄》〔M〕//《劉咸炘學術論集・子學編》，桂林：廣西師範
　　　　大學出版社，2007年，第321頁。
〔註22〕劉咸炘：《舊書別錄》〔M〕//《劉咸炘學術論集・子學編》，第520頁。
〔註23〕劉咸炘：《舊書別錄》〔M〕//《劉咸炘學術論集・子學編》，第519頁。

然而二書均有不足，惟方孝孺《遜志齋集》「疏達成理」。劉咸炘在論述時頗顧及學術的時代流變，並與同時代的相關著作進行了比較，以明確其位置。

此類解題在《舊書別錄》中較為常見，試舉兩例，如卷八論《激書》《潛書》（合論）提出「道家不如儒家，固也。後世偽儒反不如道家」〔註24〕；論《汪子二錄三錄》提出「自唐以來，非惟作子書者少，能讀子書者亦少。即能作子書者，亦無讀子書之功。」〔註25〕由此可見，劉咸炘一直在實踐其理論，撰寫某書解題時，並非泛泛而論，而是真正做到以「辨章學術，考鏡源流」為目的。

## （二）標明主旨，撮其篇義

呂思勉先生在《經子解題·自序》中指出一種現象：「從前書籍解題，多僅論全書大概」〔註26〕，因此他對先秦經子則「分篇論列」，對每篇均提要鉤玄。全書有總論，單篇有義解。這種做法，便於更加詳細地通過書錄解題來獲取相關信息。劉咸炘在撰寫書錄解題時，沿襲了呂先生的做法，對篇目內容多有概括。如卷一《周書》、《越絕》、卷三《賈子新書》等。

## （三）探賾索隱，貫串全書

劉咸炘讀書，喜歡統觀全書，找尋內部線索，做到「一以貫之」。如卷八論錢謙益《列朝詩集》，就詳細論列了乾集、甲集前編、甲集、乙集、丙集、丁集、閏集收錄諸人之原因，即推求每集收錄詩人之標準。茲節錄甲集為例：

> 甲集為洪武、建文，首劉誠意《犁眉集》，次袁凱、高啟、楊基、張羽、徐賁，所謂四集者，此亦郭、劉之倫，而列此者，以其開明一代之詩風也。第十一卷陶安、汪廣洋等，則太祖佐命儒臣也。第十二卷宋濂、王褘四人，金華友朋也。第十三卷危素、張以寧、宋訥，皆元文臣而為詞臣者也。〔註27〕

《列朝詩集》卷次甚多，劉咸炘一一探尋其分卷原因，頗多新見。即上舉文字，所據標準有詩學地位、身份、交遊、仕途等，見解可謂深刻。

當然，《舊書別錄》裏面還有很多價值，值得進一步探討。如參稽眾說予以考訂，卷一《周書》即剖析了劉師培、朱右曾、章學誠之誤，補充了莊述祖

〔註24〕劉咸炘：《舊書別錄》〔M〕//《劉咸炘學術論集·子學編》，第607頁。
〔註25〕劉咸炘：《舊書別錄》〔M〕//《劉咸炘學術論集·子學編》，第613頁。
〔註26〕呂思勉：《經子解題》〔M〕，上海：華東師範大學出版社，1995年，第2頁。
〔註27〕劉咸炘：《舊書別錄》〔M〕//《劉咸炘學術論集·子學編》，第644頁。

之不足；如持論務求平允，卷八《列朝詩集》批評了認為《列朝詩集》「評品抑揚之偏謬」的傳統看法，提出了「夫文章批評本隨嗜好，無一定之標準，凡操選者必有宗旨，有宗旨必有去取，惟平濫無旨者乃不足取耳」〔註28〕的看法，可謂中肯。

## 四、小結

清末民初，隨著社會的變遷，傳統的目錄學也處於學術新舊交替的關口。傳統的目錄學已經受到了西方現代目錄學的挑戰。劉咸炘作為文史大家，依然堅守傳統的目錄學，不僅有理論的建樹，而且付諸實踐。書錄解題是傳統目錄學的主要組成部分，也是藉以「辨章學術，考鏡源流」的資糧。劉咸炘憑藉自身的目錄學造詣，提出了書錄解題的撰寫標準，並撰寫了大量的書錄解題。這是其目錄學思想的一個側面，也是我們深入挖掘其目錄學思想的重要窗口。本文對此做了一些初步的探討，期待學界能有進一步的研究。

## 參考文獻

1. 余嘉錫：《目錄學發微》〔M〕，北京：商務印書館，2011 年。

2. 劉昫：《舊唐書》〔M〕，北京：中華書局，1975 年。

3. 魏徵、令狐德棻：《隋書》〔M〕，北京：中華書局，1973 年。

4. 王化平：〈劉咸炘先生目錄學成就淺述〉〔J〕，《中華文化論壇》，2009 年第 1 期。

5. 章學誠：《校讎通義》〔M〕，北京：古籍出版社，1956 年。

6. 永瑢等：《四庫全書總目》〔M〕，北京：中華書局，1965 年。

7. 劉咸炘：《目錄學》〔M〕//《劉咸炘學術論集・校讎學編》，桂林：廣西師範大學出版社，2010 年。

8. 班固：《漢書》〔M〕，北京：中華書局，1962 年。

9. 來新夏：《清代目錄提要》〔M〕，濟南：齊魯書社，1997 年。

10. 高儒：《百川書志》〔M〕，上海：古典文學出版社，1957 年。

11. 劉咸炘：《舊書別錄》〔M〕//《劉咸炘學術論集・子學編》，桂林：廣西師範大學出版社，2007 年。

12. 呂思勉：《經子解題》〔M〕，上海：華東師範大學出版社，1995 年。

〔註28〕劉咸炘：《舊書別錄》〔M〕//《劉咸炘學術論集・子學編》，第 644 頁。

# 古書體例研究與古書辨偽——
# 以孫德謙、劉咸炘、余嘉錫為中心的考察

趙　爭

摘要：

　　對古書疑偽活動的省思與疑古辨偽活動一道，辯證地完成了對古書的第一次反思。在古書疑偽活動的刺激下，古書體例研究作為回應古書疑偽活動的核心問題被提出，進而將對古書的這次反思帶向更廣闊、更深邃的思考層面。除來自「古史辨」內部的省思外，已有學者較早注意到了古書體例與古書辨偽的關係問題，並以傳統的校讎學為資源展開論列，孫德謙、劉咸炘、余嘉錫為其代表。

關鍵詞：孫德謙；劉咸炘；余嘉錫；古書體例；校讎學；古書辨偽

　　以《古史辨》的出版為標誌，眾多學者參與其中的，對我國古書進行大規模審查的疑古辨偽活動，取得了相較以往更為令人矚目的成就，被稱為對古書的第一次反思。〔註1〕此次對古書的反思，其精彩之處除了其規模、方法上的突破之外，更可貴之處還在於考辨古書的同時，對考辨活動本身所進行的方法論反思。如1924年出版的呂思勉《經子解題》一書就將古書體例與古書辨偽的關係作過探討，其「近二十年來，所謂『疑古』之風大盛，學者沒訾議古書之不可信，其實古書自有其讀法，今之疑古者，每援後世書籍之體例，

---

〔註1〕這裡借用李學勤先生的講法，將以「古史辨」為代表的疑古辨偽活動視作對古書的第一次反思，將大批簡帛文獻出土背景下開展的對古書的重新審視視作對古書的第二次反思。

訾議古書，適見其鹵莽滅裂耳」之語令人印象深刻。〔註2〕胡適開疑古辨偽風氣的同時，對有關問題保有了足夠清醒的認識，其於 1931、1932、1933 年的三篇有關老子問題的文章中進行了有關方法論的思考。〔註3〕同樣，傅斯年的態度也有前後的轉變，尤其是其寫於 1930 年的《戰國文籍中之篇式書體——一個短記》一文，明確提出古書自有不同於現代之體例，「已發展出一些足以破解疑古思想的論述」，「幾乎可以說是迄今為止可以破解疑古過勇的唯一有效途徑」。其實除來自「古史辨」派內部的省思外，已有學者較早注意到了古書體例與古書辨偽的關係問題。本文即論略孫德謙、劉咸炘、余嘉錫有關古書體例的研究。

## 一、孫德謙的古書體例研究

孫德謙（1869～1935），字受之，一字壽芝，號益葊，江蘇元和（今蘇州吳縣）人。少喜高郵王氏之學，通聲韻訓詁，後轉治諸子之學。於清儒獨契章學誠，進而上及劉向、歆父子之學。1911 年後，寓居上海，六十歲後歷任上海政治大學、大夏大學教授及廣州學海書院教席。一九三五年因胃疾卒於上海。孫氏精於校讎學，讀書務玩大體。其惜俞樾《古書疑義舉例》一書，「僅求之一字一句」而「無能觀其會通」，故撰作《古書讀法略例》，除欲為初學指示門徑、指示體例外，對近人疑古之說也關之甚力。其謂近世《新學偽經考》之作，而「吾國古書幾皆可以偽造廢之矣」，如能諳熟類例，推究古書宗旨，則「決不敢輕易言之曰偽書、偽書矣」。方今疑古者為多，然則疑古可也，而不辨其宗旨，「特不過自逞臆斷耳」，此亦「古書之厄」。

孫氏所列「事同義異」「文同意異」例均涉及古書之「諸書互見」現象，即先秦、秦漢的不同古書之間，乃至同一古書的篇章之間，有許多文意相近甚至字句相同的文字。如「事同義異」篇略舉三例：一為《尹文子·大道上》與《呂氏春秋·壅塞》同載齊宣王好射而悅人之謂己能用強弓，實不過用三石之弓而人皆虛譽其能用九石之事；二是《孟子·梁惠王下》、《莊子·讓王》、《淮

---

〔註2〕 校讎有狹義與廣義之分，狹義的校讎指校正文字，其涵義同校勘；廣義的校讎或校讎學以南宋鄭樵《通志·校讎略》、清章學誠《校讎通義》為代表，實為古代的治書之學，其範疇基本可等同於文獻學。如無特殊說明，本文均指廣義校讎學而言。

〔註3〕 三篇分章分別為《與馮友蘭先生論老子問題書》、《與錢穆先生論老子問題書》、《評論近人考據老子年代的方法》。

南子・道應訓》同載太王亶父避狄遷岐而民從之事；三為《管子・戒》、《列子・力命》、《呂氏春秋・貴公》同載管仲有病而桓公問歸政之人，管仲退鮑叔而薦隰朋一事。此三例所記文字有異而事件基本相同。孫氏大致認為雖或事同或文同，但因學術流略不同，諸書互見的事件或文字，所含宗旨不同。如齊宣王好射事互見於《尹文子》、《呂氏春秋》，孫氏以為尹文為名家之學，要在「循名責實」，此引齊宣王好射之事旨在譏刺「悅名而喪實」，為名家正名之義；《呂氏春秋》主旨不在辨其名實，而為有慨於左右阿主而直士不進，遂為亂國之大患。對於「文同意異例」孫氏也大體作如是觀，認為「古人立言，各有宗旨」，雖文字從同而「用意自異」。孫氏認為唯有明瞭古書體例，才能真正讀懂古書，而不至於一見諸書互見之文便「疑為絕無異同者」而目之為偽書。

又「傳聞」「闕疑」及「寓言」諸例所言為古書中之常見情況。「傳聞」篇，《論語・述而》中孔子對公西華謙言不厭不倦之語，《孟子・公孫丑上》則記為孔子與子貢之語；《說苑・建本》所及孔子之言，按之《論語》實則為有子之語。其「闕疑例」，申論此「傳聞異辭」的現象並總結出古書闕疑之例。且古書中同記一事，其人則此書作甲而它書作乙者，不可勝舉，諸如此類而無從判別，則「守闕疑之義，而又明乎寓言之例」，才於古書可通。孫氏謂古書中「寓言」之例為「依託」，即「其人或據相傳之學說而筆之於術，或不必相傳者，而欲使吾之學說見信於人，遂不復自留姓名，以古人稱之，所謂寄辭於人也」。在孫氏看來，此亦為其所總結「言公」之例。孫氏此「言公」之說本之章學誠而分類轉精，包括有書為後人所撰而仍署古人之名者，有其書體裁各異而文全襲前人者，有古書不提撰人而作者不可考者等，其於古書為後人所撰而託名古人例云近人好辨偽書，但當思古人有此言公之識，故學者當知古書有此依託之例，不必視依託為偽造，如此則可「毋輕言偽書」。

孫氏認為這些具體而微的條例，均是由更為根本的古書類例來決定的。孫氏早年另著有《劉向校讎學纂微》一書，較為集中地展示了其有關見解。《纂微》所論古書類例，孫氏目為校讎之要。其書「分部類」條即引鄭樵語：「士卒之亡者，由部伍之法不明也；書籍之亡者，由類例之法不分也。類例分，則百家九流，各有條理，雖亡而不能亡也」，認為部類之分誠為校讎之要務。孫氏認為部類剖別定自劉向，由其首分六略，舉其大綱，略下設目，從而使古書「按部就班，有條不紊」「次第秩然」，故以此部類條別而能推尋書之要旨、學之界略者，為劉向校讎之所以可貴也。

## 二、劉咸炘的古書體例研究

劉咸炘（1896～1932），字鑒泉，別號宥齋，四川雙流人。祖父劉沅，字止唐，父親相文，字子維，均為蜀中知名學者。劉氏自幼從父兄就教，於 1926 年受聘於成都大學，此後便一直任教蜀中。劉氏不廣交遊，一生短暫而簡單，但其篤學靜思，著書共二百三十五部，四百七十五卷，總為《推十書》。劉氏著作探究校讎之學者，略有《續校讎通義》、《目錄學》、《校讎述林》、《舊書別錄》等。《續校讎通義》一書始作於 1919 年，越九年乃初成，其書核心內容在於討論古書由七略到四部的部類流別及相關問題。古書部類、體義之別，實關乎對古書真偽的判斷，劉氏謂「大氐經有傳授，史本實事，皆不易偽」，而為子家「多古書術數」，本「傳述依託之體，說理之文，可恣己意」，故偽者獨多。〔註 4〕然書籍之質素本多混合，古書部類之分當從何而定？劉氏謂其標準，曰體與義。體者，著述之體裁，義者，學術之統系，「條別著述以義為主，而分別部居則以體為主」。劉氏認為標準既定，則一切分類均應依此而不當雜用其他標準。在劉氏看來，昔之著錄家往往歧據他端以亂部類，此最為可戒。劉氏認為六經有傳記，然六經之傳記非一體，內傳依經，外傳旁衍，另六籍之外有傳說故事亦名為傳，與附經之傳，同取傳述之義，只是其言多不雅馴，即多虛誕之異說而不似經及附經之傳為合理、可信。且不僅經有傳，史部正書中也分經緯，子部同樣別分經傳，亦取大綱委細之義。《校讎述林·子書原論》論治子之法，劉氏認為後世考論戰國諸子者，為不解子書體例，幾至於無書不偽之境地，故劉氏以此原論子書之篇，條論子書不皆手著、子書多非成於一人一手而多後世裒輯、子書多重複零碎而不貫等等，若考辨諸子者明乎諸子之為集錄，則治諸子者可祛「時代不合之疑」之蔽，因子書自有其體例，故今世考辨諸子者惟恃考檢年代，而根本之誤則在認子書皆由自作，故而考辨益密而糾紛益多，竟至無書不偽。

劉咸炘《目錄學》成書於 1928 年。劉氏認為目錄學即為古所稱之校讎學，其犖犖大者在部次書籍，次而及書之真偽、名目、篇卷，至於校勘異本、是正文字，則為其末務。劉氏對古書體例頗有會心，對古書辨偽理論和方法有較為清醒的認識。首先，對於古書辨偽之學，劉氏提出了一個看似已無需討論而實則極為根本的問題——何為「偽書」？在劉氏看來，古書考辨之事自

---

〔註 4〕劉咸炘著，黃曙輝整理：《劉咸炘學術論集·校讎學編·目錄學》〔M〕，桂林：廣西師範大學出版社，2010 年，第 294 頁。

古及今，由疏而密，至於近世幾於無書不偽的境地，其中多有不瞭解古書體例，「於不偽處疑偽，以非偽為偽者」，故劉氏云「欲辨偽書，當先明偽書二字之義」，而劉氏之真偽標準至為簡明：「偽書者，前人有此書而已亡，或本無此書，後人以意造偽書而冒其名，實非其人之作也」。標準底定，然後才可論真偽，在劉氏看來，昔人辨偽往往以非偽為偽，其原因即在於對真偽標準「囫圇不析」。

劉氏以前對辨偽方法討論較詳者當屬明胡應麟《四部正偽》。對於偽書情狀，劉咸炘在胡氏所論基礎上作了總結和補充，分「體別」（綴古事、挾古文、傳古人名、蹈古書名）及「意別」（憚自名、恥自名、假重、禍之、誣之、求利與濟私）。對於胡應麟所總結的辨偽「八核」之法，劉氏謂前四條可並謂核之著錄及他書，而核人之說，劉氏謂不可信憑。且對於考據家所據以為主的考證方法，劉氏認為「實不足為證者」有三：一曰史志未載，因古來目錄皆有未及之書不載著錄；二曰篇卷不同，因篇卷體別且分合不定；三曰他書文同，或「傳述同源」，或「裁證己說」，書有言公之例。至於近世辨偽書者，古文家多以詞氣，今文經學家多以經說，劉氏謂經說偏畸，詞氣虛幻，皆不如考證之可憑，劉氏認為，考辨古書，經說、詞氣均不可憑，考證蓋可據，然須具「校讎之識」。劉氏所謂「校讎之識」，除精詳經子、研析部類外，其要當在於熟知古書體例，此即為「凡論古書，必以辨宗旨體例為先」之意。〔註5〕

章學誠在《淮南洪保辨》中已論及有關古書體例，如其論「古人有依附之筆」「旁託之言」「偽撰之書」及「雜擬之文」，劉咸炘在此基礎上作了更加詳細的總結，計有六類：一曰事之乖謬，謂古書——尤其子書——記事，間或時代牴牾，或一事而異說兼存，或發抒己意，往往借古事以重其說，年歲舛謬，事實顛倒，甚且虛造偽事，近於寓言，似此之類實多，「事雖偽而書則非偽」，若「以所言之誤而疑其人之非，則乖矣」；二曰文有附益，謂一書流傳寫刻，非經一手，或篤古者掇拾而誤入他書之文，或好事者改竄而妄加一己之意，更有後人注識之語誤入正文而致書中之事延及後代者，固不能以偏概全；三曰傳述，概謂古書多非自著，往往口耳相傳而後著之竹帛，其書往往為其門人、賓客纂輯而定，故題某人之書不必為其自著而多為其學派一家之言，此不當以偽論；四曰依託，概謂古書多有依託古人為言者，口耳相傳以

〔註 5〕劉咸炘著，黃曙輝整理：《劉咸炘學術論集·校讎學編·目錄學》〔M〕，第 291
　　　頁。

至著於竹帛，中或不能無得失，然雖本無其書，而旨有所出，言有所承，無所謂造，也無所謂冒；五曰補闕，謂以己意補古書之闕，補者非作者，既非冒名，亦不自諱，故亦不為偽；六曰託古，謂己意不自抒而託古人以言之，借名不同冒名，故不合偽書標準。考辨古書，於以上六類古書體例當詳察，世之不明此古書體例而辨偽書者多矣，其誤即在於「不明古人著述之情狀」。尤其是以上傳述、依託兩類，世多不明於此，以為古書題名即為其人自著，以後世著述之例推古人，而疑偽浸多，幾若古子無非偽本，皆不明此傳述、依託類例之誤。

### 三、余嘉錫的古書體例研究

余嘉錫（1884～1955），字季豫，後號狷庵，或稱狷翁，湖南常德人。光緒二十七年（1901 年）中鄉試舉人，後應常德官立中學、西路師範學堂之聘，教授文史。辛亥後，受聘於常德師範學堂授課。1927 年到北京，館於趙爾巽家，同時輔佐審閱《清史稿》初稿。後與時為輔仁大學校長的陳垣結識，即受聘為該校講師，同時於北京大學、女子師大、中國大學等高校兼課，講授目錄學。1931 年，被聘為輔仁大學教授，並兼任國文系主任。1948 年，以《四庫提要辯證》一書當選為中央研究院院士。解放後，受聘為中國科學院語言研究所專門委員，於 1955 年除夕在京逝世。余氏學問得於目錄學甚深，且其終生之學問，也主於目錄之學。余氏認為，目錄學的最終目的在「辨章學術，考鏡源流」。余氏所謂的目錄學，實非狹義的甲乙簿記的目錄之學，而是能考辨學術的「學術之史」也。余氏認為「目錄不專是校讎版本耳」，謂「古人之備致眾本，原以供讎校。……且校讎文字，辨別版本，雖為目錄之所有事，今皆別自專門名家，欲治其學，當著專篇」，可見余氏所謂之目錄學，實亦涵蓋校讎文字、辨別版本的內容，余氏之目錄學範疇實近於鄭樵、章學誠之校讎學。鄭、章校讎學實為古代治書之學，其包羅宏富，然其核心內容即在於部類條別，編次類例，故余嘉錫對目錄學的理解可謂得鄭章精髓。

余嘉錫對古書體例的總結集中體現在其《古書通例》一書中。此書雖為余氏授課講義，但考慮到其時疑古辨偽活動之情狀，其授課及成書當有所針對。余氏在《古書通例》一書緒論中論辨古書真偽有三法及三難，方法一曰：考知史志及目錄以定其著述之人及其書曾否著錄。然周秦之書不皆手著，史志所載之撰人不盡為著述之人，且即便不論史志記載是否能盡舉天下之書及或有訛誤之處，古書自有別稱、單篇別行及後世復出、獻自外國等種種情況，故

此法不盡可憑，此其難一也。方法二曰：考之本書以驗其記載之合否。然古書有不出自一人者，或成於眾手，或編次於身後，故「學案與語錄同編，說解與經言並載」，又有「箋注標識，混入正文，批答評論，咸從附錄」者，以致「語不類生平，事並及於身後」，又古書多有擬託者，「造作語言，設為主客之辭，鳴其荒唐之說，既屬寓言，難可莊論」，故此法容有未盡，此難二也。方法三曰：考之群書之所引用，以證今本是否原書。然古書不免闕佚，加之傳抄訛誤，編次不同及分合不定，又或後人重輯，疏漏之所難辭而言偽造則非其罪，故此法尚非其至，此難三也。以此三難，是生四誤：不知家法之口耳相傳而概斥為依託，誤一；不察傳寫之簡篇訛脫而並疑為贗本，誤二；不明古書之體例而律以後人之科條，誤三；不知學術之流派而繩以老生之常談，誤四。余氏所總結之辨別古書真偽的三法、三難及四誤可謂簡賅，以之審視當時的辨偽方法，可見其隻眼獨具。

　　余氏《古書通例》共分四卷，每卷涵括數條通例，每條中詳列事例，可謂條分縷析。其卷一為「案著錄」，下分「諸史經籍志皆有不著錄之書」「古書不題撰人」「古書書名之研究」「漢志著錄之書名異同及別本單行」四條，每條下條列事例，如「諸史經籍志皆有不著錄之書」條，以下分別就正史之經籍、藝文六篇之志及四庫提要舉例說明諸史經籍志有不著錄之書。即以《漢書·藝文志》為例，余氏總結其有不著錄之書原因有三：一則為民間所有而秘府未收，如《元王詩》也；二則為國家法制不入校讎，如叔孫通之《漢儀》；三則為西漢末年時人著作，未入中秘者，《七略》不錄，《漢志》亦不補入。又有可稍加注意處，以《新唐書·藝文志》論書有不著錄例，謂有「古書往往不入秘府，而復出於民間」的情況，以敦煌石室所出唐寫本書為例，其間即有出於新舊《唐書藝文志》之外者，此處以出土材料為據，自更具說服力。

　　卷二「名體例」，下分「秦漢諸子及後世之文集」「漢魏以後諸子」「古書多造作故事」三條。前兩條論子、集源流及其分野，暢論源出六經諸子之說。余氏此論子、集之異同及源流嬗變，除可知古今學術之得失外，於古書不皆手著、古書單篇別行及多有附益等情狀多所關涉，且對後世以集之體制觀照諸子著作以致牴牾處，也頗資鑒鏡。「古書多造作故事」條大要謂諸子之書，百家之說，因文見意，隨物賦形，或引書以證其言，或設喻以宣其奧，若必為之訓詁，務為穿鑿，不惟事等刻舟，亦且味同嚼蠟矣。〔註6〕余氏將古書多造作故

〔註 6〕余嘉錫：《古書通例》〔M〕，北京：中華書局，2007 年，第 253 頁。

事之故之端歸為七：一曰託之古人以自尊其道，二曰造為古事以自飾其非，三曰因憤世嫉俗乃謬引古事以致其譏，四曰心有愛憎，意有所向，則多溢美溢惡之言，敘事遂過其實，五曰諸子著書，詞人作賦，義有奧衍，辭有往復，則設謂故事以證其義，假為問答以盡其辭，不必實有其人，亦不必真有此問，六曰古人引書，唯於經史特為謹嚴，至於諸子用事，苟有助於文章，固不問其真偽也，七曰方士說鬼，文士好奇，乃虛構異聞，造為小說也。由此七端，則可知諸子所記，多出古書，雖有託詞，而不盡偽作；若雖意有未安而事不可盡考，則姑云未詳細以待定論。如曰斷之自我，是謂尤而傚之，曰「蓋厚誣古人，與貽誤後學，其揆一也」。

卷三「論編次」，其中分「古書單篇別行之例」「敘劉向之校讎編次」「古書之分內外篇」條。如其「古書單篇別行之例」歸之有三：一為本是單篇，後人收入總集，其後又自總集內析出單行，二為古書數篇，本自單行，後人收入全書，而其單行之本，尚並存不廢，三為本是全書，後人於其中抄出部分以便誦讀。「古書之分內外篇」條例舉古書分內外篇之例，條別其狀，推求原由，謂以內外篇分為二書者，必其同為一家之學而體例不同者也；凡一書之內自分內外者，多出於劉向，且其外篇大抵較為膚淺，或並疑為依託者。至謂古書之分內外篇，猶後世之文集之有內外也，詩文之見於外集者，特多為作者不存之稿及刪去之文，少年之作、未定之論往往雜出其間，所以大致較內集為膚淺，然何可即指為造偽，且內集不皆手定，亦何可盡信，諸子亦類是。若因書中有可疑之處而盡指為偽作，則唐、宋人之集，又何異於古書，而其中即一無可信耶？余氏《論附益》篇總結後人輯著者言行之狀有數端：一曰編書之人記其生平行事附入本書，如後人文集附列傳、行狀、碑誌之類也；二曰古書既多後人所編定，故於其最有關係之議論，並載同時人之辯駁，以著其學之廢興，說之行否，亦使讀者互相印證，因以考見其生平，即後世文集中附錄往還書札贈答詩文之例也；三曰古書中所載之文詞對答，或由記者附著其始末，使讀者知事之究竟，猶之後人奏議中之錄批答，而校書者之附案說也；四曰古書之中有記載古事、古言者，此或其人平日所誦說，弟子熟聞而筆記之，或是讀書時之劄記，後人錄之以為書也；五曰諸子之中，有門人附記之語，即後世之題跋也。余氏以為「當先明古人著作之體，然後可以讀古書」，若不明古人著作之體例，不能深察著述變遷之跡，而好執當時之例以議古人，則考辯論說，不勝其紛紛矣。

## 結　語

　　由於近代疑古辨偽活動的刺激，校讎學以其特有的方式參與了對古書的反思。以上孫德謙、劉咸炘、余嘉錫三位學者關於古書體例的研究，其直接動因大致皆出於對疑古辨偽活動的回應，且其均深諳校讎之學，故可據之以為資源而發論。其古書體例的論述多矚目於兩個層面：古書部類條別──經、史、子、集源流部別和較為具體的古書通例──名目、篇卷、撰述體例等，基本明確了古書體例研究的大致範疇。

　　孫德謙是較早的一位以校讎學義例觀照疑古辨偽的學者，其對古書體例的總結及古書體例與古書考辨關係的申述，可謂篳路藍縷。與孫氏相較，劉咸炘不單以校讎學為資源觀照疑古辨偽活動，更能在此基礎上，對傳統校讎學展開審視，故相關見解更加入微、更具條理，也更為自覺。劉氏將古書部類條別領出而專論，古書體例另書論列的做法，最能凸顯其對古書體例研究更加自覺的體認，實為其後余嘉錫《目錄學發微》專論部類衍變、《古書通例》專論古書體例這種更加專門的做法開了先河。余氏二書堪謂疑古辨偽思潮之下傳統校讎學轉型的某種標誌。傳統校讎學出於「辨章學術，考鏡源流」之旨，其學實多矚目於部類條別及編次之法，於具體的古書通例論列相對薄弱。余氏將涵蓋於傳統校讎學中的對象獨立領出，廓清了各自的研究範疇，實際參與並推動了校讎學從傳統學問形態向近代學術轉型的過程：《目錄學發微》一書作為近代學術轉型意義上較早期的闡揚目錄學的著作，從校讎學的角度對目錄學進行了思考，將這一工作帶入了較為深入的層面，豐富了近代目錄學理論，參與了近代目錄學的形成；《古書通例》將古書體例作為專門的研究對象，這一創造性的工作，在豐富了傳統治書之學內涵的同時，使相關研究更系統、全面及精細，而更重要之處在於，以古書體例研究為進路，開展了對疑古辨偽活動的方法論反思，明確了一種有效的研究方向。

　　總之，對古書疑偽運動的回應與古書疑偽活動一道，成為對古書第一次反思的重要組成部分。更精確些，可以說是這兩條線索相反相成，辯證地完成了此次對古書的反思。在古書疑偽活動的刺激下，古書體例研究作為回應古書疑偽活動的核心問題被提出，進而將對古書的這次反思帶向更廣闊、更深邃的思考層面。伴隨此後出土文獻的問世，尤其是 20 世紀 70 年代以後新文獻大批量出土的情況，對古書進行新一輪思考的條件日益成熟，而古書體例研究作為其中一個有效的思考進路和重要的研究方向，仍然有著較為鮮活的生命力。對於

古書體例的研究，其重要淵源在於傳統的治書之學——校讎學。在對古書所做的第一次反思中，以古書體例研究為核心，校讎學作為回應及審視古書疑偽活動的重要資源，發揮了獨到的作用。在此過程中，傳統校讎學的各有關領域逐漸學科化、建制化，從而開啟並逐漸完成了校讎學由傳統學問形態向近代學術形態轉型的過程。

## 參考文獻

1. 呂思勉：《先秦史》〔M〕，上海：上海古籍出版社，1982 年。

2. 王汎森：《傅斯年對胡適文史觀點的影響》〔A〕，《中國近代思想與學術的系譜》〔C〕，石家莊：河北教育出版社，2001 年。

3. 張京華：《古史辨派與中國現代學術走向》〔M〕，廈門：廈門大學出版社，2009 年。

4. 孫德謙著，黃曙輝整理：《古書讀法略例》〔M〕，桂林：廣西師範大學出版社，2006 年。

5. 劉咸炘著，黃曙輝整理：《劉咸炘學術論集·校讎學編·目錄學》〔M〕，桂林：廣西師範大學出版社，2010 年。

6. 劉咸炘：《經傳定論》〔A〕，《劉咸炘學術論集·校讎學編·校讎述林》〔C〕，桂林：廣西師範大學出版社，2010 年。

7. 余嘉錫：《目錄學發微》〔M〕，北京：中華書局，2007 年。

8. 余嘉錫：《古書通例》〔M〕，北京：中華書局，2007 年。

# 下編　劉咸炘研究論文篇目索引

童子希

## 壹、期刊論文

蒙文通：〈評學史散篇〉，《圖書季刊》，1935 年第 2 期；《推十書》導讀，
上海：上海科學技術文獻出版社，2010 年。

　　　　【解題】評述了劉咸炘的《唐學略》《宋學別述》《近世理學論》
　　　《名模二教考》《長洲彭氏家學考》五篇文章，補其闕疑，正其統紀，
　　　對其中一些似是而非的問題進行了細密的辨析。結論為：「非鑒泉先
　　　生之博學篤志，則宋之學將莫知其所以始，而唐之學莫知其所以終，
　　　則此區區兩表，於文化史之貢獻，亦云偉矣。」

凌簡：〈劉咸炘的《史學述林》和宋慈抱的《續史通》〉，《中國史學史資料》
（第 4 號），1961 年。

　　　　【解題】羅列了劉咸炘的相關史學作品，並簡述了劉咸炘部分
　　　史學著作的基本內容。

楊代欣：〈劉咸炘與他的《〈三國志〉知意》〉，《貴州師範大學學報》，1994
年第 4 期。

　　　　【解題】以《三國志知意》為個案，探討劉咸炘對史料及前人
　　　研究成果的處理方法及其對歷史人物的評析角度，指出《三國志知
　　　意》在「充分吸取前人的研究成果的基礎上，拓寬和發展了研究的
　　　思路，見地新穎，很有可取」，是民國時期「前四史」研究的重要成
　　　果之一，盧弼《三國志集解》多處引用了該書。

肖萐父：〈劉咸炘先生學術成就及學術思想〉，《中華文化論壇》，1997 年第 1 期。

【解題】劉咸炘為二十世紀中國卓立不苟的國學大師，堂廡廣大、識見圓通是其治學特點，其學不僅源於家學、蜀學，更受到五四後中西學術交融思潮的影響，他在治學方法上注重「理論考證法」的研究，旁參西學，力圖用一定的哲學綱旨貫通天、地、生的各種事理及古今東西的一些學理，試圖形成一個系統化的理論體系。

吳天墀：〈劉咸炘先生學術述略〉，《文獻》，1997 年第 4 期。

【解題】從劉咸炘的生平簡介入手，分別從「學有宗本」（家學和章學誠）、「治學方法」（善作箚記、博約相稱等）、「推十之學」（貫通之學）、「西化評價」（客觀評價中西文化的差異）四個方面論述劉咸炘的治學成就，指出：《推十書》的最精粹部分，是突出表現在史學上面；他的史學觀念是完整而宏大的，治史方法也是周密而靈活的。」

李兆成：〈劉咸炘的「三國」詩〉，《文史雜誌》，1998 年第 3 期。

【解題】詳細記載和分析了劉咸炘在武侯祠中所撰的大量三國詩歌，顯示了劉咸炘厚實的文化根基和學術淵源。

黃友鐸：〈著述等身的藏書家——劉咸炘〉，《四川圖書館學報》，1999 年第 6 期。

【解題】論述劉咸炘的生平事蹟、學術成就、藏書特色和著述及刻書，指出劉咸炘藏書內容廣泛，多為清嘉慶至民國初年刻本，尤以清光緒刊本最多，佳槧甚少，絕大部分藏書有劉咸炘批語。

肖萐父：〈劉鑒泉先生的學思成就及其時代意義〉，《文化的饋贈——漢學研究國際會議論文集》（哲學卷），北京：北京大學出版社，2000 年。

【解題】從蜀學奇葩、生平、著作、學脈源流、哲思、史識、文心、時代意義七個方面分別對劉咸炘在蜀學史上的地位、學術源流、哲學理念、史學通識、文學素養及其學問的時代意義作了精闢的總結，指出其學源於家學、蜀學、章學誠以及五四後西方各種思潮；他對傳統的「兩一」學說與現代辯證矛盾觀相契合而得以哲理化為某種系統，具有相當的理論自覺；他通過中西古今文化的異同對比，力求探索其深層義理的會通，找到中西哲理範疇可能交融互

補的契合處，力求會通中西，鎔鑄古今，締造出具有現代性的中國化的新思想體系，成為「後五四」時期新文化主潮之一。

鍾肇鵬：〈雙江劉氏學術述贊〉，《中華文化論壇》，2003 年第 4 期。

　　【解題】對雙江劉沅、劉咸炘兩位大家的學術思想進行簡述，認為劉咸炘的學術超過其祖父劉沅。

劉復生：〈表宋風、興蜀學——劉咸炘重修《宋史》簡論〉，《四川大學學報》，2003 年第 5 期。

　　【解題】對劉咸炘準備重修宋史的緣起、「表宋風」，「中興蜀學」以及劉咸炘相關的研究方法、材料和學術思想的進行了全面地介紹。

龐樸：〈一分為二　二合為三——淺介劉咸炘的哲學方法論〉，《國學研究》（第 11 卷），北京：北京大學出版社，2003 年。

　　【解題】據《推十書·認經論》的附錄《道家史觀說》的內容和方法論來探究劉咸炘的哲學方法論，指出劉咸炘能辨別「執兩」有真假之分，提倡循相對以求絕對，合兩端而成三極。其書於分一為二之外，更進而合二成三，以致得見常人之所罕見，能發前賢之所未發。他在知言論世，明統知類，於「執兩用中、秉要御變」的方法論上，尤有特殊貢獻，為中國近代思想史上不可多見的學術珍品，同時又指出劉咸炘哲學方法的不足之處，即他忽略了太極之與兩儀不是兩有或兩不所能單獨解說清楚的，必須同時兼用包超，辯證施治，方才可以得其真相於窈冥。論文對劉咸炘的辯證法作了相當深刻的分析和研究，評價中肯。

周鼎：〈邊緣的視界：劉咸炘對進化論的批判〉，《四川大學學報》，2004 年第 3 期。

　　【解題】劉咸炘在上個世紀 20 年代撰文批判進化論，區分了達爾文的生物進化論與斯賓塞的社會進化論，站在文化相對主義立場上指斥社會進化論不能被視作普遍有效無容置疑的科學真理，同時強調了進化不能等同於進步，並提出了「智進德退」的觀點。劉咸炘的文化相對主義主要來源於中國傳統道家思想，並吸收了 20 世紀初傳入國內的西方文化人類學觀念，反映了現代中國的東西文化之爭的深刻影響。

　　歐陽禎人：〈論劉鑒泉先生的《〈大學〉〈孝經〉貫義》──兼評劉清平先生「儒學的深度悖論」說〉，《儒家倫理爭鳴集以──「親親互隱」為中心》，武漢：湖北教育出版社，2004 年。

　　　　【解題】整理並發揮了五四時期思想家劉鑒泉回應「雜流之毀儒，蓋自孔子時已然」所引發出來的一些思想，指出由於學術傳承的特殊性，孔子、孟子的思想只是先秦儒學的一部分，一直到了《孝經》《大學》《禮運》《中庸》出來之後，先秦儒家的理論才最終顯發出來。由「親親倫理」轉化為「博施於民而能濟眾」的原因在於「合外內之道」而「以性貫之」。因此，先秦儒家「仁學」的根基是形上與形下兼備的「誠」。劉清平先生之「儒學的深度悖論」，是他脫離了先秦儒學的話語背景，對先秦儒家哲學的內在精神和發展過程缺乏瞭解導致的。

　　雷雨：〈劉咸炘書學思想二論〉，《四川教育學院學報》，2005 年第 5 期。

　　　　【解題】對劉咸炘書學思想進行初步總結，指出劉咸炘一方面針對康有為卑唐、推魏之弊，提出文字代有風氣論，另一方面他駁康有為「渾論」風格之弊，提出論書當由體勢、筆墨談風格。

　　雷雨：〈劉咸炘之書法源流觀〉，《樂山師範學院學報》，2005 年第 9 期。

　　　　【解題】從書學源流、篆隸書法流變、北碑南帖傳承、南北書風傳承譜系四個方面對劉咸炘書學思想中的書法源流觀進行分析，指出劉咸炘是在晚清碑學思想籠罩下的反思歷史的清醒者的代表。

　　周鼎：〈梁漱溟與劉咸炘：現代中國文化保守主義思潮的中心與邊緣〉，《社會科學輯刊》，2005 年第 6 期。

　　　　【解題】在現代中國文化保守主義思潮中，梁漱溟與劉咸炘是分別處於中心和邊緣的兩位學者。兩人擁有截然不同的家世生平和思想資源，而且即使是兩人相近的文化保守主義思想也因為進化史觀與道家史觀的歧異而呈現出反傳統與傳統的不同取向。劉咸炘的中西文化思想一方面深受梁漱溟具有範式意義的《中西文化及其哲學》一書的影響，而另一方面這一思想是對梁書的創造性詮釋，並對梁漱溟產生了耐人尋味的影響。

　　周鼎：〈文化保守主義與基爾特社會主義：從中心到邊緣──「五四」後期基爾特社會主義思潮研究〉，《社會科學研究》，2006 年第 3 期。

　　【解題】以梁啟超和劉咸炘為中心，較為深入地比較了分別處於當時思想界中心與邊緣的兩人對於基爾特社會主義的觀念認知及其問題意識所呈現出的微妙歧異，並從思想史的內在理路層面揭示了文化保守主義與基爾特社會主義之間頗富弔詭意味的緊張關係，以重新探究基爾特社會主義思潮在「五四」後期短暫興衰的思想根源。論文認為身處邊緣的地方學人劉咸炘對歐洲風起雲湧的社會主義運動缺乏感同身受的體認，因而社會主義是否為大勢所趨難以構成他關懷的中心，他缺乏如得風氣之先的梁啟超那樣未雨綢繆的深慮，而更關注於如何採用西方最新的學理來印證和重構中國文化。基爾特社會主義式微的主要原因一方面是其調和精神已無法適應於「五四」以後風雲突變的社會政治形勢，另一層原因在於基爾特社會主義與中國文化的暗合雖然曾經極大地激發了中國文化保守主義者的興趣，然而當他們因此重新確立了復興中國文化的信心之後又往往轉而從中國文化之立場審視和批判基爾特社會主義。

劉復生：〈劉咸炘《蜀學論》及其在學術史上的意義〉，《社會科學研究》，2006 年第 3 期；《蜀學》（第一輯），成都：巴蜀書社，2006 年。

　　【解題】根據劉咸炘《蜀學論》一文，從易學、史學、文學三個方面對劉咸炘的蜀學思想加以介紹，指出劉咸炘蜀學思想的特徵在於「統觀蜀學，大在文史」，「蜀學崇士，玄而不虛」；劉咸炘之論蜀學，不僅梳理其表徵，且揭其所以然，再則率而力振之，是近代以來「蜀學復興」的一位熱熾而睿智的倡導者和傑出代表。

歐陽禎人：〈劉鑒泉先生的「人道」思想研究〉，《人文論叢》，武漢：武漢大學出版社，2006 年。

　　【解題】在中國五四時期「科學與人生觀」的大論戰中，劉鑒泉的《人道》一文批判胡適的「功利主義」，然後批判梁啟超、梁漱溟二位先生的自由主義，並融合儒家和道家的孝道理論，提出「上事天地父母而下傳子孫」的人道思想。從思想的統系來看，他走的是其祖父劉止唐整合儒家與道家、二者融通為一的道路，所以其「人道」的精神境界與宇宙相續相聯；從思想的方法上來講，他走的是章學誠考鏡源流、明統知類的道路，推十合一，兩而能一，御變用中，其間蘊含了他對人類未來發展的深層憂慮和無限憧憬。

楊代欣：〈劉咸炘的《太史公書知意》及其史學成就〉，《逐鹿中原》，西安：
陝西人民教育出版社，2006年。

【解題】介紹了《太史公書知意》的內容及其撰寫方法，指出
該書對《史記》的本紀、書、世家、列傳，都逐一將歷代有影響的
專家學者的觀點擺出來，進行分析對比，有的肯定，有的否定，有
的批駁，並闡明自己的見解。其論說條理清晰，觀點鮮明，學問廣
博，有極強的說服力。

歐陽禎人：〈劉鑒泉先生的「性說」研究〉，《武漢大學學報》（哲學社會科
學版），2006年第5期。

【解題】劉鑒泉先生的「性說」，立足於孟子的性善論，融匯儒
道天人一貫、盡人以合天的思想，批判了告子人獸不分的錯誤，進
而批判了西方文化「適者生存」、把人視為動物的社會進化論；批判
了自七十子裔以來歷代「性說」論者在視「善」為性的同時，亦視
「惡」為性的膚淺與荒謬，進而高揚了作者「任天」「圓道」的學術
理想與人生理想。其學說誕生於後五四時期，因此具有相當強烈的
針對性和深遠的現實意義。

嚴壽澂：〈察變觀風，史有子意——讀劉咸炘《治史緒論》〉，《傳統中國研
究集刊》（第四輯），上海：上海人民出版社，2008年。

【解題】以劉咸炘《治史緒論》為中心，從史學綱宗、察變觀
風、史有子意三大方面探討劉咸炘的史學特色，指出劉咸炘治史，
能擷取新式考證派與史觀派二派之長而避其短，既注重實證，言必
有據，又不墮餖飣瑣碎之習，能系統把握全史，即小以見大，鉤深
而致遠，對事實作出系統的解釋，雖足跡不出成都一隅之地，但絕
非抱殘守缺之輩，對於當時各種社會科學知識、西方哲理，能儘量
吸收，為治史之助，同時又不盲信，一以史實為準，抉擇評判，自
出手眼，富創闢之能力。

慈波：〈別具鑒裁，通貫執中——《文學述林》與劉咸炘的文章學〉，《上
海大學學報》，2007年第6期。

【解題】劉咸炘《文學述林》論點圓融通達，溝通四部，力貫
東西，對文章本體、創作、文學演進、文體、流派等一系列問題提
出了獨到見解，體現了由博返約、通貫執中的學術特點，其理論貢

獻與治學方法為文章學研究提供了有益的借鑒。

謝惠鵬：〈論劉咸炘的國學教學思想與方法〉，《蜀學》（第二輯），成都：巴蜀書社，2007年。

　　【解題】以《四戒淺指》《教程淺說》《學文淺道》《初學法》《教法淺說》《幼學教綱》《修德簡說》等為材料，較為全面地介紹了劉氏家族創辦「尚友書塾」的過程，總結了劉咸炘主講「尚友書塾」的國學教學思想與方法，指出他參考西學、新學進行大敢革新，注重啟發式教學，引導學生自學，在當時具有革新意義。

嚴壽澂：〈劉咸炘文學觀述要〉，《古代文學理論研究（第二十七輯）——中國文化論的我與他》，2007年。

　　【解題】從文學正名、論文通指、文體演化與通變、曲與詩詞之別、小說裁論五個方面對劉咸炘之文學觀進行述論，指出在中學、西學交匯背景下，劉咸炘既重視西學著述，但也沒有照搬西方觀念來看待中國文學，而能多有發明，頗具特識。

徐瑞：〈劉咸炘先生易學短論二則識語〉，《周易研究》，2007年第6期。

　　【解題】對劉咸炘的兩篇易學短論《〈易〉易論》和《易史通言》加以介紹。

劉伯谷、朱炳先：〈文化巨著《推十書》的作者劉咸炘〉，《儒藏論壇》，成都：四川大學出版社，2007年。

　　【解題】對劉咸炘的生平簡歷、讀書方法、治學特點、著作進行評介。

嚴壽澄：〈劉咸炘諸子學述論〉，《諸子學刊》，2007年第1期。

　　【解題】從通論和各論（儒、道、楊、墨、管、農、法、雜家）對劉咸炘的諸子學研究成就作了頗為全面的探討，指出劉咸炘對於西方哲學頗有所知，但絕不隨波逐流，而是把定中西學術之異，從諸子本身所關心的問題入手，追本溯源，分析深刻，因而多有創獲。

歐陽禎人：〈論劉鑒泉先生的「為學之法」〉，《中華文化論壇》，2007年第4期。

　　【解題】劉鑒泉私淑章學誠的主要原因是要從根本上解決千百年來中國學術各趨極端，往而不返，爭鬥日甚，終不能合的問題。劉鑒泉的「為學之法」是對章學誠「校讎學」的一次創造性轉化。

劉鑒泉的「為學之法」依託於老子的「御變」、孔子的「用中」，知言、論世、明統知類而超乎倚伏、正奇、往復之上，任天之道以見天地之純，宇宙之理。其為學的體系即是為人、為道、事天、全性的人學體系。天與人一，知與行一，博厚高明，悠久無疆，在知識與道德嚴重脫節的今天看來，極富現實意義。

謝桃坊：〈論劉咸炘的國學觀念與學術思想〉，《西華大學學報》，2008 年第 2 期。

【解題】劉咸炘是中國近世學術史上罕見的天才，他承傳家學，以史學見長，又吸收了西學，長期志於國學的研究和著述，建立了一個宏偉的學術體系。劉咸炘的國學觀念與眾不同，具有綜合的學術性質，經史子集，四部相連，不可劃疆而治。劉咸炘既重「事實考證」又重「以事明理」，史學與思辨並重，史學體例與理論探索共舉。

歐陽禎人：〈劉鑒泉先生經學思想概述〉，《儒家文化研究》（第二輯），上海：生活・讀書・新知三聯書店，2008 年。

【解題】劉咸炘試圖借助章學誠的「六經皆史」說來矯正今文經學與古文經學的長期以來追名逐利、紛爭不息的狀態，從而糾正清代乾嘉學派「得儒之嚴而失儒之大」的弊端。在學術上，劉咸炘要整合原始儒家與道家的精神，回歸「任天」「圓道」的學術體系，借助於道家的思想資源和史學的研究方法，來拓展中國經學的新境界。劉咸炘的學術思想不僅是對中國數千來今文經學與古文經學的超越，而且也是對五四運動期間風起雲湧的中西文化之爭的一個評判。

楊代欣、侯忠明：〈劉咸炘的書學理論〉，《文史雜誌》，2008 年第 6 期。

【解題】劉咸炘《弄翰餘瀋》雖然批駁了阮元、包世臣、康有為、譚復堂、楊星吾等人主張的不妥之處，但也肯定了他們的某些正確論點，並且簡明扼要地論述了我國書學史上若干重大問題，明確地提出了自己的看法。《弄翰餘瀋》對漢代以來的著名碑帖、書家逐一品評，觀點鮮明，見地很高。《弄翰餘瀋》主張碑帖合一和篆、隸、真並用，有其科學性，對於現代書法具有指導的意義。

歐陽禎人：〈淺談劉鑒泉對制藝之法的獨特見解〉，《明代文學與科舉文化國際學術研討會》，2008 年。

【解題】作為五四時期的一位卓有成就的學人，劉鑒泉的文論思想是新文化運動的一個有機的組成部分。他的成就既有別於此前中國文論思想家們的思想方法，又有別於五四以後經過了新文化運動洗禮之後的文藝思想家，他始終站在五千年文化史發展的宏觀背景下來響應新文化運動——具體到文章學上面來講就是響應「白話運動」。劉鑒泉有關制藝之法的見解是其整體文論思想的一部分。他的相關論述集中在《制藝法論鈔》之中，其春秋筆法，皮裏陽秋的表達方式顯示了他的獨立寒秋，苦心孤詣的一番心思。他對八股文積極作用的認識值得重視。

徐有富：〈試論劉咸炘的成材之路〉，《古籍整理研究學刊》，2009 年第 1 期。

【解題】從家學淵源、私淑章學誠、教學與科研相結合、勤於寫讀書筆記等方面論述了劉咸炘的成材之路。

王化平：〈劉咸炘先生目錄學成就淺述〉，《中華文化論壇》，2009 年第 1 期。

【解題】通過分析劉咸燈《續校讎通義》《校讎述林》《目錄學》《推十書類錄》《歷史目錄學教本》《舊書別錄》及《內景樓檢書記》總結劉咸炘的目錄學成就，指出劉氏在目錄學研究上具有三個特點：「啟於章學誠，超越章學誠」「對《七略》和『四部』之精義的貫通和革新」及「試圖以中國古典目錄學為基礎，創制能夠包納古今中外一切圖書的分類體系」。劉咸炘的治學特點在於「不拒絕外來的新學問，但也不拋棄本土的傳統，而是試圖以本土的傳統消化外來的新學」。

王化平、周燕：〈劉咸炘和章學誠的目錄學思想比較研究〉，《四川圖書館學報》，2009 年第 2 期。

【解題】劉咸炘的目錄學思想雖承自章學誠，但卻開闢出了與之完全不同的局面。劉咸炘之所以能在目錄學上開闢出新局面，在於他既能就《漢志》《隋志》等名著名家較章學誠進行更為細緻的考證，又能簡約地提煉出分類標準和《七略》、「四部」的大義。而章學誠被廣博、考證方面的弱點限制住了自己的「約」，由此留下了一些遺憾。

汪啟明：〈天才學者劉咸炘易學初解——寫於《推十書》（增補全本）刊後〉，《周易研究》，2009 年第 2 期。

【解題】對劉咸炘的易學思想體系進行探討，指出其易學思想大要在於「論《易》乃萬物根本大理」「論《易》之事功」「論易學在蜀」「易史論新詮」，而劉氏治易方略為「治《易》象數、義理不可偏廢」「治《易》當明經史互通互證」「學經之次序應以《易》為最後」「治《易》當由表象及義理"、「治《易》當直追古人心思」「治《易》當明《易》與其他經典之關係」。論文還從劉咸炘論《易》與群治、《易》與社會、《易》與社會進化、《易》與天道人事四個方面論述了劉氏治《易》的經世性。

王吉偉：〈論劉咸炘的史學編撰思想〉，《黑龍江史志》，2009 年第 10 期。

【解題】從明確史體、合理布局、章學誠史學編撰思想的繼承和發展三個方面對劉咸炘的史學編撰思想進行探討，指出其最重要的史學編撰思想就是「明確」二字，即要求史體的明確、史料的明確、布局結構的明確。

王吉偉：〈劉咸炘關於學術交流的思考——讀劉咸炘與蒙文通書信感〉，《學理論》，2009 年第 13 期。

【解題】通過對劉咸炘與蒙文通的書信，分析劉咸炘對傳統學術當時現狀的思考及對西學的態度，指出劉咸炘希望通過學術的交流來解決傳統學術所面臨的問題，主張中西文化各有偏重，各擅勝場，可借用西方學術的方法論來研究中國傳統學術理論，用西學來重新喚起傳統學術的生機。

歐陽禎人：〈《周易》思想在《推十書》中的作用〉，《周易研究》，2009 年第 4 期。

【解題】《周易》思想在《推十書》中具有終極靈魂的地位。對劉咸炘來說，《周易》思想既是黏合劑，又是方法論，在其考鏡源流、橫中縱觀、執兩用中、任天圓道，盡心知性、立命事天的學術理念中始終具有領貫性的特殊作用。劉咸炘一方面遵循「易簡而天下之理得」的原則，另一方面又堅持「理不與數對，事乃與數對」，將《周易》視為歷史哲學，既抓住了《周易》的要害，又汲取了大量的學術營養；既沒有「尊敬太過」，又為《推十書》整合中國學術，重振

昔日輝煌，推十合一，求簡求合，參悟大道，合歸天地之大體的學術理想追求尋找到了理想的思想武器。從《推十書》對《周易》的運用，可以發現，劉咸炘先生崇奉老子的「太古道」哲學，是經過了《周易》詮釋之後的老子，是從根本上去掉了虛無，而兼論有無的老子，劉咸炘筆下的老子已經將儒家的仁義包容在道家的「道」之中了，老子的「靜為躁君」與儒家的「執兩用中」融通為一，然後儒道兼容而同歸於大體。這正是《周易》的理論歸宿，同時也是《推十書》重要的關節之處。

歐陽禎人：〈孟子在《推十書》中的地位〉，《蜀學》（第五輯），成都：巴蜀書社，2009 年。

　　【解題】《推十書》的學術理想是道家的「任天」「圓道」的「大道」之樸，但是它的現世倫理基礎是孟子的性善論。融通儒道是劉咸炘學術思想的最大特點。孟子在《推十書》中得到了廣泛的運用，是《推十書》主要的思想基礎之一。劉咸炘先生的學術方法可稱為「三術」，即知其志，知其人，論其世，這些都來孟子。相對於劉止唐、章學誠而言，由於劉咸炘先生面對的是五四運動全盤西化的衰世，所以，劉咸炘始終是用儒家，特別是孟子的理論作為戰鬥的武器去回應五四運動時期全盤西化的各種謬說。

鄭小瓊：〈從時代與地域特徵看劉咸炘詩學觀〉，《現代語文》，2010 年第 6 期。

　　【解題】劉咸炘生活於晚清民國，他的學術思想既受清代學術主流的影響，又受民國時期學術思潮的浸染，因而其詩學思想具有兩重性。而巴蜀獨特的地理位置對劉咸炘治學方法和思想又有著潛移默化的作用。劉咸炘重風骨、重詩教的詩學觀在這樣的背景下誕生。

賈豔豔：〈劉咸炘方志學思想初探〉，《重慶廣播電視大學學報》，2010 年第 3 期。

　　【解題】劉咸炘在方志學研究方面造詣非凡，獨樹一幟，他認為地方志應「自有其精神與體例」，「方志者一國之史」，明確提出秉筆直書的編纂原則和廣搜材、慎擇材、重考材的選材主張。在方志的編纂體例方面，劉咸炘主張應在方志中新建《事紀》一目；方志

中的《地域志》應「圖表」兼備；應對方志各目進行整合，並他目於《地域志》中；將方志中的《政略》改為《治者略》。

賈豔豔：〈劉咸炘文獻學貢獻初探〉，《信陽師範學院學報》，2010 年第 4 期。

【解題】劉咸炘在文獻學上取得了較大的成就：他的文獻學理論著作《目錄學》是我國最早的文獻學教材之一，內容豐富，體例獨特；他是民國時期較早對輯佚學做深入研究的學者之一，撰有《輯佚書糾謬》一文；在辨偽學上，他反駁傳統的辨偽方法，提出自己獨特的真偽觀。

何詩海：〈劉咸炘的文體觀及其學術史意義〉，《中山大學學報》，2010 年第 4 期。

【解題】劉咸炘的文學思想立足傳統文化，涵化舊學新知，體現了社會、文化急劇轉型時期的鮮明時代特徵。其文學研究始終與文體學緊密結合，把文體形態發展演變作為文學史演變的主要原因和內在線索，通過對文體發展演變規律及具體文體形態、文體學著作的探討，切實理解和把握古代文學的發展歷程及其內在動力。這種理念和方法，體現了研治舊學的一代學人，面對社會形態劇變和西學浪潮衝擊所持的文化立場與應對策略，以及文學學術從傳統走向現代的嬗變軌跡。

馬旭：〈從《通志私議》談劉咸炘編撰方志主張〉，《青年文學家》，2010 年第 15 期。

【解題】據《通志私議》簡要分析劉咸炘編撰方志的主張：一是提出用紀傳之體來編撰通志，二是對方志中的列傳編修提出三個建議。

楊代欣、王珏：〈劉咸炘《弄翰餘瀋》及其書學實踐〉，《文史雜誌》，2010 年第 6 期。

【解題】通過《弄翰餘瀋》論述劉咸炘的書學理論成就，並主要從篆、隸、行書等方面對其書藝水平進行評介。

張霞、朱志先：〈劉咸炘《漢書知意》探微〉，《宜賓學院學報》，2010 年第 11 期。

【解題】劉咸炘的《漢書知意》引證豐富，側重從史法、義法

角度論析《漢書》。在《漢書》研究方面，他不墨守成規，對相關論述予以批判，以宏觀視角論《史》《漢》之異同，並強調研讀《漢書》應注重源流，具有較強的史學史意識。

歐陽禎人：〈以風救騷，以骨救肉，以狹救廣——論劉咸炘的詩歌創作〉，《人文論叢》，武漢：武漢大學出版社，2009 年。

【解題】首先，依據《推十詩》的具體作品，全面分析了劉咸炘在詩歌創作方面的成就，並指出劉咸炘的詩歌創作繼承了自《詩經》、杜甫、白居易、皮日休、王禹偁、梅堯臣、張耒、陸游一直到清代顧炎武、龔自珍的現實主義傳統，十分關注國計民生；其次，從三個方面總結了劉咸炘詩歌的思想傾向（貼近農村的自然生活，嚮往中國文化的傳統，揭露民眾疾苦和階級矛盾），最後分析了劉咸炘的詩歌形成「以風救騷，以骨救肉，以狹救廣」特色的原因。論文指出劉咸炘的詩歌作品既是孔子「詩本教」的遵循，也是走向新時代的敲門聲。劉咸炘詩歌創作的實踐活動既是在詩歌創作領域抵制白話運動的行局，也是捍衛古典詩詞正統地位的衛道壯舉。在五四運動風起雲湧的背景下，不為時尚所動而堅守古典陣地，充分顯示了劉咸炘的理論勇氣和思想底蘊。

何詩海：〈劉咸炘的戲曲觀及其學術史意義〉，《中國韻文學刊》，2010 年第 4 期。

【解題】劉咸炘於戲曲學雖著力不多，但對戲曲性質、起源、功用、結構、語言、文體特徵、審美旨趣等都有精闢獨到的看法，所論新見迭出，勝義紛呈，是繼王國維、吳梅之後又一重要的曲論家。劉咸炘的戲曲觀體現了在新舊交替之際，一個研治舊學的學者，面對社會形態急劇變型所持的文化立場和應對策略。

馬千里：〈劉咸炘《目錄學》鉛印本的繫年問題及其他〉，《四川教育學院學報》，2010 年第 12 期。

【解題】劉咸炘所著《目錄學》一書，除《推十書》中所錄甲戌木刻本外，尚有一種較早的鉛印本且鮮為人知。通過對劉咸炘生平事蹟的考察，結合國立四川大學的相關史料，可以證明《目錄學》一書鉛印本的印行當在 1931 年後，而非學術界前輩所認為的 1928 年。通過比較《目錄學》的兩種版本——木刻本和鉛印本在內容上

的差別，作者認為木刻本相對於鉛印本來說是足本、定本，而兩種版本內容上的變化體現了劉咸炘目錄學思想的演進。

歐陽禎人：〈劉咸炘的儒學真精神——讀《儒行本義》〉，（韓國）《東洋文化研究》（第五輯），東洋文化研究院，2010 年。

劉伯谷、朱炳先：〈劉咸炘先生傳略〉，《推十書》導讀，上海：上海科學技術文獻出版社，2010 年。

【解題】主要從讀書經歷、讀書方法、治學宗旨、學術成就、著述等方面概述劉咸炘的一生。

粟品孝：〈劉咸炘與浙東史學〉，《推十書》導讀，上海：上海科學技術文獻出版社，2010 年。

【解題】立足於劉咸炘與章學誠的關係、四川史學與浙東史學的關係，相當細緻地分析和研究了劉咸炘史學的縱橫關係以及思想淵源，指出劉咸炘與浙東史學具有十分緊密的關係，他對章學誠的學術源流進行了獨具特色的探討，所述西蜀史學、王陽明和邵廷采在浙東史學發展史上的地位，為發前人未發的重要論斷。劉咸炘對浙東史學不但有「酷好」之心、發覆之功，且有復興之意。

詹石窗：〈劉咸炘先生的道學研究〉，《推十書》導讀，上海：上海科學技術文獻出版社，2010 年。

【解題】首先對劉咸炘的道學思想的基本情況進行了介紹，指出劉咸炘對道家的文化傳統進行了精闢的概括，對道教的基本脈絡與道派傳承作了較為全面的梳理。其次對劉咸炘道學思想的主要特點進行了總結：第一，說理透徹，啟人心扉；第二，考證翔實，獨具匠心。最後對劉咸炘道學研究的貢獻與歷史地位進行評價：第一，融會貫通，梳理了中華道學傳承的頭緒；第二，探賾索隱，開闢了道學研究的廣闊的前景。作者認為，劉咸炘在道學領域取得重要貢獻的一個重要原因就在於他秉承了中國學術的目錄版本學傳統。

周鼎：〈「塾師」與「教授」之間的困惑——劉咸炘與中國文化的現代性危機〉，《推十書》導讀，上海：上海科學技術文獻出版社，2010 年。

【解題】以劉咸炘堅守「塾師」身份、批判「教授」為出發點，從劉咸炘的人生論、劉咸炘的中西文化觀兩個方面對其文化思想進行探討，其結論是：在一個教授得勢塾師失勢的時代，劉咸炘不可

避免地只能成為退守邊緣的地方性知識分子，而他以別具一格的方式深度回應了中國文化的現代性危機，而其化解之途就是「執兩用中」，取西學以陶冶中學。

汪啟明：〈劉咸炘論辨偽學〉，《《推十書》導讀》，上海：上海科學技術文獻出版社，2010 年。

　　【解題】較為全面地總結了劉咸炘的偽書概念和辨偽思想，指出劉咸炘在釐清偽書概念、批評前人辨偽之失的基礎上，從古書體例出發，提出了自己對辨偽的獨特看法。

汪啟明：〈劉咸炘小學思想述要〉，《《推十書》導讀》，上海：上海科學技術文獻出版社，2010 年。

　　【解題】從高度重視小學、精於小學典籍、辯證色彩的語言學思想三個方面對劉咸炘的小學思想作了細緻的梳理。

王化平：〈劉咸炘論古籍辨偽〉，《西南大學學報》（社會科學版），2011 年第 1 期。

　　【解題】在上世紀二三十年代，劉咸炘在《偽書讞緒論》和若干著作中論述了古書的體例、古籍辨偽的方法和理論。他對古書體例的研究，深受章學誠的影響。他批評了清代以來的古籍辨偽在方法上的缺陷，提出古籍辨偽要重視校讎學，以辨宗旨、明體例為先，且嚴格定義偽書的概念。在分析一些古籍的真偽時，劉咸炘能夠做到不輕疑，不迷信，所得結論審慎客觀。劉咸炘立足於古書體例的辨偽與同時代的呂思勉、余嘉錫和傅斯年頗有相似之處。

張霞：〈國學大師劉咸炘先生研究述論〉，《地方文化研究輯刊》，2011 年。

　　【解題】從學術思想、著作研究、總論三個方面對 2011 年以前的劉咸炘研究成果進行梳理和述論。

嚴壽澂：〈《劉咸炘詩文集》點校本序〉，《古代文學理論研究（第三十二輯）——中國文論的古與今》，上海：華東師範大學出版社，2011 年。

　　【解題】此文為黃曙輝《劉咸炘詩文集》所作之序文，對劉咸炘文集、詩集中的重要篇章加以評介，並揭示其論學、論詩之大旨。

劉開軍：〈試探劉咸炘的歷史教育思想〉，《四川師範大學學報》（社會科學版），2011 年第 4 期。

　　【解題】在由私塾先生到大學教授的多年教學活動中，劉咸炘通過對歷史教育的理論與方法的闡釋和長期的教學實踐，逐漸形成了豐富的歷史教學思想和獨特的教學方法。在教學上，他提出「觀事理必於史」的觀點，闡釋了歷史教育的必要性。在歷史教學方法論上，他特別強調學生應作讀書箚記，要求教師啟發學生問難、培養學生的問題意識。他認為大學歷史教育的重點是通曉古今風化大勢，這一觀點蘊含著近代歷史教育的積極因素。

嚴壽澂：〈劉咸炘經學觀述略〉，《史林》，2011 年第 4 期。

　　【解題】從認識六經本體、統合經子與儒道、經今古文學論衡、治經要略四個方面對劉咸炘的經學思想進行了細緻的總結，指出劉咸炘的經學觀有兩大特點：一是以經統子，一是入經於史（廣義的史）。其六經觀，不僅越出了古文今文之紛爭、漢學宋學的糾葛，更是沖決了自漢初以來形成的經學之網羅。其治經的目的在於為己之學（博、精、通、約）。其治經最難能可貴之處在知類與通識。

張凱：〈浙東史學與民國經史轉型──以劉咸炘、蒙文通為中心〉，《浙江大學學報》（人文社會科學版），2011 年第 6 期。

　　【解題】晚清民國時期，重新闡釋、構建中國學術的淵源流變成為近代學人溝通中西的重要環節。巴蜀學人劉咸炘、蒙文通試圖重塑浙東史學，尋求傳統學術的近代出路。但二人建構浙東史學的主旨截然分流。劉咸炘構建以章學誠為核心，「以宋世婺州史學為表，明之姚江理學為裏」的浙東學術系譜，旨在塑造、貫徹浙東史學以公統私、廣大圓通的學術特質，側重以史學察變通觀古今歷史變遷之理。蒙文通則立足今文學立場，以秦漢新儒學與南宋浙東史學實踐「儒史相資」的模式，闡釋與落實以「西漢家言」為中心的儒學義理。

劉開軍：〈劉咸炘《蜀誦》的編纂體例與史學價值〉，《蜀學》（第六輯），成都：巴蜀書社，2011 年。

　　【解題】劉咸炘的《蜀誦》體例明整，取法袁樞、趙翼，具有以事為目的的編纂特點，徵引，重視政事風俗，在地方志編纂上成一家之言，體現出劉咸炘在方志編纂上勇於創造、善於融會的可貴精神。

歐陽禎人：〈劉咸炘對新文化運動的態度〉，《蜀學》（第六輯），成都：巴蜀書社，2011 年；《人文論叢》，2012 年。

　　【解題】劉咸炘與新文化運動保持距離，退避三舍，隔岸觀火，因而能夠深刻把握新文化運動的實質，直搗胡適實驗哲學和功利主義之失。劉咸炘對新文化運動的基本態度是「視西如中，視新如舊」，即主張中西學術融會，以「任天圓道」的中國文化來整合世界上的各種學術思想並力求貫通，其態度嚴謹，視角獨特，思想獨特。

劉復生：〈劉咸炘與學侶交往補述〉，《蜀學》（第六輯），成都：巴蜀書社，2011 年。

　　【解題】敘述劉咸炘與蒙文通、彭雲生、吳芳吉、唐迪風、盧前諸位學侶的學術交往。

趙爭：〈古書體例研究與古書辨偽──以孫德謙、劉咸炘、余嘉錫為中心的考察〉，《湖南科技學院學報》，2012 年第 1 期。

　　【解題】由於近代疑古辨偽活動的刺激，校讎學以其特有的方式參與了對古書的反思。孫德謙、劉咸炘、余嘉錫三位學者關於古書體例研究的直接動因皆出於對疑古辨偽活動的回應，且其均深諳校讎之學。孫德謙是較早的一位以校讎學義例觀照疑古辨偽的學者。與孫氏相較，劉咸炘不單以校讎學為資源觀照疑古辨偽活動，更能在此基礎上，對傳統校讎學進行審視，故相關見解更加入微、更具條理，也更為自覺，實為其後余嘉錫《目錄學發微》專論部類衍變、《古書通例》專論古書體例這種更加專門的做法開了先河。

趙均強：〈劉咸炘先生的學術交遊與學界反響〉，《宜賓學院學報》，2012 年第 2 期。

　　【解題】劉咸炘一生足不出川，活動範圍小，學術交遊範圍不廣，所交遊者包括蒙文通、錢穆、梁漱溟、張爾田、唐迪風、吳芳吉、盧前等。他的著作不能迅速引起廣泛的關注，但由於其著作的刊行及其本身的學術價值，加之蒙文通等師友的評論推介，其學術就已受到了蒙文通、錢穆、梁漱溟、柳詒徵、張爾田、楊樹達、張舜徽、姚名達、葉瑛、唐君毅以及內藤湖南等國內外學人的關注或重視，不少人已將劉咸炘列入學人大家之列。

劉開軍：〈劉咸炘《四史知意》的史學批評理論〉,《池州學院學報》,2012年第1期。

【解題】立足於《四史知意》探討劉咸炘的史學批評理論,指出劉咸炘批駁「無中生有」和「我注六經」式的評論,在批評原則上具有方法論的意義。劉咸炘不僅評論「前四史」,還評騭了歷代學者關於「前四史」的評論,形成了雙重批判的特點。其論著和思想對於20世紀初期輕視傳統史學的不良風氣有針砭的作用。

滑紅彬：〈劉咸炘與汪辟疆的目錄學思想比較研究〉,《圖書館界》,2012年第2期。

【解題】從目錄學定義、《七略》與「四部」開合異同、辨章學術源流四個方面對劉咸炘、汪辟疆的目錄學思想進行比較研究,指出二者在目錄學研究上成就斐然,在目錄學思想上多有契合之處。

鄭曉瓊：〈巴蜀儒者劉咸炘詩系初探〉,《中華文化論壇》,2012年第4期。

【解題】劉咸炘的詩學觀點以儒家傳統詩教觀為基礎,他對中國傳統詩歌的分類,採用明統知類的研究法,追根溯源,將詩嚴格按照詩系的標準,重新整理歸類,見解新穎,觀點鮮明。

李桂芳：〈史學研究中的探史義、明史法、挈史旨——簡論劉咸炘的《太史公書知意》〉,《中華文化論壇》,2012年第4期。

【解題】以劉咸炘的《太史公書知意》為重點,以探討其史學思想,指出劉咸炘的《太史公書知意》雖是按《漢書知意》的體例完成的,但在此書中他深刻闡明了史義、史法、史體三者在史學研究中的重要性,它們互為依託,史義是史學研究的靈魂,明史法是探史義的關鍵,讀史需挈宗旨等,這一系列的觀點較全面的反映了劉咸炘的史學思想,此書也被譽為20世紀研究「二十四史」的重要成果之一。此書所反映出的學術觀點不僅對當時傳統史學研究學風的具有針砭作用,而且對於我們今天的史學研究仍然具有重要的啟迪作用。

王韻：〈從《後漢書知意》看劉咸炘的史學觀〉,《中華文化論壇》,2012年第4期。

【解題】以《後漢書知意》為考察對象,分析了《後漢書知意》的撰寫原因和體例,從史學史角度探討劉咸炘著史需明確史體,讀

史應察變觀風重源流的史學觀。

劉海波：〈劉咸炘《史通》研究探析——以《史通駁議》為中心〉，《天府新論》，2012 年第 5 期。

【解題】劉咸炘《史通駁議》於批駁中寓卓識，闡明了史體嬗變演進軌跡，辨析了紀傳體史書中「紀、表、志、傳」的不同功用，對「史體論」的探究作出了巨大貢獻；該書通過闡發與總結中國傳統史學理論，回應了西方史學的衝擊，並批判了「新史學」的偏頗之見，折射出一種民族史學本位意識，是傳統史學向近代轉型過程中的一部重要著作。

劉開軍：〈西史東漸中的堅守：劉咸炘的中國本位史學理論〉，《四川師範大學學報》（社會科學版），2012 年第 5 期。

【解題】劉咸炘生活於中國史學新舊轉型的時代，領悟中國傳統史學家的思維習慣，運用傳統史學理論範疇，體察時代的脈搏，形成了獨具特色的中國本位史學理論；劉咸炘研究「前四史」與浙東史學，意在為傳統史學表微，張揚中國史學的內在精神與活力；在西史東漸的大潮中，劉咸炘也關注西方史學理論與方法，但對魯濱遜等西方史學家的所謂「新史學」不以為然。

曹小文、曹守亮：〈「風」：劉咸炘歷史理論的樞機〉，《四川師範大學學報》（社會科學版），2012 年第 5 期。

【解題】在劉咸炘看來，「風」是貫穿歷史進程始終、推動歷史發展變化的「根本」，既是推動歷史發展的直接動因，又是《易》所展演的規律在歷史運動中的具體形態。劉咸炘對「風」與歷史嬗遞和歷史興亡關係的闡發，意在探索救國救民的文化道路。劉咸炘的「風」論與中國歷史上連綿不斷的「時風」「氣運」研究一脈相承，受到了中西方文化思潮的衝擊和影響，表現出了由傳統向現代的嬗變傾向。

張傑：〈劉咸炘研究綜述〉，《蜀學》（第七輯），成都：巴蜀書社，2012 年。

【解題】以時間先後為序，對 1935 年至 2011 年間重要的劉咸炘研究成果進行述評，指出劉咸炘研究中存在三大問題：首先是寬度不夠，校讎學研究、教育思想研究、道教思想、文學思想研究等重要領域還沒有起碼的研究深度；其次是深度不夠，劉咸炘的道家

思想還沒有系統的梳理和研究，其他方面的研究也都還做得相當得不夠系統和深入；第三，對劉咸炘的思想研究至今還只是停留在就事論事之上，既沒有縱向的察勢觀風性的鈎沈致遠，也沒有把他置身於五四運動之中進行橫向的比較研究。文末附有《劉咸炘研究論文篇目彙編》。

單戰戰：〈劉咸炘研究溯論〉，《絲綢之路》，2013 年第 2 期。

【解題】從研究者的涉及範圍及其影響、研究方向方法兩方面對劉咸炘研究的現狀進行分析，並提出了六點展望。但作為一篇綜述文章，論文對劉咸炘研究現狀的回顧顯得過於簡略。

劉復生：〈存蜀舊風，創作新志——劉咸炘《雙流足徵錄》及其方志學〉，《地方文化研究輯刊》，2013 年。

【解題】總結了劉咸炘的《雙流足徵錄》的採輯準則：一是舊《志》有錄者「不重錄」；二是採輯事文，「詳古略今」；三是注明出典，「以有據為主」；四是舊已有載，「皆重為考錄」。提出劉咸炘的「方志學」是中國方志由舊轉新時期新潮流的代表。

由申：〈劉咸炘的道教史研究——以《道教徵略》為中心〉，《中華文化論壇》，2013 年第 5 期。

【解題】《道教徵略》對道教的學術淵源及其各時期的主要派別與道教經典等方面都有系統的梳理，其中又不乏創見，總體能夠把握住道教的發展脈絡，實為道教研究的珍貴資料。

歐陽禎人：〈試析劉咸炘的話本小說《瞽瞍殺人》〉，《中華文化論壇》，2013 年第 6 期。

【解題】通過分析劉咸炘話本小說《瞽瞍殺人》的動機、思想來源、寫作手法，透析在五四新文化運動時期劉咸炘對儒家、法家衝突的態度。認為《瞽瞍殺人》是對過去與當下「毀儒」「滅儒」的有力回應，具有深遠的前瞻性和洞察力。

鄭小瓊：〈巴蜀儒者劉咸炘詩教與《詩初學》初探〉，《中華文化論壇》，2013 年第 6 期。

【解題】對劉咸炘的詩教觀進行闡釋，並分析《詩初學》蘊含的論詩主張。指出《詩初學》既有較為精闢的見解，也有頗為偏激的語言，而從當時環境來看，劉咸炘的儒家詩學理論則顯得保守，

不被現實接納。

王韻：〈從《雙流足徵錄》看劉咸炘的方志學思想〉，《中華文化論壇》，2013年第 9 期。

　　【解題】以《雙流足徵錄》為考察對象，從史學史角度分析了《雙流足徵錄》的撰寫原因和體例，探討其史學價值，總結劉咸炘的方志學思想。

李桂芳：〈簡論劉咸炘對章學誠史學思想的繼承和發展〉，《中華文化論壇》，2013年第 10 期。

　　【解題】劉咸炘發展了章學誠「六經皆史」的觀點，把「史學」擴大為「論世」「觀變」的「人事學」，推進章學誠史學思想中的「史義」「史德」觀，並將其與史學研究中的史法和史識緊密結合，在民國史學研究中獨具特色。

楊伯：〈劉咸炘的「校讎哲學」與民初史學的範式競爭〉，《國際中國文學研究叢刊》（第 2 集），上海：上海古籍出版社，2013年。

　　【解題】探討劉咸炘「校讎哲學」與新史學的競爭關係，指出劉咸炘從糾正胡適的章學誠研究誤說出發，在繼承和發揮章學誠的基礎上發展出了一套「校讎哲學」，其中體現出不易為人察知的反傳統傾向和現代學術意義，開創了一種迥異於胡適新史學的史學範式，以作為新史學的一種替代方案。

馮嬋：劉開軍，〈劉咸炘「察勢觀風」的史學內涵與思想價值〉，《史學理論與史學史學刊》，2013年。

　　【解題】對劉咸炘「察勢觀風」的史學思想進行分析和評述，指出「察勢觀風」是一種植根於傳統學術土壤、又出古入今的研究範式，是糅合了儒道思想、注重考察縱橫關係的歷史觀，是劉咸炘歷史撰述的指導思想與方法；「察勢觀風」理論是民國史學界繼承司馬遷「通古今之變，成一家之言」的史學傳統的典範。

歐陽禎人：〈劉咸炘的思想來源〉，《蜀學》（第八輯），成都：巴蜀書社，2013年。

　　【解題】從家學淵源、私塾章學誠、新文化運動三個方面對劉咸炘的思想來源作了深刻的分析，同時指出劉咸炘與劉沅、章學誠之學的區別，認為新文化運動是劉咸炘思想的根本性來源之一。

陳中：〈劉咸炘的天道觀略論〉，《蜀學》（第八輯），成都：巴蜀書社，2013年。

【解題】劉咸炘由辨明宋、明儒之非「道家有生於無」之論之非，指出程、朱等人理氣之論易流於析理氣為二元之不當，而明證《易》《老子》「道」「器」之論及「有」「無」之說，皆非一生一成，一前一後而實為一氣之行與形，而「神」與「氣」乃一質之二面，為相盈而不二。他論天道一氣而又非如西方哲學之機械唯物，天道雖一氣同元而又神妙有機，人神同質，天人終可合一。神氣不二正證心物一元，從而辨明中國哲學之天道觀並非二元論以及所謂之樸素唯物論，而根本在主神氣不二，即心物一元。劉咸炘的天道觀為其會通儒道打通了一個重要統合點，也為其申明儒道二家皆反不自然而歸於當然從而「盡人以合天」之論陳其通貫之理，而這也正是中國哲學之主題「天人合一」之據是所在。

湯君：〈劉咸炘老、莊研究述論〉，《蜀學》（第八輯），成都：巴蜀書社，2013年。

【解題】分別對劉咸炘的老學觀和莊學觀進行分析和評述，指出劉咸炘對老、莊的研究一方面既有獨到之處，劉咸炘解老、莊，方法靈活而現代，有證以先秦其他諸家學說者，有輔以佛教概念者，有借西方哲學概念者，故其說多顯得堅實或新銳，其老、莊之研究，呈現出迥異於前人的不同面貌，既時尚，又通俗，有新意，有見地；另一方面也存在新奇、荒謬之處，他對老子生平事蹟的考證不乏驚人之論，這是一方面是受到了二十世紀二三十年代西學東進的新刺激、新影響，是其努力運用中西結合的新方法的結果，另一方面，也與其對傳統四部的總體看法有關。劉咸炘對道教的青睞，一則源於其家學中的較為神秘的練功一端，二則還是與其標新立異的學術個性相關。

歐陽禎人、陳中：〈劉咸炘的「知言論世」及其在新文化運動中的運用〉，《理論月刊》，2014年第2期。

【解題】對於中西古今各種思想文化空前激盪交匯而風雲變幻的新文化運動前後，劉咸炘根植於中國哲學與文化，運用他「知言論世」的治學方法來分析審視新文化運動爆發的緣由，以及其間各

種紛紜駁雜的學說之是非原委和世道人心的偏頗得失，從而重鑄中國人精神文化信仰的本根，並以此去整合紛紜駁雜的人類文化。「知言論世」是劉咸炘先生的讀書為學之法，是他論子、史，通四部而歸本六藝，從而甄明人類一切哲學文化皆源本於以人為中心的所謂天、地、生「宇宙三物」的流行發展。

周燕：〈略論劉咸炘對四部分類體系的改造〉，《古籍整理研究學刊》，2014年第 2 期。

　　【解題】總結了劉咸炘對四部分類體系的改造：一是調整子目，使經、史、子、集四部收錄圖書更為合理；二是另立外編，專收考證書、雜記等難以歸入四部的圖書；三是增多類目。論文認為從現代目錄學的發展趨勢看，劉咸炘雖然在古典目錄學方面眼光卓越，但對學術發展趨勢的估計是保守的，一如他的文化立場。

陳中：〈劉咸炘的人生哲學探微〉，《大連海事大學學報》（社會科學版），2014 年第 2 期。

　　【解題】從生死之辨、善之準在生、人生鵠的三方面入手，對劉咸炘先生的哲學思想進行分析，指出其人生哲學觀深深扎根於中國傳統哲學的土壤之中，他對人生的體悟行思是和中國哲學及其文化的生命之源相通貫的，他的哲學與思想在根本上與中國人歷來由天言人、由人通天相契合，可以說深刻洞穿百餘年來墮物不歸之迷途，直承往聖之學。他對人生死問題的闡發、人存在的根本義準之判辨以及人生終極價值關懷的正名，對愈加物慾和碎片化的現代人生命而言極具啟示和重樹意義。

陳曦、李銳：〈風俗觀念與劉咸炘的「觀風」求識之法〉，《歷史教學》（下半月刊），2014 年第 4 期。

　　【解題】劉咸炘借助傳統風俗觀念拓展史學研究的範圍，使風俗在最寬泛的意義上等同於社會歷史活動，他強調歷史活動主體與認識主體的主觀屬性，揭示出歸納、考察社會風俗現象的基本思維方法，又以「縱橫兩觀」區分時風與土風，在強調地理環境、政治教化影響力的基礎上，闡發了傳統風俗論中包含的文化區域觀與歷史進程觀。

寧俊紅：〈文體的文學史意義——以劉咸炘《文學正名》《文變論》的觀點

為主〉，《蘭州大學學報》（社會科學版），2014 年第 3 期。

　　【解題】立足於《文學正名》《文變論》，探討劉咸炘的文體觀，指出劉咸炘圍繞文體論文學的繼承與變革，關注的不是文體名目的承與變，而是「文之大體」的繼承與內實、格調的發展變革，他的觀念適用於思考文學的古今演變。

歐陽禎人、陳中：〈劉咸炘的諸子學研究〉，《深圳大學學報》（人文社會科學版），2014 年第 4 期。

　　【解題】劉咸炘的諸子學思想特點在於，以「吾以聖人之道定百家，不以百家之謬淆聖賢」為旨，運用「考鏡源流」「明統知類」之法，以「老、孔、曾、思、孟」之道立中觀，以「性與天道」衡慮諸子，而歸於「執兩用中，推十合一」。他的諸子學在一定程度上體現了其「以合御分」「由博返約」的治學風範。其學誕生於後五四時期，在客觀上產生了極強的針對性和現實關照性。

楊志遠：〈劉咸炘史學思想初探〉，《史學史研究》，2014 年第 3 期。

　　【解題】從劉咸炘的學術淵源與特色入手探討其史學思想，指出其學術大要是以史學為核心，傳承家學，私淑章學誠浙東史學而擴大為察勢觀風的「人事學」，形成宏觀史學的特點；他以中國文化為本位為立場，堅信舊史不必不如新史，中學未必不如西學的觀點，與錢穆、梁漱溟等人為故國招魂的理念卻是一致的；對於新文化運動，劉咸炘採取一種冷靜的態度，反對當時學界追逐時髦的學風。

邵傑：〈「《文選》例主《詩》教」說辨正〉，《蘭州大學學報》（社會科學版），2014 年第 5 期。

　　【解題】對劉咸炘的「《文選》例主《詩》教」進行評述，認為其說吸取了前代目錄學的有益成分，體現出對漢代以來狹義之「文」的信服，並繼承了章學誠開闊的學術源流觀，具有重要價值，但其過分看重《詩》教的影響，亦有偏頗之處。

楊燕：〈劉咸炘與朱熹道教觀異同論〉，《哲學動態》，2014 年第 10 期。

　　【解題】從論道教與老莊關係、論老、論莊、論儒道關係和對道教的批評五個方面分析劉咸炘與朱熹的道教觀異同，指出朱、劉二人的道教觀有同有異，異多而同少，其原因在於二人所處時代、天生氣質、成長環境、根本立場的差異。二人的相同點在於：一是

兩人對道教整個歷史的認定和梳理相似，即把道家和道教看作一個完整體系；二是兩人均認為唐、宋、元時期的道教處於衰退期，而非繁榮期，這種看法與國內目前學界的看法大相徑庭。

劉俊哲：〈傳統儒學的傳承與拓展：劉咸炘的人學理論〉，《社會科學研究》，2014 年第 6 期。

【解題】結合五四新文化運動背景對劉咸炘的人學理論進行總結：在本原論上，堅持中國傳統唯物主義的氣一元論；在心物關係或心身關係的理論上，主張「以心御物」或心為中心，在此基礎上，繼承中國傳統儒家文化重在治心的理論，反對西方以治物為中心的思想；在知行關係上，以人與萬物的感應關係闡釋知行關係，提出知行相依、不知不能行以及人要以情意為重、知識為輕的理論，批評西方重知而離行和不重情意而努力向上求知識的傾向；在人之德性問題上，繼承傳統儒家道德至上論，且以善心良德和道德教育挽救當時道德缺失的時弊，找回國人已經喪失的精神家園，批評西方物質利益至上的思想；提出以個人為本位的理論，贊成以利益大眾的社會主義，但不贊同以社會為本位的社會主義。

陳開林、齊穎：〈劉咸炘《詩經》學成就述評〉，《攀枝花學院學報》，2014 年第 6 期。

【解題】以《誦〈詩〉審記》為材料，從前賢著述的公正評述、兼顧各方的學術取徑、以意逆志的治《詩》態度、訓詁旨意的獨到探尋四個方面對劉咸炘的《詩經》學成就進行述論。

陳開林：〈劉咸炘賦論思想初探〉，《商丘師範學院學報》，2014 年第 11 期。

【解題】從賦體的界定、前人賦論之辨析、歷代賦家賦作之評議、關於賦體分類之溯源及流變四個方面對劉咸炘的賦論思想進行專門論述。

陳開林、李璿：〈劉咸炘《呂氏春秋》研究述要〉，《西華師範大學學報》（哲學社會科學版），2014 年第 6 期。

【解題】將劉咸炘關於《呂氏春秋》的研究成果歸結為五個方面：辨雜家、論體式、明主旨、撮篇義、貫全書，並結合相關資料進行了論述。

胡喜云：〈誰言良辰輕喚回（一）——學者劉咸炘和他的朋友們〉，《書屋》，2014 年第 12 期。

【解題】簡敘了劉咸炘的家世、生平軼事及其與唐迪風、吳芳吉、蒙文通等人的交誼。

胡喜云：〈劉咸炘與魏晉南北朝史學研究〉，《史學理論與史學史學刊》，2014 年。

【解題】劉咸炘在魏晉南北朝史學研究上頗有成就，他逐篇考辨了《後漢書》和《三國志》，撰成《後漢書知意》和《三國志知意》；《編年二家論評》對袁宏、干寶、范曄等史家的史論進行了精彩評述，並對裴子野的《宋略總論》進行了校注；《華陽國志論》詳細考察了《華陽國志》的性質、體例、常璩的學術淵源和著作旨趣。在西學思潮大量輸入的背景下，私淑章學誠的劉咸炘治學強調「執兩用中」「觀風察變」「知類明統」，自覺地探究中國傳統史學理論的精髓，在對魏晉南北朝史學的研究中體現出承繼學統、氣度非凡，視角獨特、自成一家之言，考察全面、思想深刻的治學風格。

王汎森：〈「風」——一種被忽略的史學觀念〉，《執拗的低音：一些歷史思考方式的反思》，北京：生活・讀書・新知三聯書店，2014 年。

【解題】此文據作者 2011 在復旦大學的演講整理而成，認為劉咸炘的「風」是一個在近代經新史學洗禮之後長期被忽視的史學觀念，他的這種觀念深受龔自珍影響，並對這一觀念的特點、與史體、與近代新史學的關係進行了細緻的梳理。同時指出劉咸炘是中國五四新文化運動時期，主動從中國傳統文化內部的資源中挖掘歷史學研究方法，並且形成十分有效的史學著作撰述體例、研究體系的了不起的史學家。它是一種被邊沿化，但始終堅決捍衛中國文化、不可忽視的「執拗低音」。

楊超：〈從《君子錄》看劉咸炘的隱世思想〉，《德州學院學報》，2015 年第 1 期。

【解題】以劉咸炘的《君子錄》為中心，總結了劉咸炘的隱世思想：一是孔明之出，幼安之處；一是孔明之出，幼安之處；二是曼倩、長源之語；三是伯倫、圖南之默。

陳開林、馮之：〈劉咸炘《文心雕龍》研究述略〉，《江漢大學學報》（社會科學版），2015 年第 1 期。

　　【解題】簡介劉咸炘《文心雕龍闡說》的內容和特點，從推求劉勰立論之依據、敷暢劉勰之論斷、辯駁劉勰之論、批評前人評注四個方面總結了《文心雕龍闡說》的成就，並指出《文心雕龍闡說》的最大缺陷在於失之瑣碎，不成體系，未能充分展開論證，致使其論議不足以使人信服。

梁冬：〈試論劉咸炘小說觀的成因〉，《青年作家》，2015 年第 8 期。

　　【解題】從治理四部的需要、私淑章學誠、魯迅等人的影響三個方面論述了劉咸炘小說觀的成因。

趙俊波：〈劉咸炘賦論述略〉，《四川師範大學學報》（社會科學版），2015 年第 3 期。

　　【解題】對劉咸炘論賦的源流、論賦的結構、論騷賦關係及其旁衍闡述了劉咸炘的賦學觀，並指出劉咸炘賦論的特點在於「辨章學術，考鏡源流」的研究方法、突出的學術個性與學術勇氣、較為系統的研究內容。

丁恩全：〈論劉咸炘的韓愈研究及其學術意義〉，《周口師範學院學報》，2015 年第 3 期。

　　【解題】從劉咸炘論韓愈的儒學貢獻、論韓愈的古文、韓愈研究」的學術方法三個方面探討了劉咸炘的韓愈研究成就，並總結了劉咸炘「韓愈研究」的學術意義和時代價值，指出劉咸炘一方面充分肯定韓愈是六朝到宋代學術傳承的關鍵人物，另一方面認為韓愈在具體事件的處理中有不少不符合儒學標準之處；從文體學角度看，劉咸炘一方面認為韓愈文章「變單行，以前所無」，一方面認為韓愈文章不符合文體的規定性；劉咸炘繼承了章學誠的研究方法而有所發展，努力「定韓子之真」，既不過譽，又不過毀。其韓愈研究在多個方面啟發了後學。

劉開軍：〈傳統史學理論在民國史學界的迴響——論劉咸炘的章學誠研究〉，《史學史研究》，2015 年第 2 期。

　　【解題】民國時期，中國傳統史學雖在西學東漸的強力衝擊下失去了主流地位，但仍然保持著一種血脈上的延續與發展。從章學

誠到劉咸炘，呈現出傳統史學理論在近代自省式的演進路徑。劉咸炘闡釋了章學誠關於浙東史學、六經皆史、記注與撰述等問題與範疇的論述，這些心得沉澱為劉咸炘史學理論的亮點和底色。劉咸炘還深入比較章學誠史學與西方史學，回擊了西方史學優越論，堅守了中國本位的史學立場。劉咸炘承襲章學誠史學、目錄學、方志學的衣缽，堪稱「續章」的代表人物，但其中又有「匡章」之義。劉咸炘提出的「察勢觀風」已突破了章學誠史學的固有疆界，在近代史學史上自成一派。「續章」強調的是繼承史學傳統，「匡章」則是對傳統史學的革新，這既為近代本土史學理論的重建注入了必要的傳統因素，也為傳統史學理論在近代學術轉型中找到了安身立命之地。在新舊史學和中西史學的交匯、碰撞、嬗變中，劉咸炘的章學誠研究引起了內藤湖南、錢穆、蒙文通、齊思和等中外史學家的關注，從中可見中國本位史學家在民國史學史上的地位與影響。

梁冬：〈論劉咸炘對魯迅唐傳奇觀的考評〉，《雪蓮》，2015 年第 17 期。

【解題】劉咸炘的唐傳奇觀與魯迅有不同之處，主要體現在兩個方面：一是唐傳奇興衰的原因；二是唐傳奇的作品收錄。劉咸炘對魯迅的唐傳奇觀做了更深入的辨析，對唐傳奇的研究比魯迅更進一步。

劉開軍：〈劉咸炘與 20 世紀二三十年代的明史研究〉，《中華文化論壇》，2015 年第 6 期。

【解題】從善於提出重大歷史問題、側重於明代理學的探討、關於晚明社會風氣的卓識三個方面探討劉咸炘的明史研究成就，指出劉咸炘重視考察社會風俗的變遷，深入探討了山人、遊俠、紳衿這三個特殊群體與晚明政治之間的關聯，其相關論斷對於人們思考晚明社會轉型和明朝的興衰富有啟迪意義。

陳開林、魏敏：〈劉咸炘韓愈研究述略〉，《重慶工商大學學報》（社會科學版），2015 年第 5 期。

【解題】探討《訂韓》撰寫的原因及體例，並結合劉咸炘的具體論述，從韓愈行誼的評判、韓愈詩文的平議兩個方面進行了總結。劉咸炘對韓愈行誼的評判主要表現為三個方面：崇儒排佛，徒有其表；干謁請乞，敗壞儒風；持論不公，撰述失實。劉咸炘對韓愈詩

文的平議主要表現在兩個方面：一是結合具體的詩文，用箚記的形式予以評論；二是分為三品，定其高下。劉咸炘對韓愈其人其文的評析，往往毀譽交雜，並非一味駁斥，或一味讚揚。意氣平和，持論公允，乃其最大特色。總之，「明韓氏之功罪」乃其用心之所在。

汪啟明：〈劉咸炘輯佚學思想述論〉，《經學文獻研究集刊》，2015 年第 2 期。

【解題】從劉咸炘輯佚起源論、輯佚資糧論、輯佚方法論、輯佚流弊論四個方面對劉咸炘輯佚學思想主要觀點做了剖析，時下己見，或申說，或補正，並提出了一些重要見解。

陳開林：〈試析劉咸炘的書錄解題思想及實踐〉，《西華大學學報》（哲學社會科學版），2015 年第 6 期。

【解題】從解題之撰寫標準、前人解題之平議、解題撰述之特色三個方面對劉咸炘的書錄解題思想及實踐進行評述，指出劉咸炘的書錄解題有兩個評價的標準：一是「考證」，二是「批評」。論文認為在學術新舊交替的關口，劉咸炘依然堅守傳統的目錄學，不僅有理論的建樹，而且撰寫了大量的書錄解題，且有自身的特色。

郎文行：〈辨體知類，分理篇章──劉咸炘《禮記》學探微〉，《古籍整理研究學刊》，2016 年第 2 期。

【解題】分別探討了劉咸炘對《禮記》體例、《禮記》宗旨、《禮記》分理篇章的觀點，並分析了劉咸炘《禮記》學的思想淵源，指出劉咸炘開創了《禮記》研究的新方法，其《禮記》學在晚清民國獨樹一幟而別具特色。

陳開林：〈劉咸炘《文選》評點述論〉，《鹽城師範學院學報》（人文社會科學版），2016 年第 4 期。

【解題】對劉咸炘《誦〈文選〉記》的體例進行簡述，並從條辨諸家得失、尋繹文章源流、考訂文本異同三個方面論述《誦〈文選〉記》的價值。

陳中、WangKeyou：〈劉咸炘的儒道會通哲學思想〉，《孔學堂》，2016 年第 3 期。

【解題】從儒道會通治學理路、儒道會通的本體哲學闡鑄、儒道會通的天道信仰重鑄三個方面對闡釋了劉咸炘的儒道會通思想，

指出劉咸炘生當晚清民國，正值中國在器物制度及思想文化領域遭遇空前衝擊，面臨古今中西的十字大開之時，他繼承深厚家學傳統，返本開源，闡證教理，重鑄學術。他推持道術，提揚儒道通一之學，在宇宙生化本體學的重鑄基礎上，力求貞定中華民族精神文化信仰的本根，並志在為中國乃至人類文化尋求大合之路向。其重鑄儒道會通的天道信仰之學成就卓越，他是現代中國哲學史上極少的體道致學精深純正者。劉咸炘的神、性、氣之一元本體論是其儒道會通思想的關鍵點，而天道信仰是儒道的終極信仰。

馬旭：〈劉咸炘《說詩韻語》對清代論詩絕句的發展〉，《關東學刊》，2016年第 12 期。

【解題】從內容上來看，《說詩韻語》將詩歌理論闡釋與詩人評論結合在一起，論述了唐、宋、清詩歌創作的特點與範式，提倡詩主抒情的詩學觀，在評論詩人時則重視詩人的源流，以辨體和溯源貫穿詩歌宗旨。從形式上來看，《說詩韻語》減少甚至消除了論詩絕句作為文學批評方式自有的侷限性。劉咸炘在詩前加序文，說明創作緣由，指出詩歌凡例；在詩後加注文，解釋詩中語意模糊部分，並在注文中進一步闡釋自己的詩學觀念。

李桂清：〈淺述劉咸炘歷史文獻學成就〉，《六盤水師範學院學報》，2017 年第 1 期。

【解題】從劉咸炘論校讎、劉咸炘論輯佚兩方面對劉咸炘的歷史文獻學成就進行論述。本文論述屬泛泛而談，不夠全面。

馬旭：〈劉咸炘文體分類思想研究〉，《中華文化論壇》，2017 年第 2 期。

【解題】從劉咸炘對「文體」的認識、劉咸炘對《昭明文選》分類的評價、劉咸炘文體分類對史書文體的重視、劉咸炘文體分類由繁入簡的過程四個方面分析了劉咸炘文體分類思想，指出劉咸炘的文體四分法汲取了前人文體分類的精華，吸收了近代之科學分類法，體現出時代特徵。

趙俊波：〈劉咸炘與盧前的學術交流考論〉，《西華大學學報》（哲學社會科學版），2017 年第 2 期。

【解題】盧前任教成都期間，與劉咸炘關係密切，論學頻繁。劉咸炘對自己作於八年前的《曲論》進行了修訂，增加了散曲論的

內容，進一步完善了自己的曲學理論；而盧前則在詩歌、散文等多個方面借鑒了劉咸炘的觀點。二人各自以彼之長，補己之短，從而提高了各自的學術成就。

趙俊波：〈從《曲論》的修訂看劉咸炘曲學思想的發展〉，《中國韻文學刊》，2017 年第 2 期。

【解題】通過對比《曲論》前後兩稿的異同，探索劉咸炘曲學思想的發展，結論是：一、劉咸炘對初稿中的戲曲理論未作修訂；二、在結識盧前之後，劉咸炘的曲學思想有所發展並最終定型；三、借鑒的方式包括刪除某些偏激不當之語以及在借鑒中加以提高。

馬旭：〈家族文化對劉咸炘的影響〉，《蜀學》（第十二輯），成都：巴蜀書社，2017 年；《內江師範學院學報》，2017 年第 5 期。

【解題】劉咸炘的學術思想和治學態度深受家族文化的影響：第一，受祖父劉沅「槐軒學說」的影響，劉咸炘的學術發展始終以儒學為治學根基；第二，母教和聯姻塑造了劉氏淡泊名利、與世無爭的性格，一直影響劉咸炘的治學態度；第三，家族書塾為劉咸炘的學術發展提供了良好的學習和交流的環境。

於述勝、周衛勇：〈為什麼說「人性本善」──劉咸炘對傳統性善論的現代總結〉，《教育學報》，2017 年第 3 期。

【解題】以《推十書‧內書》之《人道》《善綱》《故性》《善惡》《自當》諸篇章為中心，對劉咸炘通的性善論進行了深入的分析和論述，指出劉咸炘把「生」確立為絕對價值和評判善惡的根本尺度，並繼承了《易傳》「天地之大德曰生」「生生之謂易」的思想傳統，認定大自然本善，故人與萬物之性皆善，而人得天地理氣之粹，故擁有天地間至貴至靈的至善之性。在方法論上，劉咸炘論性善的重大突破在於提出了「自當一體」之論，此論有三個要點：其一，當然（善）本於自然，是對於自然的肯定與實現，不自然者必不當然；其二，不當然（惡）是對於自然的否定與背離，不當然者必非自然；其三，善（當然）與惡（不當然）並非並存之二物，而是一物之二態，即正常之態與負變之態。

賈保榮：〈從極端到折衷──由劉咸炘《弄翰餘沈》看民國書壇對碑學的反思〉，《中國書法》，2017 年第 4 期。

【解題】在梳理民國時期的碑學思想的基礎上，論述了劉咸炘《弄翰餘沈》對康有為《廣藝舟雙楫》的批評和糾正。

顧文傑：〈試比較劉咸炘和梁啟超的輯佚學思想〉，《蘭臺世界》，2017 年第 14 期。

【解題】從輯佚的產生及發展、輯佚的材料、評價輯佚成果、輯佚價值四個方面對劉咸炘和梁啟超的輯佚學思想進行比較，得出結論：在梁啟超以前，輯佚理論屬感性研究階段，零散不成系統，梁啟超才思敏捷，學識淵博，使輯佚學研究走上正軌，起了奠基作用。劉咸炘作為後繼學者，對輯佚理論研究更為深入，論述更加詳盡，對以後輯佚理論研究有很大啟發。

戚良德：〈一部塵封百年的「龍學」開山之作——評近代國學大師劉咸炘的《文心雕龍闡說》〉，《徐州工程學院學報》（社會科學版），2017 年第 5 期。

【解題】從《文心雕龍闡說》的歷史地位、創作原因、對《文心雕龍》文體論研究的貢獻、對《文心雕龍》創作論體系的卓識、方法論意義五個方面對劉咸炘《文心雕龍闡說》進行評述，指出《文心雕龍闡說》堪與黃侃《文心雕龍箚記》比肩。

余一泓：〈論劉咸炘的學術思想與浙東學術〉，《詩書畫》，2017 年第 3 期。

【解題】從劉咸炘對以實齋之學為代表的「浙東史學」之評論切入，討論劉氏對近代學術史的反思以及他對理、事等傳統學術範疇的闡釋，評析其學術思想在近代學術史語境下，立足傳統、面向西學的展開。

馬旭：〈論巴蜀學者劉咸炘的詩學思想〉，《成都大學學報》（社會科學版），2017 年第 5 期。

【解題】分析了劉咸炘《詩系》的提出緣由，概括其詩歌理論思想為「致流別的風格論」，「重詩言志的本質論」，「重詩之比興的修辭手法」，並指出其詩學思想源自於鍾嶸、章學誠。

李群輝：〈民國書法批評的反思與建構——以張宗祥、劉咸炘、弘一等人為中心〉，《中國書法》，2017 年第 22 期。

【解題】以張宗祥、劉咸炘為代表的民國學者對古代的書法評價方式予以反思，明確反對「以古近定優劣」以及「以派別分高下」的觀點，並嘗試用西方美學和藝術學原理來對書法普遍規律和評價

標準進行總結，將「線條」「構圖」「力學」等詞彙運用到書法批評
話語中來，對批評家自身的素養和態度也提出了更高的要求。

馬旭：〈劉咸炘《詩系》論說〉，《蜀學》（第十三輯），成都：巴蜀書社，
2017 年。

【解題】以《推十書》戊輯第三冊中的《詩系》為考察對象，
分析劉咸炘《詩系》的提出緣由，闡釋「詩系」各派的具體內容，
探析劉咸炘詩學的思想淵源，並總結《詩系》的詩評特點。按：此
文實由作者《論巴蜀學者劉咸炘的詩學思想》一文增補而來。

黃蓋：〈知言以窮其原，論世而董其理——評歐陽禎人教授著《劉咸炘思
想探微》〉，《人文論叢》，武漢：武漢大學出版社，2017 年。

【解題】對歐陽禎人《劉咸炘思想探微》一書的創獲進行評述：
第一，該書廣泛而細緻地勾勒了劉咸炘的家世和生平；第二，該書
承繼了蕭萐父先生的學思理路和人文關懷，深入討論了劉咸炘的思
想特質；第三，該書對劉咸炘的思想來源問題進行了考察，使我們
能通過多條線索深入推十學的肌理和源頭。

楊志遠：〈劉咸炘的易學與史學〉，《史學思想研究與中國史學的風格：吳
懷祺教授八十華誕賀壽文集》，福州：福建人民出版社，2017 年。

【解題】劉咸炘易學思想淵源主要來自三個方面：一是巴蜀易
學傳統；二是其祖劉沅「崇尚義理，不廢象數」的論點；三是章學
誠《易教》之論的影響。劉氏論易學與史學的關係，可以從三個面
向理解：一是易學與史學的抽象與具體關係，劉氏反對將易學複雜
化，後世對易學的「玄僻煩瑣」認知，皆非真知《易》者，易學與
史學猶如律、案之關係；二是易學與史學的體與用關係，《易》為
體，其他經書為用，然而體、用之間極具變動性；三是論易學與史
學中社會進化之實，劉氏取《周易‧繫辭下》所言有關人類文明發
展階段的記載，來論證中國上古社會史的變遷，以倡明兩者緊密的
關係。

尤小立：〈民初舊派學者提升「史」的努力——以江瑔和劉咸炘的原儒為
例〉，《廣東社會科學》，2018 年第 1 期。

【解題】舊派學者江瑔、劉咸炘等提升「史」的地位是從原儒
開始的，其表現是抑儒而揚道的同時，「史」亦變得至高無上。他

們揚道、「史」的目的是重建一個人文傳統，進而影響道德人心，以抵禦西方文化，特別是基督教文化的侵襲，同時亦是為了反對康有為等人推動的儒學宗教化。但他們揚「道」「史」的路徑卻是還原歷史，這種以「求真」來「求善」的方式最終事與願違，反而動搖了傳統的神聖性，從而與新派一起解構了傳統學術，亦使之走向了現代。

楊釗、黃元英：〈吳芳吉與學侶劉咸炘交遊續考〉，《中華文化論壇》，2018年第2期。

【解題】對吳芳吉與劉咸炘的交遊進行深入考辨，指出吳芳吉與劉咸炘深崇儒術，欲拯橫流，居常論學，契合無間，在學術多有交遊，包括談藝論道，相互批評對方的詩文，學術思想上相互激蕩，特別是秉承杜甫思想，在治學和創作上主張「察勢觀風」。他們風雨一堂，麗澤交資，尋聖緒的目的是躬身踐，或盡性內省，平和寬容；或爛熟五經，不乖養正之道；或尊禮祭孔，傳播儒學。

熊銳：〈尊魏，戀蜀，遠吳：劉咸炘對《三國志》三國親疏書寫的認知〉，《史學史研究》，2018年第1期。

【解題】總結了劉咸炘對《三國志》三國親疏書寫的認知：在劉咸炘看來，陳壽《三國志》存在尊魏、戀蜀、遠吳的傾向，《三國志》尊魏有四大不容置疑的表現，在蜀、吳二者親疏上則承認陳壽尊蜀過於吳。劉咸炘對陳壽《三國志》魏蜀吳三國親疏書寫模式的認知，總體上拿捏精確，對前人用正統論在分析《三國志》時形成的不當觀點多有釐正。

丁耘：〈道、一與氣學——以劉咸炘之莊學為中心〉，《古典學研究》，2018年第1期。

【解題】以道、一與氣為中心探討劉咸炘之莊學思想，指出劉咸炘於老莊之學，不別道一，統歸於氣，謂之道體，發千古之覆。唯不別道一，解一唯氣，則非至論。

毛蕊：〈劉咸炘莊學研究初探〉，《商丘師範學院學報》，2018年第4期。

【解題】梳理了劉咸炘對道家學術的看法，指出他修正莊周主要體現在四個方面：一是《莊子》一書的作者問題，二是《莊子》一書的真偽及篇數問題，三是歷來《莊子》研究存在的問題，四是

《莊子》一書的思想內容；此外，還對《莊子釋滯》的獨特性進行
分析。

劉開軍：〈劉咸炘編纂《雙流足徵錄》的史學史考察〉，《歷史教學問題》，
2018 年第 2 期。

【解題】以《雙流足徵錄》的編纂為個案，對此書作史學史的
考察，指出《雙流足徵錄》以「足徵」「補史」為編纂宗旨，且具有
濃厚的資料長編色彩，在文獻的搜集和整理上下了很大的工夫，體
現在以下三個方面：第一，凡引據必注明史源；第二，補舊志之闕；
第三，藉按語以糾謬。《雙流足徵錄》並非不講體例，而實有章法可
尋，諸篇之間多有關聯，相互交叉，經過了精心安排，其中有些靈
感源於史志編纂，或承前代史家之意，也有劉咸炘的獨得之見，別
具心裁，劉咸炘所秉承的「千善不掩一惡」「千惡不掩一善」以及志
當善惡兼書的思想，強化了方志的史學品格。

馬旭：〈劉咸炘《詩系》思想淵源考〉，《綿陽師範學院學報》，2018 年第 3
期。

【解題】探討劉咸炘《詩系》思想淵源，結論是：《詩系》溯流
別的創作方法直承鍾嶸《詩品》；對遴選出詩人的評價體系則來自王
闓運的《八代詩選》和宋育仁的《三唐詩品》；強調《風》系的美刺
作用，則是源於章學誠倡導詩歌抒發情感應該合乎封建道德教化規
範的詩學觀。

馬旭：〈論《槐軒雜著》與《槐軒雜著外編》的價值〉，《中華文化論壇》，
2018 年第 4 期。

【解題】梳理了《槐軒雜著》與《槐軒雜著外編》的版本與編
輯情況，並總結了兩書在考證和研究蜀中地名、蜀地名勝古蹟變遷、
蜀地民俗、蜀地農業器物等方面的地域文化價值。

劉治立：〈劉咸炘的史表觀〉，《信陽師範學院學報》（哲學社會科學版），
2018 年第 3 期。

【解題】從論史表的功用、駁議《史通・表歷》、分析《史記》
《漢書》諸表的得失三個方面總結了劉咸炘的史表觀。

熊銳：〈橫剖之史：劉咸炘論《華陽國志》〉，《中國地方志》，2018 年第 3
期。

【解題】從《華陽國志》的性質介定、《華陽國志》橫剖之史的成書緣由、對《華陽國志‧序志》末段文字的解讀三個方面總結了劉咸炘對《華陽國志》的看法，指出《華陽國志》在劉咸炘的土風思想中佔有重要位置。

趙俊波：〈論劉咸炘的八股文研究〉，《四川師範大學學報》（社會科學版），2018 年第 5 期。

【解題】以《四書文論》為重點，分析劉咸炘八股文論的觀點、特點及學術史意義，指出劉咸炘以認真、客觀的態度肯定了八股文的價值，改變了之前感性的、鄙夷甚至謾罵的習氣，且在深厚國學修養的基礎上，又吸收了西方科學思想，體現了當時中西交融的學術風氣，具有重要的學術史意義。

劉開軍：〈劉咸炘「推十學」在民國史學界的影響——基於民國時期史家引用的一項考察〉，《北京師範大學學報》（社會科學版），2018 年第 6 期。

【解題】通過分析民國時期張舜徽《史通平議》、葉瑛《文史通義校注》、柳詒徵《國史要義》對《推十書》的引用，探討劉咸炘的思想與學問在民國史學界的傳播，結論為：《推十書》在民國時期漸次流傳，已然超出四川的地域空間，而具有全國影響；柳詒徵、張舜徽、葉瑛等人與劉咸炘之間存在一種學術上的認同感，這種認同的紐帶正是對於傳統史學的溫情、敬意和傳承。

何光倫：〈名人手稿的典藏、保護與利用芻議——以四川省圖書館館藏劉咸炘手稿為例〉，《圖書館雜誌》，2018 年第 12 期。

【解題】以對劉咸炘手稿的典藏、整理和保護利用為例，探討了圖書館處理手稿這一珍貴特色資源的方法和措施，以期為圖書館珍稀文獻資源的保護、研究和利用做一些實務方面的探索。

蔡德龍：〈劉咸炘與古典詩學的最後重構〉，《北京社會科學》，2019 年第 1 期。

【解題】對劉咸炘的詩學觀念進行探析，指出劉咸炘以鍾嶸《詩品》的《風》《小雅》《楚辭》三系為據，突破門戶觀念，重新建構了古典詩歌史。他執著於對詩本質的探求，將源於《詩》教傳統的「主文而譎諫」作為詩之特質。針對後世比與衰而賦存、風衰而騷盛的現實，他有針對性地提出「以風救騷」「風骨」等救弊理論，並

以系列選本和自己的創作去踐行。其詩學觀念受到「御變執兩」的道家循環觀、章學誠文史校讎之說和清代重整詩學史風氣的影響。

熊銳：〈劉咸炘撰修四川方志的嘗試與總體設想〉，《中國地方志》，2019年第1期。

【解題】以《雙流足徵錄》《蜀誦》為中心探討劉咸炘方志撰修的嘗試，通過《通志私議》闡述其方志撰修的總體設想：即以事紀為總綱，總攬川蜀一地之大事；以列傳、專傳、匯傳等傳記為目，配合事紀，交代蜀地的大事、重要人物（或人物群體）等信息；以史志天文、地域、職官、食貨、禮俗、藝文經籍、刻書、世族、金石等相對專門化的板塊形成對各特定內容面的記載。

黃海：〈論劉咸炘史法觀——以《太史公書知意》為中心〉，《名作欣賞》，2019年第9期。

【解題】通過《太史公書知意》，總結劉咸炘的史法觀：即不可以今度古、史書的書寫要做到因時因勢、史學研究範圍的擴展、從史法角度探明史義。

吳國良：〈劉咸炘書法思想探微〉，《山東理工大學學報》（社會科學版），2019年第2期。

【解題】從書法藝術的價值、書法與文學的比較、書法入門的主張、對康有為書法思想的澄清、對阮元南北書派論的肯定、對碑學和帖學的公允態度六個方面總結了劉咸炘的書法思想。

熊銳：〈劉咸炘對《後漢書》的解讀——以《〈後漢書〉知意·序論》為中心〉，《史志學刊》，2019年第2期。

【解題】通過解讀《〈後漢書〉知意·序論》，對劉咸炘關於《後漢書》的史論形式、范曄《獄中與諸甥侄書》的意涵及《後漢書》對忠孝節義的強調三個問題加以探析。

馬旭：〈儒學與新學的對話：劉咸炘的五四思想〉，《天府新論》，2019年第3期。

【解題】從主義之爭、女權意識、白話文運動三個方面書寫劉咸炘的五四思想。關於五四新文化運動中的主義之爭，新舊雙方沉湎於各種主義的爭論中，劉咸炘卻避而不談主義，他將西方個人主義與中國道家思想相聯繫。關於女權運動，劉咸炘雖反對封建禮教、

封建陳規對女性的壓迫，但他又倡導女性要遵守婦德，他對婚姻的認識是建立在夫妻雙方的恩義之上。關於白話文運動，劉咸炘認為白話文體因時而生，在當時具有積極意義，但他反對廢除文言文。總之，在五四新文化運動中，劉咸炘並非傳統意義上的守舊派，而是隔岸觀火的中立派，他對五四新文化運動的態度是「視西如中，視新如舊」，他既立足於傳統文化，又受到西學的影響，在新舊兩派的爭論中，他從不偏袒任何一方，中肯地指出雙方的不足。

熊銳：〈劉咸炘對南宋史家的批評與接受——以《宋史學論》為中心的考察〉，《宋史研究論叢》，2019 年第 1 期。

【解題】以劉咸炘《宋史學論》為中心，探究他對宋代史學的總體觀感，並論析他對浙東史家呂祖謙與葉適、朱熹，四川史家李燾與李心傳之史學成就的批評與接受。劉咸炘在對宋代史家的史學批評上，具有「輕北」與「重南」的特點。他對金華學派之代表呂祖謙治史不尚《春秋》、推崇司馬遷及觀史之法皆較為欣賞，但對其偏重編年體、相對較為狹隘的史學範圍界定、主要史學成果及史識等依然持否定態度；劉氏對葉適史識頗為認可與欣賞；他對朱熹總體史學的認識頗具理性色彩，並未因觀點上的巨大非議而全盤否定其史學；他將李燾與李心傳著作視為記注之書，既有可取之處，又存在不足。劉咸炘對宋代史家的研究在宋史及史學史研究方面皆有開拓之功，但結合當時的學術發展來看，其論述似仍有再思索的餘地與空間。

熊銳：〈知護與申駁：劉咸炘對章學誠史學的多維論析——以《〈文史通義〉識語》為中心〉，《社會科學論壇》，2019 年第 5 期。

【解題】通過《〈文史通義〉識語》，將劉咸炘對章學誠《文史通義》的看法總結為知、護、申、駁四大方面：針對章太炎對章學誠的批判，劉咸炘展開反批判，維護實齋觀點；本著私塾實齋的宗旨，劉氏在「六經皆史」等多方面進一步發揮章學誠《文史通義》中的閃光點；不同於當時多數研究者，劉咸炘對實齋之研究亦強調批判性思維，提出若干商榷意見。

張翅飛：〈傳統思想研究範式的拓展與創新——簡評《劉咸炘思想探微》〉，《蜀學》（第十七輯），成都：巴蜀書社，2019 年。

【解題】對歐陽禎人《劉咸炘思想探微》進行評述，指出該書第一次從哲學角度對劉咸炘學術思想做了深入發掘和多方面的闡釋，靈活運用劉咸炘學術思想的史論結合、知人論世、明統知類等研究方法，在具體論述上詳略有致，採取了口語化和文學筆法的書寫策略。

徐到穩：〈論劉咸炘對《四庫全書總目》經部禮類六分法的評議〉，《中國四庫學》，2019 年第 2 期。

【解題】通過比較劉咸炘經部禮類四分法與《四庫全書總目》經部禮類六分法評判劉咸炘的禮類分類思想，指出劉咸炘分別把通禮、雜禮書視作官方儀注考論和私家儀注，故將通禮、雜禮書兩個屬別從經部禮類「別入史部」，只留周禮、儀禮、禮記、三禮總義四個屬別，這是大可商榷的。劉咸炘的經部禮類四分法與其對禮學不夠重視、對史學期望過高等密切相關。《四庫全書總目》將禮類分為六個屬別，這是中國目錄學史上的重要創新，值得今人繼承與發揚。

秦元元：〈劉咸炘文質觀述要〉，《中外交流》，2019 年第 36 期。

【解題】以「文質」概念為切入點，以《文學述林》為基礎，探析劉咸炘以「文質觀」為根本的整體文學觀念，全文分為兩部分：一、以「文質觀」為基礎為文學正名，論述劉咸炘對於文學本質論的看法；二、以「文質觀」作為評判文章的標準及文學流變的依據，探討劉咸炘對於文學作品評判標準的看法以及對文學演變論的看法。

徐興海：〈上海科學技術文獻出版社本《太史公書知意》標點商榷〉，《渭南師範學院學報》，2020 年第 1 期。

【解題】上海科學技術文獻出版社出版的《太史公書知意》整理本在標點、校對中存在一些問題，或因不知姓名，或因不明文獻，或因不具常識，或因不明文意，或因失校而致誤處多有所在，論文對其中的 50 多處問題分十一類提出商榷。

馬旭：〈民國時期巴蜀詩學向傳統詩學的回歸——以劉咸炘詩學研究為中心〉，《西南石油大學學報》（社會科學版），2020 年第 1 期。

【解題】民國時期，在新舊詩學交替過程中，巴蜀詩學依然保持著傳統詩學的傳承。這種傳承是通過巴蜀學人對傳統詩學的堅守

來完成的。劉咸炘的詩學思想是民國時期巴蜀詩學史上傳統詩學傳承的一個縮影。劉咸炘的詩歌理論回歸於傳統的詩學觀，倡導溫柔敦厚的詩教論，提倡學習漢魏詩歌，延續漢魏風骨的詩風。作為傳統詩學的捍衛者，劉咸炘並沒有表現出對新詩創作的反對，他對新詩的創作，不是避而不談，而是保持一種隔岸觀火的態度去認識和理解。劉咸炘創作的古體詩融入通俗語，反映時代特徵，體現了當時巴蜀詩壇舊詩人在新舊詩體的交替過程中堅守傳統詩學、努力為舊詩的發展尋求一條新的道路的追求。

熊銳：〈劉咸炘史學研究述評〉，《南開史學》，2020 年第 1 期。

【解題】從劉咸炘總體學術研究中的史學方面、劉咸炘史學總體研究方面、「察勢觀風」研究、劉咸炘史學中外交流研究、劉咸炘「前四史」研究、劉咸炘對章學誠及浙東史學的研究、劉咸炘的史學教育、劉咸炘的蜀學研究、劉咸炘史學的方法論研究、劉咸炘史學的其他部分十個方面對劉咸炘史學研究作為較為全面的述評，並從史學批評的視角提出了四點展望：第一，在史家及史學成果研究層面，劉咸炘的「前四史」研究尚可進一步加強；第二，在史學思想研究層面，劉咸炘正統論的研究仍有一定的探究空間；第三，在歷史編纂學研究層面，劉氏對史體、史例的剖析頗為精彩；劉咸炘對史部目錄的再調整亦值得關注；劉咸炘的史學書寫觀亦是其歷史編纂學思想的重要一環，其對史學書寫的實質、態度、材料觀及範圍皆有精闢論述；第四，在史學流派和史學機制研究層面，劉咸炘對古史辨派即有所指謫、對章學誠及浙東學派的史學思想有所傳承與創見，劉咸炘多部著作皆為其授課講義而成，對這些講義的研究或可為近代史學教育研究添磚加瓦。

陳曦：〈劉咸炘對近代疑古思潮的回應及其古史考辨的特點〉，《中華文化論壇》，2020 年第 4 期。

【解題】探究近代疑古思潮背景下劉咸炘古史考辨的特點，指出劉咸炘繼承考信求實的傳統，又受民俗學影響，關注史事傳說的傳播衍化，與近代疑古思潮產生了交集。但他的精氣鬼神信仰與富於進化色彩的近代神話觀念相衝突；他區分史流、小說，強調古史簡冊與儒家經典一脈相承、理性徵實的特質，淡化了儒家重塑古史的

問題；他採用傳統的理性化思路解釋遠古傳說，帶有較強的保守傾向。他在古史研究領域有選擇地吸收考古學、民族學成果，藉以維護中國文化的特殊性，但未能充分利用區域比較互證的研究方法。

張凱：〈經史、義理學的重建：劉咸炘與中國學術的近代轉化〉，《哲學研究》，2020 年第 9 期。

【解題】晚清以降，作為整體的經學系統逐漸瓦解，經學史學化與義理學哲學化成為現代學術體系建立的重要環節，中國學術的整體性被現代分科之學所替代。劉咸炘重新闡釋經學、義理學與史學的內涵及其關係，開掘中國傳統學術的精義，探尋中國傳統學術的現代出路。劉咸炘會通儒道，提出經學統攝子史，通過道家圓通廣大之史觀闡發儒家義理的精微之處；儒家義理學以性善為本，因時創制群體原理，在性情與理智、個人與群體之間建立有機系統；人事學意義上的史學在「博學於文」的文史之學與「學為人之道」的義理學之間建立相資為用的能動關係。

王雲燕：〈察勢觀風：劉咸炘對《廿二史劄記》的解讀〉，《文化學刊》，2020 年第 10 期。

【解題】劉咸炘對《廿二史劄記》的解讀與當時主流派學人從史學方法論層面闡釋趙翼史學的取徑不同，他致力於史識方面的闡發，以「察勢觀風」的史學思想為依託，從縱、橫兩個維度對《廿二史劄記》中相關條目作全面、系統的探討，獨具匠心，自成一家，為後世更好地認識該書的優劣、得失提供了有益參考。

張泓：〈論劉咸炘的小說觀〉，《華夏文化》，2020 年第 4 期。

【解題】對劉咸炘的小說觀進行探析，指出其小說觀既受到班固、魯迅、章學誠的影響，又不可避免地受到了西方文學類小說觀的影響，他試圖將古代目錄、西方文學的小說標準合二為一，結果適得其反。

沈如泉：〈劉咸炘《文式》及其辨析文體方法〉，《中國古代文章學的形態與體系》，上海：復旦大學出版社，2020 年。

【解題】論述了《文式》的成書過程、《文式》的內容及分類，同時從三個方面總結了《文式》辨析文體之法：第一，劉咸炘在辨文之體例時首先明確區分「文」與「文學"的概念；第二，廣採舊說

而貫以校讎之法，是《文式》文章辨體的基本方法；第三，《文式》結合文之內實與外形綜合考辨文體，方法周密嚴整而不失靈活。劉咸炘以史家實事求是態度分析各類文，研究立場不偏不黨，辨文析體方法嚴密而多樣，他對中國傳統文類及文章的分析，在很多方面都已走在他那個時代的前沿。

向仲敏：〈儒道會通以勸善：劉咸炘《〈感應篇〉要義》初探〉，《宗教學研究》，2021 年第 2 期。

【解題】以劉咸炘《〈感應篇〉要義》為研究對象，分析劉咸炘關於「感應」的觀點，指出《〈感應篇〉要義》堅持儒道一原的觀點，著力會通儒道，進而提升了《感應篇》的理論品位，賦予「善書之首」以新的面貌。

張英傑：〈「中庸」對劉咸炘書法思想的影響及其原因探析〉，《大眾書法》，2021 年第 5 期。

【解題】結合劉咸炘《弄翰餘沈》一書，分析「中庸」對劉咸炘書法思想中論書觀、批評觀、品評觀的影響，並結合其家世、性格、治學等資料考察其背後的原因。

趙長瑞：〈劉咸炘南北分派書學思想研究〉，《美與時代》（中），2021 年第 11 期。

【解題】劉咸炘在阮元南北分派書法理論的基礎上，又借鑒西方的文藝哲學思想，深入分析其形成原因，並提出自己的見解。劉咸炘南北分派的思想既是對中國歷代書畫家南北之分思想的繼承，又是對西方哲學家南北之分觀點的借鑒。

劉開軍：〈素描與諫書：劉咸炘《推十詩》中的自我形象與社會關切〉，《志苑集林》第 6 期，四川大學歷史文化學院，2021 年。

【解題】通過分析《推十詩》，觀察劉咸炘的自我素描，揣摩其社會關切，藉此呈現其思想、情感與認知。劉咸炘在詩中刻畫了「耐冷」的「狂歌者」和「以蒼生為念」的「讀書人」的自我形象。劉咸炘的詩又有史的特點，亦可稱為「詩史」，他以慈悲心腸，道人間疾苦，其詩可以當作「諫書」來讀。

陳維昭：〈論劉咸炘的制藝觀〉，《長江學術》，2022 年第 1 期。

【解題】劉咸炘關注制藝，實是把它作為傳統文體生態中的一

體。他不是固守某一種意識形態立場去對制藝進行褒貶，而是立足於學術立場去對制藝進行知識形態的梳理、辨析。在此過程中，他考察了制藝與其他諸文體之間的互相影響與交匯，尤其是指出在特定的歷史時期，制藝承擔起子學、古文的棟樑角色。劉咸炘又把制藝之流變史置於明清學術史、文化史的大背景中進行考察，辨析其間的因果辯證關係，顯示出深邃廣闊的學術視野。

李天伶：〈立善與明倫——劉咸炘《內書》倫理思想探要〉，《中國哲學史》，2022 年第 1 期。

【解題】以《內書》為中心，探討劉咸炘關於善與倫常的倫理思想，指出劉咸炘基於天地生生之自然闡明善，明確善為人的本性，來自於天地生物之德，又參照天地分合之道，闡明倫常以天地為典範，為人群之根基。劉咸炘通過對理學傳統的繼承和闡發，有力地批判了新文化運動以來脫離自然而言善的現代思路和基於個體自由與平等而片面反對倫常的西方觀念。

李曉美：〈個人本位的社會主義——劉咸炘對個人本位與社會本位之爭的創造性闡釋〉，《教育學報》，2022 年第 2 期。

【解題】劉咸炘在繼承中國傳統思想的基礎上，深入剖析了「個人主義」與「社會本位」二論之偏弊，創造性地提出了「個人本位的社會主義」之論斷，主張個人是無限時空關聯中的一個點，縱向貫通祖先後代，橫向連貫家國天下，因此教育要從個人的自我完善做起，以個人達於社會。「社會本位」和「個人主義」則割裂了人與社會的關係，此即個人本位和社會本位之爭的根源所在，概念間的混淆也導致了當代個人本位和社會本位之爭的偏謬，論文認為教育目的的選擇和確立當以「個人本位的社會主義」為準。

## 貳、學位論文

周鼎：《「取釜鐵於陶冶」：劉咸炘文化思想研究》，四川大學博士學位論文，2006 年。

【解題】以劉咸炘為研究對象，通過對其文化思想的全盤深入考察，從中心與邊緣、全國與地方的比較視角揭示文化保守主義在近代中國思想史上的演變理路。首先，以劉咸炘的文集和詩集為基本材料，結合劉氏族譜和口述記錄，以近代成都的社會變遷為背

景，勾勒了劉氏的家世與生平。劉氏的文化思想是論文關注的重點，論文從其祖父劉沅的先天之學與其私淑的章學誠的後天之學入手，進而揭示了其「人事學」的學問宗旨。其次，分別從經學、儒學、道家、道術諸角度進一步探究劉氏對中國傳統文化的繼承與改造，揭示了其與當時主流學者和思想精英之間大相徑庭的邊緣特色。最後，從動與植、進與退兩個方面探討劉氏以西方文化為參照體系的貫通天人兼容儒道的所謂「道術」的文化觀念，並分析了這一極富創造性的文化觀念背後潛藏的內在張力。論文認為，劉咸炘用他的「塾師」話語從與眾不同的邊緣視角向我們揭示了中國文化的現代性危機。在祖父劉沅的「先天之學」和章學誠的「後天之學」的基礎上，劉咸炘獨闢蹊徑地建立了一套文化比較理論，嘗試徹底解決這一現時代之根本問題。他以章氏之校讎方法考鏡中國學術的源流，主張「統莫大乎六經」，以經為中國學術之源頭，而經之價值則見於其所載之道。由經而後有子史之別，由道而後有諸子之裂。劉咸炘主張會通儒道，進而提出久生為善的新人生論，旨在解決主張內在超越的儒家倫理的現代困境。他對中國文化的重建始終隱含著中西比較之潛在視角。他主張化解中西文化矛盾的方式實即將中西文化區分為通一與局一，「取釜鐵於陶冶」，將西方文化融合到中國文化之中。

向珂：《劉咸炘清代思想史觀發微：以其對戴震哲學的評價為核心》，武漢大學碩士學位論文，2009 年。

【解題】以清代思想家戴震為重點，結合晚清民國時期的時代背景，審視劉咸炘對清代思想史所秉持的立場和觀念。除「緒論」部分以外，論文主要由四部分構成：第一部分辨析梁啟超、胡適等人都把戴震哲學大加褒揚的背景及其理論意義，劉咸炘在《評戴潘》一文中，將矛頭直指胡適，而梁啟超與胡適都把戴震視為清代思想的代表人物，且認為其哲學思想中具有近世的特徵與對「中世思想」的反動。第二部分具體剖析劉咸炘在《評戴潘》一文中所給予的觀點，他將戴震哲學置於明代思想大勢發展的脈絡中，認為其論本體有卓識，其論述大體不出於理學的範圍，而由於其出於理學的誤解故導致其偏失，理學家本來講求的工夫是不可廢棄的，此工夫乃是

其維持人之本來面目的必要手段，而經過辨析可知，戴震混淆了其具有社會化傾向的倫理學與探求個人性命的理學的界限，故導致對理學的種種駁難，此駁難正引發了劉咸炘之批評。第三部分點出劉咸炘對於清代思想史的整體看法，劉咸炘未把戴震從理學的譜系中劃分出來，甚至還把整個清代思想史視為朱王之學的循環。第四部分闡述其對此段思想史論述背後的價值關懷及立場，認為這當中隱含了作者在主流強勢的聲音之下對於心性之學所面對的危機而保持著深深的憂慮。

王吉偉：《劉咸炘史學研究》，華東師範大學碩士學位論文，2010 年。

　　【解題】以劉咸炘對學術史、方志學和傳統史學理論的研究為重點，論述其史學貢獻。在學術史研究方面，劉咸炘既繼承中國傳統學術，又主張吸收西學，重視中西學術的交流和融合。在方志研究上，他對舊志進行補充與糾正，突出蜀地的歷史發展變化和特點。他對方志的研究，也是對國史研究的補充。劉咸炘對傳統史學理論的研究也頗具特點。他通過對劉知幾史學的駁論，闡明史學研究的核心是明確史法。同時，他還認為，明史法，須讀真史書；而真史書必須要有明確的史體。明史體，方能求真史書，亦才能明史法。劉咸炘的史學研究受章學誠的影響頗深。他認為自己師承章學誠，做了大量闡揚章氏史學的工作，他提出編纂史書要有「貫通之識」，並對章氏「記注」和「撰述」之別說做了進一步詮釋。他還提出人事學概念，開闢了「大史學」的新天地，形成了自己獨特的史學思想。

鄭小瓊：《劉咸炘詩學初探》，四川師範大學碩士學位論文，2011 年。

　　【解題】論文分為五章，主要探討劉咸炘的詩學內容及其詩學思想。第一章從劉咸炘生平入手，通過生平、家庭、友人簡單介紹，重點突出他們對劉氏學術思想和人生的影響，從而總結劉咸炘主要學術成果。第二章主要總結了劉咸炘對前人詩論的研究，主要包括兩個方面，一為古訓；二為闢偽、明質、約法、察變。第三章闡釋劉咸炘的詩學觀，將劉咸炘的詩學文獻和他的詩學理論相聯繫，從詩系、風骨、詩教的角度，梳理了劉咸炘的思想主張和內容。第四章論劉咸炘詩學法，分別論述了其較為先進的西學觀，較為保守的

「風、骨、狹」傳統詩學法和儒家傳統詩教觀。第五章分析劉咸炘詩學觀的形成因素，探討時代、地域、學術淵源對劉氏詩學觀形成的影響。

王國彬：《劉咸炘道家思想研究》，西南民族大學碩士學位論文，2013 年。

【解題】對劉咸炘的生平、學術思想與道家源流加以探討。此文以「劉咸炘道家思想研究」為題，但對道家思想的論述較少，令人有本末倒置之感。

符思毅：《論劉咸炘道德觀》，西南民族大學碩士學位論文，2013 年。

【解題】從道德原理、人道、家庭道德以及社會道德四個方面對劉咸炘的道德思想進行研究，並指出劉咸炘對道德的論述在整個論述結構組織安排上是比較完整的，他對道德原理的論述、對人道說的獨特思考以及對家庭道德和社會道德的論說，形成了一套完整的道德認知體系。而他在具體論證上也比較充分，對道德涵義提出獨特的認識，而對人道的論述也頗具說服力，在個人與社會關係的論述中提出的思想也是比較合理的。不過，劉咸炘對家庭道德中自由戀愛問題以及社會道德建設中的城市道德建設問題的探討也存在不足之處。

關興業：《劉咸炘《漢志餘義》研究》，華中師範大學碩士學位論文，2013 年。

【解題】論文以《漢志餘義》作為研究對象，共分五部分：緒論部分在簡要介紹劉咸炘生平及其學術成就的基礎上，結合劉咸炘著作刊行之興衰歸納學術界對其校讎學理論的介紹與研究。正文第一部分考察劉咸炘研究《漢志》之理論背景，首先介紹其最基本的治學方法「明統知類」，其次分析在這一治學方法下「以《七略》法治四部」的校讎學主張，說明探求《七略》義例之必要，再次探討以《漢志》推求《七略》義例之可行性。第二、三部分為論文重點，分別從「知《漢志》之類」與「明《七略》之統」兩方面具體分析《漢志餘義》之內容特色，其中第二部分側重於劉咸炘對《漢志》書籍分類之研究，說明在強調書籍分類以體為主觀念下，劉咸炘將《漢志》重新詮釋為一部依體類書之目錄，並在此基礎上論述其對前人批評之再批評；第三部分側重於劉咸炘《漢志》研究中對《七

略》之統的申明，主要從依據《七略》之舊立論、強調《七略》分類精神兩方面予以分析，突其奉《七略》為尊之特色。結語部分將《漢志餘義》與章學誠校讎學理論相聯繫，總結劉咸炘研究《漢志》時強調書籍體裁，且不敢對其稍置異辭而與章學誠在校讎學旨趣上有所不同，並由此引申出劉咸炘所論是章學誠校讎學思想在近代發展時旁出的支流。末附《民國時期劉咸炘著作初步統計表》及其著作刻印起始時間之考辨。

李彥詞：《劉咸炘史學思想與蜀學研究》，四川師範大學碩士學位論文，2013 年。

【解題】主要從劉咸炘的史學、蜀學、方志學三個方面探討其學術成就。第一章簡要介紹蜀學的定義、內涵、重點研究時段等。第二章從史學綱宗、察變觀風、史旨三個方面討論他對史學精確而獨到的見解。第三章論述劉咸炘在蜀學理論上的貢獻。第四章總結劉咸炘對蜀學的實踐與貢獻。

張采芳：《劉咸炘詞學初探》，四川師範大學碩士學位論文，2013 年。

【解題】論文分為四章：第一章簡要介紹劉咸炘的學術成就及學術淵源；第二章主要寫劉咸炘論詞的源流與正變，劉咸炘所謂的源流並非是去找尋詞究竟起源於什麼，而是從詞的源頭出發以期挈清詞的發展脈絡；第三章論劉咸炘對常州詞派的重要人物張惠言、周濟重要詞論的品評；第四章主要是通過詞所特有的美感特質將王國維與劉咸炘聯繫起來，具體從他們的詞論中來領悟詞所具有的獨特之美。論文認為劉咸炘的詞學思想具有著雙重性：一則，受到當時西學思想的影響，他將西學中的美學觀點引入到中國傳統的詞學中，以全新的視角和美學觀點來分析、評論常州詞派的詞論，他的這種思想受到西方「文學接受論」的影響；再則，劉咸炘並未完全擺脫中國傳統詞學研究方法的影響，他對詞的研究仍舊是停留在舊詞話的零碎點評，即興發揮的語錄模式上。

倪姝：《往而知反：劉咸炘史學思想研究》，湖南大學碩士學位論文，2013 年。

【解題】主要採取問題導向的研究方法，以劉咸炘的史學思想為研究對象，從歷史觀、史學觀以及中西史學比較三個方面展開論

述。首先，在歷史觀方面，主要圍繞倫理價值的重建這一問題，探討了劉咸炘「德退智進，事變循環」之道家史觀的主張，同時考察了其對進化論的相關批判。劉咸炘對進化論的批判態度以及對道家史觀的主張，實際都隱含了其試圖重建普遍之倫理價值的努力。其次，在史學觀方面，主要從史書編纂體裁體例的角度出發，就劉咸炘關於傳統紀傳體這一歷史編纂形式中所蘊藏之史學精神的相關認識進行了一定的探討。劉咸炘回歸傳統紀傳體的主張與西方章節體歷史編纂形式的衝擊有直接的關係。再次，在中西史學比較方面，通過考察劉咸炘對當時炙手可熱的美國魯濱遜《新史學》的批判，檢視其對如何才能有效的溝通中西史學，借助西方史學以完成中國史學現代化的任務的相關思考。

俞超：《劉咸炘《弄翰餘瀋》的整理與研究》，中國美術學院碩士學位論文，2013 年。

【解題】論文從《弄翰餘瀋》整理和研究兩方面展開。第一章介紹劉咸炘其人與《弄翰餘瀋》的體例與結構。第二章論述《弄翰餘瀋》主要學術觀點，主要分為書法史、書法學習實踐、書法品評等三個部分。第三章介紹四種版本《弄翰餘瀋》的校勘情況。第四章論述《弄翰餘瀋》的現實意義。

梁冬：《劉咸炘小說觀研究》，四川師範大學碩士學位論文，2014 年。

【解題】論文對劉咸炘的小說觀進行專題研究，分為三章：第一章探討劉咸炘的小說定義及其依據，劉咸炘通過分析「小說家」三字的含義對小說的概念進行了界定，指出小說要具備有宗旨、理論不成體系、內容失實三個要素，並論述了其與子部、史部的區別，同時，他還通過考證《漢書‧藝文志》所收十五篇小說進一步論證其觀點。第二章梳理劉咸炘對歷代史家小說著錄變遷得失的看法，劉咸炘從「《隋書‧經籍志》得失參半」「非小說之濫入」「真小說之衰悔」三個方面，總結了《漢書‧藝文志》之後的歷代史家小說收錄混亂的情況及原因。第三章分析劉咸炘小說觀的成因，劉咸炘的小說觀主要受到時代背景、學術淵源等方面的影響，西學東漸的時代背景促使劉咸炘古代目錄學小說進行梳理，而私淑章學誠的學術淵源則為其提供了「辨章學術，考鏡源流」的研究方法。

　　陳中：《儒道會通——劉咸炘哲學思想研究》，武漢大學博士學位論文，2014 年。

　　　　【解題】在簡述其家世生平、學術特點的基礎上，從天道觀、人道論、道術學、群道學、諸子學、中西文化觀諸方面對其儒道會通哲學思想作了較為深入的研究，並對其「推十學」的精義、意義加以闡釋。論文指出劉咸炘的哲學思想源於家傳槐軒之學和章學誠的「六經皆史」思想與校讎方法學。天道觀是劉咸炘儒道會通的道性本體學，也是他的「先天之學」的根基。人道論的根本的目的則在於提起人文精神，闡發最根本意義上的人生之價值觀，以及指明入之為人的終極性方向。群道學是在進一步推明原儒原道即中國哲學本根之學，同時也即破除中國傳統的種種弊端與曲誤，而更為中國文化與現代性及西方政教之關係在根本上闡明原委。其中西文化觀的終極目的是要以原始儒道天人通合、中正和平的「合」之信仰的人文精神及其道學統合「分」的西方之科技與文化及其知識。

按：此書已有孔學堂書局，2017 年版。

李桂清：《劉咸炘歷史文獻學理論與實踐研究》，西華師範大學碩士學位論文，2017 年。

　　　　【解題】以劉咸炘校讎學為中心探究其歷史文獻學理論與實踐，首先分析校讎學與其他學術板塊的聯繫，梳理劉咸炘在校讎學方面的學術著作。其次闡釋劉咸炘「明統知類」歷史文獻學思想的形成，著重分析其圖書分類理論，如分類之標準、理論方法及實踐成果，探究其在輯佚、辨偽、校勘、版本目錄等方面重要實踐成就，總結劉咸炘校讎學「明統知類」的思想對其學術的影響。

伍金霞：《劉咸炘道家重建思想研究》，湖南大學碩士學位論文，2018 年。

　　　　【解題】在探討劉咸炘思想形成背景及內在理路的前提下，從道家重建的前提與方法、對道家源流的梳理、對道家思想的辨析、對道教的梳理與重建四個方面對劉咸炘的道家重建思想加以探析，認為劉咸炘的道家重建是以「儒道會通」作為總宗旨，以能體現道家「執兩」的校讎法作為學理層面的具體方法。劉咸炘的道家重建，分為「考鏡源流」的源流梳理與「辨章學術」的思想辨析。道教重建亦是如此，以構建道教史為縱，以修正神仙信仰為橫，一縱一橫，

構成其道教重建的骨幹。在中西學衝突的背景下，劉咸炘以宋儒為學習榜樣，通過道家的形上本體論與「執兩用中」的方法論建構「唯一之形上學」，將在進化史觀指導下勢同水火的中西學術以「執兩用中」的道家方法進行化解，在此體系之下，儒家為價值之學，西學為知識之學，二者相互資取，共存互補。

賈保榮：《劉咸炘《弄翰餘沈》研究》，中國藝術研究院，2018 年。

【解題】通過對清末民國時期政治文化環境的分析，在西學東漸的大背景下反思清末民國時期的書法轉型，分析劉咸炘《弄翰餘沈》中對阮元、包世臣、康有為碑學思想的糾偏和反思，並簡述劉咸炘提出的書法藝術審美的標準和學習方法。

王磊：《劉咸炘的身心之學》，蘭州大學碩士學位論文，2018 年。

【解題】論文認為在近代的思想與行動中，宋明理學作為傳統治心修身的思想資源仍發揮著實質性的作用，傳統的人格理想與社會理想已經遠離了傳統的內涵，而修身工夫雖在，用以塑造的已是新的人格。四川學者劉咸炘則稍顯「保守」，他的身心之學既延續了家學的先天論，而在後天修養方法上又受章學誠的影響而重「質性」，同時常借西學的概念工具來表述其思想。然而，為了與西學的主知主義抗衡，他竟走向了異化的德性倫理。身心之學不僅接續了傳統的道德理想主義，而且也不乏面向生活的踐履層面。當後五四時代東西文化問題成為時代之問的時候，劉咸炘依據「執兩用中」的道家史觀，對中西文化的過去與未來做出了獨特的判斷；中國只需依據西方概念整飭散亂的傳統思想資源，而西方文化則必須吸收中國文化之純美者以求調和。身心之學在中西文化間的纏結提示著劉咸炘文化保守主義思想的複雜性。

熊銳：《劉咸炘史學批評研究》，武漢大學博士學位論文，2019 年。

【解題】論文從七大方面探究劉咸炘的史學批評思想：第一章通過《治史緒論》探究劉咸炘「察勢觀風」的史學批評思想，並與傅斯年《歷史語言研究所工作之旨趣》對比以呈現上世紀二三十年代中國史學的發展路徑與特徵；第二章探討劉咸炘對史學潮流及家鄉史的研究，梳理劉氏在史家本土情懷與域外眼光兩方面的研究成果；第三章關注劉咸炘歷史編纂學思想的兩大側重——「史體」「史

目」；第四章以名實、內容和研究為視角，展現劉氏對史部頗具創新的十二部類之分法，通過十二部之位次排列展現劉氏之學術以經為本的特質；第五章討論劉咸炘對「前四史」的研究；第六章縱論劉咸炘對宋代史家的探究；第七章分析劉咸炘對章學誠史學的批評。論文認為其史學批評的要旨為重「撰述」、輕「記注」，其史學批評的氣象在於「博通」；「察勢觀風」是劉咸炘史學批評之總綱，史識與史法是這一總綱之下的方法論要求；他對南北宋史學的認知總體上呈現出「重南輕北」的態勢；他對章學誠之學術有著多維的態度，並非一味崇拜。

何庭勇：《劉咸炘明史研究述論》，寧夏大學碩士學位論文，2020 年。

　　【解題】以劉咸炘明史研究述論為題，對《推十書》中涉及明代歷史的內容做出梳理和分析，從明代政治與社會、明代理學、明代文獻整理三個方面加以論述，分析概括劉咸炘明史研究的主要內容和特徵，並與 20 世紀明史研究加以對比，以此探討劉咸炘明史研究的學術貢獻和學術史地位。論文認為劉咸炘治史重視史識與史意的闡發，具有強烈的問題意識和獨特的學術視野。劉咸炘明史研究注重對明代理學的考察和明代社會風習的研究，其「知言論世」與「察勢觀風」的學術思想貫穿於整個明史研究中。與同時代學者相比，其明史研究在明代制藝、明末三風、呂新吾思想等問題上視角獨特，具有學術前瞻性。劉咸炘明史研究及其史學思想，對當下明史研究具有指導意義。

趙若嵐：《劉咸炘的歷史教育思想研究》，四川師範大學碩士學位論文，2020 年。

　　【解題】從劉咸炘歷史教育思想的形成、內容、主要特點與啟示論述其歷史教育思想。論文指出其歷史教育思想源於家學、章學誠史學思想以及五四新文化運動，他結合其作為塾師與教授時的歷史教育經驗以及自己的治學經驗，逐漸形成了富有特色的三種歷史教學方法，即分層式、五法式、啟發式教學，並為學生提出了卓有成效的歷史學習方法，即教學生做讀書箚記以及翻檢書籍；其歷史教育思想體現出重視道德教育、融入經學與子學教育、歷史教學與史學研究並舉等特點。

黃曉娟：《劉咸炘先秦諸子學研究》，廣西師範大學碩士學位論文，2020年。

【解題】以劉咸炘論先秦諸子為對象，著重從儒家、道家、法家、雜家、墨家等思想以及諸子文學特徵等七個方面探討劉咸炘的先秦諸子研究：第一章簡述劉咸炘的學術思想脈絡；第二章以孔子、孟子、荀子三人為出發點論述劉咸炘對儒家思想的看法；第三章從老子、莊子兩方面探討劉咸炘的道家思想；第四章評析劉咸炘對法家思想的批判；第五章論述在近代「西學東漸」背景下劉咸炘對墨家思想的批評及其原因；第六章以《呂氏春秋》為重點探討劉咸炘的雜家思想；第七章分析劉咸炘對諸子散文的看法，探析劉咸炘對子學與文學的融貫。論文認為劉咸炘諸子研究的特點在於：一是以貫通的思想發揮諸子的大義；二是發揮章學誠的學術方法，縱探源流，橫向比較；三中堅持以本國學術為根基，反對隨意援引諸子以證西方學說；四是發揮諸子義理，批判莊、荀，反對楊、墨，痛斥法家，強調人性之善，以「善」喚醒人心，體現出巴蜀學風。

# 編後記

本書分為三編，簡略敘述如次：

上編《劉咸炘目錄學部類觀研究》，邱勳聰著。邱生跟隨我學習文獻學，他選擇劉咸炘目錄學研究這一重大論題，需要膽略，因為這是前人研究未透徹的一個重要選題，其重要意義不難理解，但劉氏學問很大，理解其學說並非易事。無法面面俱到，只好限制在部類觀一個方面。所謂目錄學部類觀，實際上就是分類。眾所周知，分類問題不僅是目錄學的核心問題，也是中國傳統學術的核心問題，甚至可以說是中國人的核心問題。如何建構自己的知識觀與世界觀，離不開分類，否則就是胡亂摸索。有道是：「目錄明，方可讀書；不明，終是亂讀。」此話有點籠統，更加準確的說法應該是：「分類明，方可讀書；不明，終是亂讀。」我對此作花了大量的時間修改，補充完善，聊以塞責。

中編為陳開林等人有關劉咸炘學術思想的專題論文。陳君曾經有意投考我的門下，未遂其意，在未謀面之前，他對我的論著已經相當熟悉，且有意訂訛補闕，相識之後，交往比較頻繁。近幾年他的成果不斷推出，有如井噴。今日得知他對於劉咸炘學術也多有關注，且發布論文多篇，徵得他的同意，將他所發布的論文一併收入。

下編是《劉咸炘研究論文篇目索引》。編者童子希曾經跟隨我學習目錄學與文獻學，對於高似孫有過專門研究，其《高似孫文獻學研究》已經問世。

劉咸炘經過反覆探索，提出了自己的一套目錄學理論與方案，其中既有精華，也有糟粕。如何充分消化吸收他的這一套學問？今天仍然是擺在我們面前的一大難題。我們立足當下，反思歷史，肯定其歷史功績，也實事求是地

批評其不周之處。此書主要作者都是我的學生與朋友。他們的工作還是初步的，我力所能及地做了或多或少的潤色加工，還存在各種各樣的問題與不足，期待行家賜教。

劉咸炘繼承槐軒之學，近承章學誠之校讎心法，遠紹劉向、劉歆之目錄絕學，推十合一，自成一家。一言以蔽之，古典目錄之學，始於向、歆，終於咸炘，劉氏一家之學而已。

劉咸炘對於目錄學的貢獻，除了撰寫了大量的書錄解題（相當一部分精彩處已經被採擷到《四庫全書總目精華錄》一書之中），更重要的是集中在分類方面，此點留待我們撰寫《中國古籍分類史》（一個計劃已久的自選課題）時再詳盡展開吧。

司馬朝軍

2022 年 7 月 12 日記於澱山湖畔之震旦園